佛山市人文和社科研究丛书编委会

主　任：商学兵　黎才远　邓　翔
副主任：何子健　陈恩维
编　委：杜环欢　邓　辉　李若岚
　　　　李建丽　刘建萍　张良桥
　　　　雷郎才　淦述卫　申元凯
　　　　李慧需

中共佛山市委宣传部
佛山市社会科学界联合会　主编

佛山市人文和社科研究丛书
FOSHANSHI RENWEN HE SHEKE YANJIU CONGSHU

解构与传承
——康有为思想的当代价值研究

JIEGOU YU CHUANCHENG
——KANG YOUWEI SIXIANG DE
DANGDAI JIAZHI YANJIU

杜环欢 著

中山大学出版社
SUN YAT-SEN UNIVERSITY PRESS

·广州·

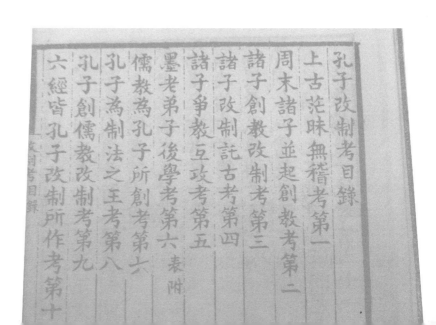

版权所有　翻印必究

图书在版编目（CIP）数据

解构与传承：康有为思想的当代价值研究/杜环欢著 . —广州：中山大学出版社，2015.9

（佛山市人文和社科研究丛书）

ISBN 978-7-306-05356-5

Ⅰ. ①解…　Ⅱ. ①杜…　Ⅲ. ①康有为（1858～1927）—思想评论　Ⅳ. ①B258.5

中国版本图书馆 CIP 数据核字（2015）第 159912 号

出版人：徐　劲
策划编辑：李海东　章　伟
责任编辑：章　伟
封面设计：方楚娟
责任校对：刘丽丽
责任技编：何雅涛
出版发行：中山大学出版社
电　　话：编辑部 020-84110283，84111996，84111997，84113349
　　　　　发行部 020-84111998，84111981，84111160
地　　址：广州市新港西路 135 号
邮　　编：510275　传真：020-84036565
网　　址：http://www.zsup.com.cn　E-mail：zdcbs@mail.sysu.edu.cn
印　刷　者：广州家联印刷有限公司
规　　格：787mm×1092mm　1/16　14.5 印张　260 千字
版次印次：2015 年 9 月第 1 版　2015 年 9 月第 1 次印刷
定　　价：42.00 元

如发现本书因印装质量影响阅读，请与出版社发行部联系调换。

《佛山市人文和社科研究丛书》出版前言

文化是一座城市的品格和基因，佛山是座历史传统悠久、人文气息浓郁、文化积累深厚的城市。近年来，佛山经济社会发展日新月异，岭南文化名城建设如火如荼，市、区有关部门及镇街从各自工作职能或地方发展特点出发，陆续编辑出版了一些人文或社科方面的书籍及资料。但从全市层面看，尚无一套完整反映佛山历史文化和人文社科方面的研究丛书，实为佛山社会文化传承的一大憾事。为弥补这一不足之处，中共佛山市委宣传部、佛山市社会科学界联合会决定联合全市社会科学研究力量，深入挖掘佛山历史文化资源，梳理佛山哲学社会科学研究成果，编辑出版《佛山市人文和社科研究丛书》，并力争将其打造成为佛山市的人文社科研究品牌和城市文化名片。

本套丛书的策划和编辑，主要基于以下几个方面的考虑：一是体现综合性。丛书从全市层面开展综合性研究，既彰显佛山社会经济文化综合实力，也充分展现佛山人文社科研究水平，避免了只研究单一领域或个别现象，难以形成影响力的缺憾。二是注重广泛性。丛书对佛山历史文化、名人古迹、民俗风情、非物质文化遗产和经济、政治、社会、生态等各个方面都给予关注，而佛山经济社会发展亮点、历史文化闪光点和研究空白领域更是丛书首选。三是突出本土性。丛书选题紧贴佛山实际，具有鲜明的地方特色，作者主要来自佛山本地，也适当吸收外部力量，以锻炼培养一批优秀的人文社科研究人才。四是侧重研究性。丛书严格遵守学术规范，注重学术研究的广度、深度和高度。注重理论的概括、提炼和升华，在题材、风格、构思、观点等方面多有独到之处，具备权威性、整体性、系统性和新颖性，是值得收藏或研究的好书籍。五是兼顾通俗性。丛书要求语言通俗易懂，行文简洁明了，图文并茂，条理清晰，易于传播，既可作阅读品鉴之用，也是开展对外宣传和交流的好读物。六是坚持优质性。丛书综合考虑研究进度和经费安排，本着宁缺毋滥的原则，采取成熟一本出版一本的做法，"慢工出细活"，保证研究出版的质量。七是力求系统性。每年从若干选题中精选一批进行资助出版，积沙成塔，形成规模，届时可再按历史文化、哲学社会科学、佛山典籍整理等形成系列，使丛书系列化、规模化、品牌化。八是讲究方便性。每种书既是整套丛书的一部分，编排体例、形式风格保持一致，又独立成书，自成一体，各有风采，避免卷帙浩繁，方便携带和交流。

自2012年底正式启动丛书编辑工作以来，编委会多次召开专门会议，讨论确定研究主题、编辑原则、体例标准、出版发行等事宜。最终确定《佛山功夫名人影视传播研究》、《走向"后申遗时期"的佛山非遗传承与保护研究》、《佛山传统建筑研究》、《解构与传承——康有为思想的当代价值研究》等作为丛书的第二批项目，列入我市重点社科理论研究课题予以资助出版。经过选题报告、修改完善、专家审定、编辑校对等环节，最终呈现给读者的就是第二批《佛山市人文和社科研究丛书》。今后，编委会将继续从全市各单位、各院校及社会各界广泛征集项目进行论证遴选和资助出版，力争通过数年的持续努力，形成一整套覆盖佛山人文社科方方面面的研究丛书，使之成为建设佛山岭南文化名城、增强地方文化软实力的一项标志性工程。

本套丛书的编辑得到了佛山科学技术学院、佛山市委党校、佛山职业技术学院、顺德职业技术学院等院校和全市广大人文社科工作者的大力支持，中国社会科学院首批学部委员、著名学者杨义教授欣然为丛书作总序，中山大学出版社为丛书的出版做了大量艰苦细致的工作，在此一并表示衷心的感谢，并对所有关心和支持丛书编撰工作的社会各界人士致以深深的敬意！

佛山市人文和社科研究丛书编委会
2015年3月9日

都来了解佛山的城市自我

——《佛山市人文和社科研究丛书》总序

杨 义

(中国社会科学院首批学部委员)

大凡有文化底蕴的地方，都有它的身份、品格和精神，有它的人物、掌故和地方风物，从而在祖国文化精神总谱系中留下它独特的文化DNA。佛山作为一座朝气蓬勃而又谦逊踏实的岭南名城，自然也有它的身份、品格、精神，有它的人物、掌故、风物和文化DNA。对于佛山人而言，了解这些，就是了解他们的城市自我；对于外来人而言，了解这些，就是接触这个城市的"地气"。

佛山有"肇迹于晋，得名于唐"的说法。汉武帝派遣张骞通西域之后，中国始通罽宾，即今之克什米尔。罽宾属于或近于佛教发祥之地，在东汉魏晋以后的数百年间，多有高僧到中原传播佛教和译经。唐玄奘西行求法，就是从罽宾进入天竺的。据清代《佛山志》，东晋时期，有罽宾国僧人航海东来传教，在广州西面的西江、北江交汇的"河之洲"季华乡结寮讲经，宣传佛教，洲岛上居民因号其地为"经堂"。东晋安帝隆安二年（398），初来僧人弟子三藏法师达昆耶舍尊者，来岛再续传法的香火，在经堂旧址上建立了塔坡寺。因而佛山经堂有对联云："自东晋卓锡季华，大启丛林，阅年最久；念西土传经上国，重兴法宇，历劫不磨。"其后故寺废弛。到了唐太宗贞观二年（628），居民在塔坡岗下辟地建屋，掘得铜佛三尊和圆顶石碑一块，碑上有"塔坡佛寺"四字，下有联语云："胜地骤开，一千年前，青山是我佛；莲花极顶，五百载后，说法起何人。"乡人认为这里是佛家之山，立石榜纪念，唐贞观二年镌刻的"佛山"石榜至今犹存。佛山的由来，因珠江冲击成沙洲，为佛僧栽下慧根，终于立下了人杰地灵的根脉。

明清以降的地方志，逐步发展成为记录地方历史风貌的百科全书。读地方志一类文献，成为了解地方情势，启示就地方而思考"我是谁"的文化记忆遗产。毛泽东喜欢读地方志书。在战争年代，每打下一座县城，他就找县志来读。1929年打下兴国县城，获取清代续修的《瑞金县志》，他如获至宝，挑灯夜读。新中国成立后，毛泽东到各地视察、开会，总要借阅当地志书。1958年在成都会议之前，就率先借阅《四川通志》、《蜀本纪》、《华阳国志》，后又要来《都江堰水利述要》、《灌县志》，并在书上批、画、圈、点。他在这次成都会议上，提倡在全国编修地方志。1959年，毛泽东上庐山，就借阅民国时期吴宗慈修的《庐山志》及《庐山续志稿》。可见编纂地方人文社会科学文献，是使人明白这个地方"我从何而来"，"我的文化基因若何"，保留历史记忆，增加文化底蕴的重要工程。

从历史记忆可知，佛山之得名，是中外文化交流的一个靓丽的典型。它栽下的慧根，就是以自己的地理姻缘和人文胸怀，得经济文化的开放风气之先。因为佛教东传，不只是一个宗教事件，同时也是开拓文化胸襟的历史事件。随同佛教而来的，是优秀的印度、波斯、中亚和希腊文化，它牵动了海上丝绸之路。诸如雕塑、绘画、音乐、美术、珍宝、工艺、科技、思想、话语、逻辑、风习，各种新奇高明的思想文化形式，都借助着航船渡过瀚海，涌入佛山。佛山的眼界、知性、文藻、胸襟为之一变，文化地位得到提升。

但是佛山胸襟的创造，既是开放的，又是立足本土的。佛山的城市地标上"无山也无佛"，山的精神和佛的慧根已经化身千千万万，融入这里的河水及沃土。佛山的标志是供奉道教的北方玄天大帝（真武）的神庙，而非佛寺，这是发人深省的。清初番禺人屈大均的《广东新语》卷六"神语"说："吾粤多真武宫，以南海佛山镇之祠为大，称曰祖庙。"那么为何本土道教的祖庙成了佛山的标志呢？就因为佛山为珠江水流环抱，水是它的生命线，如屈大均接着说的："南溟之水生于北极，北极为源而南溟为委，祀赤帝者以其治水之委，祀黑帝者以其司水之源也。"于是，从北宋元丰年间（1078—1085）起，佛山就建祖庙，宋元以后各宗祠公众议事于此，成为联接各姓的纽带，遂称"祖庙"。祖庙附有孔庙、碑廊、园林，红墙绿瓦，亭廊嵯峨，雕梁画栋，绿荫葱茏，历数百年而逐渐成为一座规模宏大、制作精美、布局严谨，具有浓厚岭南地方特色的庙宇建筑群。

这种脚踏实地的开放胸襟，催生和推动了佛山的社会经济开发的脚步。晋唐时期的佛山，还只是依江临海的沙洲，陆地尚未成片。到了宋代，随着中原移民的大量涌入和海外贸易的兴起，以及珠江三角洲的进一步开发，佛山得到了进一步的发展，于是有"乡之成聚，肇于汴宋"的说法。佛山临近省城，可以分润省城的人才、文化、交通、商贸需求的便利；但它又不是省城，可以相当程度地摆脱官府权势压力和体制性条条框框的约束，有利于民间资本、技艺、实业和贸易方式的发育。珠江三角洲千里沃野，需要大量铁制的农具，因而带动了佛山的冶铁铸造业。屈大均《广东新语》卷十五"货语"说："铁莫良于广铁，……诸炉之铁冶既成，皆输佛山之埠，佛山俗善鼓铸，……诸所铸器，率以佛山为良，陶则以石湾。"生产工具的改进和省会、海外需求的刺激，又进一步带动了以桑基鱼塘为依托的缫丝纺织业。

起源于南粤先民的制陶业，也在中原制陶技术的影响下，迅速发展起来了。南宋至元，中原移民把定、汝、官、哥、钧诸名窑的技艺带到佛山石湾，与石湾原有的制陶技艺相融合，在吸取名窑造型、釉色、装饰纹样的基础上，使"石湾集宋代各名窑之大成"。石湾的土、珠江的水，在佛山人手里仿佛具有了灵性，它们在南风古灶里交融裂变、天人合一，幻化出五彩斑斓的石湾陶。清人李调元《南越笔记》卷六记载："南海县之石湾善陶。凡广州陶器，皆出石湾，尤精缸瓦。其为金鱼大缸者，两两相合。出火则俯者为阳，仰者为阴。阴所盛则水浊，阳所盛则水清。试之尽然。谚曰'石湾缸瓦，胜于天下。'"李调元是清乾嘉年间的四川人，晚年著述自娱，这也取材于《广东新语》。水下考古曾在西沙沉没的古代商船中发现许多宋代石湾陶瓷。在东至日本朝鲜、西至西亚的亚曼和东非的坦桑尼亚等地，也有不少石湾陶瓷出土。自明代起，石湾的艺术陶塑、建筑园林陶瓷、手工业用陶器不断输出国外，尤其是园林建筑陶瓷，极受东南亚人民的欢迎。东南亚各国如泰国、越南、新加坡、马来西亚、印度尼西亚等地的出土文物中，石湾陶瓷屡见不鲜。至今在东南亚各地以及香港、澳门、台湾地区庙宇寺院屋檐瓦脊上，完整保留有石湾制造的瓦脊就有近百条之多，建筑饰品更是难以计其数。石湾陶凭借佛山通江达海的交通条件和活跃的海外贸易，走出了国门，创造了"石湾瓦，甲天下"的辉煌。石湾陶瓷史，堪称一部浓缩的佛山文化发展史，也是一部精华版的岭南文化发展史：南粤文化是其底色，中原文化是其彩釉，而外来文化有如海风拂拂，引起了令人惊艳的"窑变"。

佛山真正名扬四海，还因其在明清时期演绎的工商兴市的传奇。明清时期的佛山，城市空间不断拓展，商业空前繁荣，由三墟六市一跃而为二十七铺。佛山的纺织、铸造、陶瓷三大支柱产业，都进入了繁荣昌盛的发展阶段。名商巨贾、名工巧匠、文人士子、贩夫走卒，五方辐辏，汇聚佛山。或借助产业与资本的运作，富甲一方，造福乡梓；或潜心学艺、精益求精，也可创业自强。于是，佛山有了发迹南洋的粤商，有了十八省行商会馆，有了古洛学社和佛山书院，有了诸如铸铁中心、南国丝都、南国陶都、广东银行、工艺美术之乡、民间艺术之乡、中成药之乡、粤剧之乡、武术之乡、美食之乡等让人艳羡的美名，有了陈太吉的酒、源吉林的茶、琼花会馆的戏……百业竞秀、名品荟萃，可见街市之繁华。乡人自豪地宣称："佛山一埠，为天下重镇，工艺之目，咸萃于此。"外地游客也盛赞："商贾丛集，阛阓殷厚，冲天招牌，较京师尤大，万家灯火，百货充盈，省垣不及也。"清道光十年（1830）佛山人口据说已近60万，成为"广南一大都会"，与汉口、景德镇、朱仙镇并称"天下四大名镇"，甚至与苏州、汉口、北京共享"天下四大聚"之美誉，即清人刘献廷《广阳杂记》卷四所云："天下有四聚，北则京师，南则佛山，东则苏州，西则汉口。"佛山既非政治中心，亦非军事重镇，它的崛起打破了"郡县城市"的旧模式，开启了中国传统工商城市发展的新途径。它以"工商成市"的模式，丰富了中国城市学的内涵。

近现代的佛山，曾经遭遇过由于交通路线改变、地理优势丧失、经济环境变化的困扰。但是，佛山没有步同列四大名镇的朱仙镇一蹶不振的后尘，而是在艰难中励志探索，始终没有松懈发展的原动力，在日渐深化的程度上实行现代转型。改革开放以来，佛山又演绎了经济学家津津乐道的"顺德模式"和"南海模式"。前者是一种以集体经济为主、骨干企业为主、工业为主的经济发展方式。借助这种模式，顺德于20世纪80年代完成了从农业社会到初始化工业社会的过渡，完善了有利于科学发展的体制机制，诞生了顺德家电的"四大花旦"——美的、科龙、华宝、万家乐。后者是以草根经济为基础，按照"三大产业齐发展，五个层次一起上"的方针，调动县、镇、村、组、户各方面的积极性和社会资源，形成中小企业满天星斗的局面。上述两种模式衍生了佛山集群发展的制造业基地、各显神通的专业市场、驰名中外的佛山品牌、享誉全国的民营经济。

佛山在自晋至唐的得名过程中埋下了文化精神的基因，又在现代产业经济发展中，培育和彰显了一种敢为人先、崇文务实和通济和谐的佛山精神。这种文化基因和文化精神，使佛山人得近代风气之先，走出了一批影响卓著的名人：从民族资本家陈启源到公车上书的康有为，从"近代科学先驱"邹伯奇到"铁路之父"詹天佑，从"岭南诗宗"孙蕡到"我佛山人"吴趼人，从睁眼看世界的梁廷枏到出使西方的张荫桓，从岭南雄师黄飞鸿到好莱坞功夫巨星李小龙。在现代工商发展方式上也多有创造，从工商巨镇到家电之都，从"三来一补"到经济体制改革，从专业镇建设到大部制改革，从简镇强权到创新型城市建设，百年佛山人在政治、经济、文化领域引领风骚，演绎了一个个岭南传奇。佛山适时地开发了位于中国最具经济实力和发展活力之一的珠江三角洲腹地，位于亚太经济发展活跃的东亚及东南亚的交汇处的地理位置优势，由古代四大名镇之一转型为中国的改革先锋。

佛山人生生不息、与时俱进的创造力，蕴含着深厚的文化血脉和丰富的文化启示，值得进行系统的梳理和深层次的阐释。当代的佛山人，在默默发家致富、务实兴市的同时，应该自觉地了解生于斯、长于斯的这个城市的"自我"，总结这个城市发展的风风雨雨、潮起潮落的足迹，以佛山曾是文献之邦、人文渊薮的传统，来充实自己的人文情怀，提高"佛山之梦"的境界。佛山人也有梦，一百年前"我佛山人"吴趼人在《南方报》上连载过一部《新石头记》，写贾宝玉重入凡世乃是晚清社会，他不满于晚清的种种奇怪不平之事，后来偶然误入"文明境界"，目睹境内先进的科技、优良的制度，不胜唏嘘。他呼唤"真正能自由的国民，必要人人能有了自治的能力，能守社会上的规则，能明法律上的界线，才可以说自由"；而那种"野蛮的自由"，只是薛蟠要去的地方。这些佛山文化遗产，是佛山人应该重新唤回记忆，重新加以阐释的。

"我佛山人"是我研究小说史时所熟悉的。我曾到佛山，与佛山人交流过读书的乐趣和体会，佛山的文化魅力和经济成就也让我感动。略有遗憾的是，当我想深入追踪佛山的历史身份、品位和文化DNA时，图书馆和书店里除了旅游手册之类，竟难以找到有丰厚文化底蕴的新读物。"崇文"的佛山，究竟隐藏在繁华都市的何方？"喧嚣"的佛山，可曾还有一方人文净土？我困惑着，也寻觅着。如今这套《佛山市人文和社科研究丛书》，当可满足我的精神饥渴。它涵盖了佛山的方方面面，政治、经济、文化、历史、人文、地理，城市、人物、事件，时空交错、经纬纵横，一如古镇佛山，繁华而不喧嚣，富有而不夸耀；也如当代佛山，美丽而不失内秀，从容而颇具大气。只要你开卷展读，定会感受到佛山气息，迎面而来；佛山味道，沁人心脾；佛山故事，让人陶醉；佛山人物，让人钦佩；佛山经验，引人深思；佛山传奇，催人奋进。当你游览祖庙圣域、南风古灶、梁园古宅之后，从容体味这些讲述佛山文化的书籍，自会感到精神充实，畅想着佛山的过去、当下和未来。我有一个愿望，这套丛书不止于三四本，而应该是上十本、上百本，因为佛山的智慧和传奇，还在书写着新的篇章，佛山是一部读不完的大书。佛山，又名禅城。佛山于我们，是参不透的禅。这套丛书可以使我们驻足沉思，时有顿悟！

我喜欢谈论人文地理，近来尤其关注包括佛山在内的南中国海历史文化。但是对于佛山，充其量只是走马观花、浮光掠影，爱之有加，知之有限。聊作数言，权作观感。是为序。

2014年2月9日

序

佛山有名望的历史人物，以康南海为最。二十年前，我从江西省社会科学院调动工作来到佛山科学技术学院，即欲以康子作为研究的一个主要对象，可惜一直因行政管理事务和学术编辑业务繁忙，对康子研究的成效甚微。但其间却认识了同事杜环欢老师，并得知她是康有为的故乡南海丹灶人，遂邀她一道研究康子之学。可喜的是，她发奋努力，不仅职称已先后晋升副教授、教授，而且在康学研究方面作出了一系列成果。近日，她将四年来的心血凝结而成的二十多万字的书稿《解构与传承——康有为思想的当代价值研究》交给我，告诉我这是她所主持的佛山市社会科学重点课题的结项报告，并请我为该书作序。我既为她取得的成绩感到高兴，又自觉自己不适合为人写序。再三嘱托，只好勉为其难，写上一些感想，聊以为序。

唯康子知名度甚高，研究者也不乏其人，大家名流多有论述，从一定意义上，康学乃是传统的显学，无论从历史、思想的研究和评价，还是史料的整理和挖掘，可说已臻其边际。然学无止境，代有人出，虽知创新不易，却以超越为鹄，方显学术的生命日新。杜著的特点正是"解构"、"继承"与"超越"，在继承前人研究成果的基础上，聚焦"当代价值"关键词，对康学做综合性的研究，从而有所超越，有所创新。该书整体结构分成七章，前两章为康子的生平经历和思想来源，将康子的一生娓娓道来，还原了一个活生生的康子。但杜著并不是一般地介绍康子的生平，而是独到地探究了康子的心路历程，分析了康子的圣贤心态、救世主心态和价值心态等，这就使得读者对作为人的康子和作为政治家、思想家、教育家的康子及其成长历程有机统一起来。若读者应当开卷有益的话，首先油然而生的正是历史和逻辑的质感。第三章至第六章，作者分别研究了康学的学术价值、哲学价值、时代价值和精神价值。书中对康子的维新变法思想、教育思想、经济伦理思想、文化思想和大同理想等，一一作了梳理、介绍和分析。在展示了康子思想的主要内容后，进而剖析了在康子思想深处存在的继承与创新、传统与现实、中学与西学的融合和冲突，使一个现实主义的康子与理想主义的康子的内心世界的矛盾困惑，作为解读康子、解构康学的立场、观点的钥匙和路径。最后一章为"康有为精神在家乡的延续与传承"，将康有为研究与佛山、南海乃至岭南文化紧密结合起来，以康学的历史透射力，立足于"接地气"和它的现实意义的挖掘与弘扬，也反映了该书作为学术著作，同时具有鲜明的实用性，贯穿着理论联系实际的学风。难能可贵的是，作者对康子的综合研究绝不是对以往论者观点的简单归纳和复述，而是在做了大量具体研究的基础上，提出了一系列新的见解。例如，我邀请作者一道研究康有为时，两人就合作撰写了康有为经济伦理思想的论文，我之所以选取这个题目入手，是因为过去几乎没有人研究过，而当时康子面临着西方资本主义经济来袭，作为一个游历了三十多个国家、具有世界眼光的儒家学者，他的观点如何，既可以反映康子思想的一个重要方面，也是当时中国社会思潮的苗头。可喜的是，作者将这一内容作为康子思想之一，进行专门论述，填补了以往康有为研究论著的空白。作者长期担任政治理论课教学，在书中自如地运用马克思主义哲学原理，分析康子的矛盾身份、矛盾心态及其导致思想的内在矛盾，以及揭示康学价值中的哲学价值，包括从思维方式的角度研讨康子的创新型思维方式，等等，哲学味浓，评述到位，表明了该书是一部具有较高学术理论层次和水准的研究康有为思想及其价值的专著。

该书作者是康有为故里南海丹灶人，在书中饱含对家乡先贤康子的崇敬，却绝没有一味地唱赞歌，也没有人为地拔高康子，而是冷静客观、实事求是，用历史、辩证的立场和观点，一分为二地评价康子。近些年来，学术理论界对康有为提出了许多的质疑，尤其是网络媒体上，一些对康有为负面的评论似乎多于正面的评价。这些负面的评价，撮其要者，如否认康有为在戊戌变法甚至公车上书运动中的地位和作用，指康的《新学伪经考》《孔子改制考》只是在康门弟子和少数一些人中有影响，新旧人物几乎一致公开否定或不以为然，因而不可把它们说成是戊戌维新的指导思想和理论基础。而所谓康氏是公车上书、戊戌变法的发动者，多是《康南海自编年谱》（《我史》）的自我夸大之词。光绪皇帝给康的"衣带诏"亦属子虚乌有，在海外"奉诏求救"成为康在华人华侨中募捐敛财的手段，保皇会的款项下落不明。还有一些事例说明康的人品欠佳，如他的《新学伪经考》和《孔子改制考》有剽窃廖平的学术不端的嫌疑；他一方面提倡男女平等、一夫一妻，一方面又娶三妻六妾（共有六个老婆）；他鼓吹变法，但一当预感大祸临头，立即只顾自己逃命，没有"六君子""我自横刀向天笑，去留肝胆两昆仑"（谭嗣同）的大无畏勇气和牺牲精神。而对康有为保皇、尊孔的保守主义，则一直不绝批判之声。与"贬康"的观点相对立，学术舆论界也有一批人"挺康"，大致认为，康有为作为一个历史人物，固然有其自身的种种缺陷，而且当时他作为地位较低的人要鼓吹维新变法，有些夸大的言辞，甚至有些变通的策略和手法，应当予以一定的同情和理解，不能由此否认一些基本事实。除康氏自己的传记和弟子的记载外，还有许多其他的历史资料，可以说明康氏在公车上书、戊戌变法中的地位和作用，以致让我们今天仍然无法绕过康氏谈这段近代史。在经济上，康氏在海内外也有许多成功的投资，足以支撑其家庭过着富有的生活，而且他接受了许多各种人士对他个人的捐赠，晚年又以出售墨宝为主要生活来源，不能武断地认定康有为贪污了保皇会的大量捐款。而对康有为的保皇，更应当看到君主立宪制也是当时的一种新的社会制度，而且是他对比了西方的立宪与革命两种民主制度后，反思中国应当采取君主立宪方能避免社会动乱，同时推动社会进步。康氏主张以孔教为国教，也是他忧心西方文化入侵的应对之策，他看到了信仰的作用，对今天人们由金钱、权力崇拜引致的道德沦丧、信任危机的"社会病"的整治，都是有启发意义的。这些"贬康"、"挺康"的观点纷陈，莫衷一是，其中不少乃哗众取宠之作。而杜著则是持中而论，中规中矩，对康氏的评价令人信服。我基本上同意书中对康氏的评价。我在《康有为——近代维新改良派的领军人物》（戢斗勇著《广府先贤》，暨南大学出版社 2011 年）中，将康有为定位为"激进超前的理想主义者"、"维新变法的号兵和旗手"、"君主立宪的忠实鼓吹者"、"学贯中西的大师级巨匠"，并认为，康有为虽然不是完人，却是个历史的巨人。对康有为的造假和自我美化等质疑，"事实真相如何，自然应当由历史来检验。仅用现有的资料，而且大多不是康氏本人及其弟子所言的其他公认的史料，就足以证明康有为是近代维新改良派的领军人物，从整个变法运动来看，其地位和作用是明显的、重要的，目前还难以举出其他人与之匹敌。我们应当认真对待人们的质疑，同时不能因为一些人提出某些质疑就轻易地、不加分析地否定广府先贤康有为的历史功绩。"在科学正确地评价康有为方面，杜著从内在矛盾的角度进行客观评价，提供了较好的范例。

杜著作为佛山市社会科学重点项目的结题成果，书中论述了康有为思想与岭南文化的关系，论述了康有为精神在故里的延续和传承，包括经济伦理思想与佛山重商理念、教育思想与佛山的教育创新智慧、文化开拓思想与佛山文化保护传承、改革思想与佛山的改革思路、大同精神与佛山南海精神的塑铸、大同精神与佛山区域品牌建设。我非常赞赏这种地方学术文化研究服务地方经济社会发展的态度和做法。康有为是佛山之子、南海之子，从我研究的文化生态学的角度，只有把康子思想还原到其故乡的土地，在这里寻找其文化原生态根源，才能理解其生长的全貌和精神实质。杜著在第二章研究"康有为思想的来源和土壤"，其思路与我关注的文化生态学个案分析是一致的。例如，只有理解当时佛山、南海（南番顺）的经济发达和对外开放，才能理解康子为何能够初具世界眼光，提出维新变法的主张，成为得到毛泽东高度评价的历史人物，毛泽东说："自从一八四〇年鸦片战争失败那时起，先进的中国人，经过千辛万苦，向西方国家寻找真理。洪秀全、康有为、严复和孙中山，代表了在中国共产党出世以前向西方寻找真理的一派人物。"（《毛泽东选集》合订本，第1358页）也只有理解岭南文化尤其是儒学及其心学、实学的传承，才能理解康子的哲学，从而找到打开康子大同理想等一系列重要思想的钥匙。有资料表明康有为在二十多岁甚至在从学朱九江时即已开始构筑大同体系，那时他纯是一个南海青年。从地方文化建设的角度，康子是佛山尤其是南海文化的代表，佛山的许多文化现象的根源可以在康子身上找到线索，从正面的如锐意改革、追求创新、对外开放、兼容并蓄；一些中性的如好学模仿、有经济头脑、讲求生活品质；一些负面的如虽有改革创新却不与时俱进，最后沦为保守而被历史淘汰，再如妻妾成群、红旗飘飘，收入颇丰却不堪重负；等等。也就是说，只有研究好康有为，才能研究好南海和佛山。尽管康有为自身存在这样或那样的不足，但他作为中国近代杰出的思想家、政治改革家和教育家，作为"先进的中国人"，是南海、佛山的骄傲，应当成为南海、佛山的拿得出手的名片。所以，我在前些年探讨佛山精神时，就极力主张将"有为"精神纳入其中。对于南海提倡"有为文化"，并年年举办"有为文化节"，每年都有创新，我也是十分赞同的。我们要继承的，是康有为所代表的佛山、南海文化中蕴含的"有为精神"，我认为其主要内涵包括"敢为人先的创新精神、走向世界的开放眼光和志向高远的事业追求"。佛山、南海的社会综合发展赖于斯，佛山、南海的经济再创辉煌也赖于斯。人生有限而精神永存，对康子这份精神财富，我们没有理由不好好地保护和传承。我期望着政府有关部门继续和更加重视对康有为的研究，也期望杜女士有更多的康子研究成果问世。是为序。

戢斗勇

2014年12月18日于弼唐

目　录

第一章　康有为的人生轨迹 …………………………………… 1
　　一、朱紫盈门的家世 / 1
　　二、风云动荡的时势 / 6
　　三、跌宕起伏的人生 / 8
　　四、救国济世的心路 / 26

第二章　康有为思想的来源和土壤 …………………………… 33
　　一、康有为思想的来源 / 33
　　三、康有为思想产生的土壤 / 40

第三章　康有为思想的学术价值 ……………………………… 43
　　一、学术传承性价值 / 44
　　二、学术交流性价值 / 50
　　三、学术拓展性价值 / 53

第四章　康有为思想的哲学价值 ……………………………… 56
　　一、会通中西的思维方式 / 56
　　二、创新求变的思维方式 / 61
　　三、趋时实用的思维方式 / 69

第五章　康有为思想之时代价值 ……………………………… 74
　　一、大同理想之时代价值 / 74

二、变法维新之时代价值 / 85
三、政治筹谋之时代价值 / 95
四、经济伦理之时代价值 / 107
五、女权意识之时代价值 / 115
六、文化保护之时代价值 / 129
七、书学艺术之时代价值 / 133

第六章　康有为思想的精神价值 ……… 144
一、敢为天下先的创新精神 / 144
二、铁肩担道义的爱国精神 / 180

第七章　康有为精神在家乡的延续与传承 ……… 186
一、经济伦理思想与佛山人的重商理念 / 186
二、教育思想与佛山的教育创新智慧 / 190
三、文化开拓思想与佛山文化保护与承传 / 192
四、改革思想与今日故里之改革 / 195
五、大同精神与南海精神的塑铸 / 200
六、有为精神与佛山区域文化品牌建设 / 204

后　记 ……… 210

参考文献 ……… 211

第一章 康有为的人生轨迹

1858年，对中华民族来说，刻骨铭心……

这一年，古老的中华帝国又一次蒙受了列强的羞辱，英法联军攻陷大沽炮台，攻入天津，清政府被迫分别与俄、美、英、法等列强签订了屈辱的城下之盟《天津条约》，致使国家主权进一步丧失，灾难深重的中国人民陷入更深的苦海。也就在这年的3月，一位在近代中国救辱图强的斗争中斩将搴旗的伟人在南海县伏隆堡苏村（即今佛山市南海区丹灶镇银河乡苏村）敦仁里的康氏老屋里诞生了。他就是几十年后在神州大地上掀起洪波巨澜的著名的启蒙思想家、政治改革家、教育家、戊戌变法的领袖人物——康有为。

一、朱紫盈门的家世

康氏家族是书香世家，世代习文修礼，在南海属于名门望族。

康有为在1917年所撰的《康氏家庙碑》中说，康氏家族"得氏子周文王之子曰康叔"，这种以世家大族为荣的说法，显然有点攀附。但在当时，像康家那样能给后代创造优越的文化条件的人家，不仅在南海，即使在广东，也是不寻常的。根据比较可靠的记载，康氏家族定居于南海县苏村，是南宋末年的事。当时康有为祖辈康建元率族自南雄珠玑里始迁于此，从此聚族而居，生息繁衍，至康有为已历二十九世。人丁兴旺，再加上屡屡仕宦，到了康有为这一代，康家已成了南海一带令人称羡的显赫大家族了。

康氏家族前八世都是农民。自从第九世康惟卿确立康家的"书香门第"地位以后，康氏家族历代都是读书人，传至十九到二十一世时，发展到鼎盛时期。据康有为在《康氏家庙碑》中记载，这个被称作"世以理学传家"的名门望族，发迹始于其高祖康文耀。在其十九世到二十一世这三世中，当官的人达三十一人之多。高祖康文耀，官至广西布政使，被封为荣禄大夫；曾祖康云衢，官至福建按察使，被封为资政大夫。这两辈应该说是康氏门第中最大的官和较有影响的人物。

从康有为《康氏家庙碑》提到的情况看，康氏家族的发迹之道不外乎两条：一条是从军习武，打仗做官；另一条是读书求功名，科举致仕。后来也有少数家族成员受到资本主义思潮影响，从事实业和经商。但不管是当上武官或文官，甚至成了商人，家族中许多人终其一生都没有离开读书治学。因此康氏家族成员的发迹道路，主要在于"学而优则仕"之途，"为儒为吏"是康有为家族的一大特色。比如，被康有为称为康氏家族创业祖先的第十四代传人——康涵沧，虽然通过科举考试当上官，但他能文善诗，一生都在孜孜不倦地读书治学；第十七代传人——康有为的高祖康文耀，是嘉庆甲子科举人，教书育人，学生达千人，称"岭南大师"，并在康氏家族中最先倡导孝悌礼学；第十八代传人——康有为的曾祖康云衢，有"醇儒"之称；祖父康赞修是道光举人，先后在各地担任"教谕"、"学正"、"教授"、"训导"等，一生从事教育，而且对康有为的影响特别大；到康有为父亲这一辈，工书能文的人更多：康达聪抄书百卷，善诗文，是乡里的名儒；康达节试府学第一，为候选训导，能诗善画，尤善画竹，还精通棋艺，是一个悠闲自在的乡村知识分子；康达荣为生员，候选教谕，能文善诗，尤其善画牡丹，故有"康牡丹"之美誉；父亲康达初是当时岭南著名儒学大师朱次琦的学生，更是一个学识渊博的知识分子，青年时代曾经投笔从戎，在军队里从事案头文书工作，只是英年早逝，对康有为的影响较小，但他在临终时还叮嘱子女要"立志勉学"。所以康门中人的官职无论多高，做官的人无论有多少，但大多数仍是从事儒学的研究和传播的教职。故康门不是钟鸣鼎食之家，也称得上"教育世家"。康有为在《康南海自编年谱》里说："吾家实以教授世其家"，并自认为"教育世家"，这是十分恰当的，一点都不过分。

康有为属于康氏家族的第二十一代传人，他曾自豪地炫耀，他家传到他这一代，已连续"为士人十三世"。整个家族大都是知书能文之士，亲朋好友也多是士绅或读书人，称得上"谈笑有鸿儒，往来无白丁"。在这种环境下，康有为从小就受到封建文化耳濡目染的启蒙教育。诗赋辞章，孔孟之道，历代兴衰之源，治国安邦之策，加之大量的藏书，良好的学习条件，这些都为康有为奠定了牢固的成长基础。而且这种重视和从事教育的传统，后来不但被康有为所继承，而且有所发扬光大，在中国历史的发展进程中，涂上了浓重的一笔！

在康氏家族的发家过程中，以军功发迹的也不在少数。根据有关史料记载，康氏家族在第十九世和第二十世这两代传人中，参加镇压太平天国起义的就有十余人，他们是在征战中得到高位的，最有名的当属康有为的叔祖父康国器了，他在镇压农民起义的过程中，"军功"卓著，康有为是很为自己的这位叔祖父感到自豪的。从康国器开始，康氏家族达到鼎盛时期。诚如康有为在《康氏家庙碑》中所言，康家可说是"从戎仕宦，朱紫盈门"了。

值得注意的是，康氏家族中也有一些人是出于爱国义愤，反侵略和巩固边疆而奔赴沙场的。如康有为的堂叔康达腾，他跟随冯子材抵抗法国侵略越南和中国，官至龙门副将。亲叔叔康达迁也曾在知县任上统兵数万，跟随冯子材进入越南抵抗法国侵略者，多次获胜。伯叔父辈这种爱国精神也激励了康有为，这直接为他后来主张维新变法打下了"忠君爱国"的思想基础，当然，也为其惧怕农民革命埋下了伏笔。

在康氏家族的传人中，也有少数人从事银行业和商业。这在康家的发迹史中，虽不是主流，但也在康有为的头脑中留下了印象。他在晚年时期进行的经商活动很难说不与这一情况有密切联系。

总之，康氏家族的传人由科举考试和投笔从戎两条路径，使康家发达起来。科举制一方面给封建社会的知识分子提供了一个公平竞争的机会，那就是"学而优则仕"。这使得读书人能够通过自己的努力和勤奋，获得一定的地位和权力，从而有可能实现自己的理想和抱负；另一方面，权力给人以地位，权力给人以金钱，权力归根结底给予仕人的，是优越的生活条件和人生的自信。康有为生逢其时，恰遇上康家鼎盛时期，这无疑为康有为后来的成长提供了良好的物质环境和条件。

如果说康有为的家庭，一方面给康有为提供了良好的生存条件，那么，另一方面，也给予了他丰富的知识和精神的滋养、追求人生目标以及康有为性格中的自信。而且这种自信的性格，是任何一个人在其事业的努力和奋斗中所不能缺少的。康有为应该感谢祖辈们的"官"，感谢祖辈们的地位与手中的权力！

的确，康有为是应该为自己的家族，同时也为自己感到自豪的。生活在这样一种家庭环境中，受严格、正规的正统教育，只要稍加努力，最起码也该成为一个饱学之士。只不过康有为的成就在于他超越了常规意义上的人生规范，博古通今只是一种事业的铺垫。在康有为成长过程中，祖父康赞修的言传身教起了很大的作用。

康有为天资聪颖，据他自己回忆，四岁时在伯祖父的教导下就已开启知识之门，五岁能背诵唐诗数百首，特别受祖父、外祖父的喜爱，整个康氏家族把希望寄托在这个"延香老屋"的宠儿身上。从八岁开始，就经常在祖父身边读书，得到过精心指点，受到了严格的封建正统教育，以"三纲五常"为核心内容的封建伦理道德，在幼年的康有为心中深深地扎下了根基。

父亲康达初去世后，康赞修一直把他所宠爱的孙子康有为带在身边，读书诵经，谈古论今，寻师访友，游山玩水。祖孙二人形影不离，相依为命。康赞修朝夕以古代圣人、贤哲、英雄豪杰的事迹和学行教导康有为，而聪明的康有为对祖父的教导心领神会，小小年纪就以经营天下为大志，言谈举止都以圣贤为榜样。后来康有为在《康南海自编年谱》中回忆说："连州公日夜摩导以儒先高义、文学条理，始览《纲鉴》而知古今，次观《大漕会典》、《东华录》而知举故，遂读《明史》、《三国志》。"①

十一岁时，康有为就随同祖父到任职的连州。连州一带有许多历史遗址，祖父经常带着他去参观，一边观看遗址古迹，一边谈古论今；遇到先哲、大儒和名士的碑帖诗文，就随时介绍，并且借题发挥，给康有为指点和启发。在辅导康有为读书时也是这样，有一个典型的例子：有一次，读到《明史》中的《袁督师传》，其中描写明末大将袁崇焕长期驻守边防，曾经向崇祯皇帝提出抵御侵略的重要建议，可惜未被采纳，还受到排挤。祖父对康有为说，这是因为明朝当权的人畏惧他的将才，所以才千方百计地排挤他。康有为对这位大将的雄才大略深为敬佩，不禁感叹地说："假如他不被当权者所妒，能够充分地发挥自己的才略，明朝也许不会有亡国之痛。"祖父这种把书本知识和现实生活联系起来的教育方法，加上康赞修本人的品德行为，对少年康有为产生了潜移默化的影响，激发了他忧国忧民的爱国思想。

祖父在连州掌管教育时，康有为常常从祖父的书桌上看到清政府发下来的《邸报》，上面记载了许多国家和朝廷的政治大事。从《邸报》上他第一次知道了曾国藩、左宗棠、李鸿章这些人物，了解到很多朝廷里的事情。这使少年康有为眼界大开，在他心灵上打开了一扇了解和关心国家大事的窗户，潜移默化地孕育了他的爱国主义思想。

1870年4月，康赞修被委任为羊城书院监院。康赞修带康有为返回广州。广州城是岭南文化中心，书院林立，名士荟萃。康有为随祖父到处寻师访友，遨游士林，如饥似渴地博览群书，学问与生活阅历与日俱增。

康赞修性喜游览，每逢春秋佳节风和日丽之时，他常带康有为到镇海楼、五羊观等名胜古迹游览。康赞修就地取材，指点名胜，授以诗文，致以道义，使康有为的知识大增，眼界大开。后来的康有为一生游览成癖，其实与其祖父康赞修的引导、影响关系极大。

---

① 康有为著，楼宇烈整理：《康南海自编年谱》，北京：中华书局，1992年版，第4页。

康赞修教康有为读书虽然也希望其考取科举功名，但他对康有为未来人生的期望却远远超出于功名之上，他的学识、品格、处世和文化精神，都渗透在对康有为的早期教育之中，给了康有为极大的影响，所以康有为对祖父的感情特别深厚。1877年6月，连州洪水暴涨，康赞修乘舟巡视，不幸被狂涛吞没，时年七十一岁。康有为顿失自己最敬重的长者和严师，悲痛欲绝，三日水浆不进，百日内食素，年内不吃肉，孝服不离身，一举一动均恪守旧礼法。三十余年后，康有为在为祖父的遗集作序《连州遗物叙》时，仍感恩戴德。可见，康赞修对康有为影响之深，情感之厚。

按照康有为祖、父辈们的想法，康有为应该走科举致仕之路，以求光耀门庭。然而康有为虽自幼受到良好的封建正统教育，喜欢博览群书，随心所欲地做文章，但却对科举考试不感兴趣，所以他从十四岁开始参加封建科举的初级考试童子试，常常名落孙山，曾一度令祖父康赞修大为失望。后来康有为认识到，科举致仕可以成为自己变法强国的手段。于是，在两次去北京参加乡试不第后，于1893年在广州第三次参加乡试，中第八名，这年他三十六岁。1895年，康有为和梁启超等人第二次入京会试，保和殿试二甲第四十六名，赐进士出身，并被授工部主事。在封建社会，考中进士是天大的喜事。由于进士及第可以给本人及家庭带来许多好处，举人代表相当程度的生活地位和生活条件，具有很大的诱惑力。如社会地位的提高、权力的拥有、稳固的经济收入等，自然能够光宗耀祖、福延后世。

康有为中的是进士，给康氏家族带来了莫大自豪和荣誉。至今，康有为故居还存有一对"旗杆夹"，就是康有为中进士后用麻石雕刻的，上面记有他1895年参加北京会试的有关史料。然而，他并不十分看中它，只是把它看作实现自己强国梦的阶梯。

当年，祖父康赞修对自己的孙子寄予了厚望，期盼"书香再世汝应延"，期待孙子金榜题名、读书做官。那么1895年5月，九泉之下的康赞修肯定会欣喜若狂的。只是他没想到，考中进士做了官的康有为并没有让他真正如愿。三年后，戊戌变法失败，康有为逃亡日本，康氏家族在广州及南海苏村等地的房产被查封，三百余箱藏书被焚烧。自此，康氏家族结束几百年的辉煌，子孙后代散居海内外。如果从生活的角度看，按安居乐业、书香门第的传统，康有为并没有光宗耀祖。相反，他却以最快的速度使康氏家族走向了衰败。可以说，康氏家族的"凄惨"结局，是康有为一手造成的。这里并非责备康有为，而是说明他为圆自己的强国梦所付出的巨大牺牲！

二、风云动荡的时势

康有为的性格、志趣、学问与情感，最初就是在这样一个诗礼传家的封建官僚大家族中陶冶、培养、萌发起来的，原本他应该沿科举的阶梯级级上爬。可是，就在他诞生的年代，古老的中华大地发生了数千年来未有的奇变，可谓天空乌云密布，地上风雷滚滚，中华民族与帝国主义、封建主义强大敌人之间，展开了空前激烈的搏斗，时代洪流正在摇撼着清王朝的金銮殿。

在康有为降生的十八年前，1840年6月，英国侵略者为了维护可耻的鸦片贸易，对中国发动了鸦片战争。这次战争的隆隆炮声首先就是在离康有为家乡不远的珠江口外响起的。由于清朝封建制度的腐朽和中国经济技术的落后，英国侵略者只是以一支"东方远征军"的力量，竟然打败了拥有总兵力约八十万的庞大的"天朝上国"，清政府被迫与英国屈辱地签订了中国近代史上第一个不平等条约——《南京条约》。资本主义侵略者用枪炮轰开了中国的大门，强迫清政府签订了一系列不平等条约，中国社会开始一步一步地向半殖民地半封建社会的深渊沉沦下去。伴随的是资本主义社会的商品大量涌入中国，充斥市场，近代资本主义的工商业挤了进来，冲击着封建主义自给自足的自然经济，在资本主义风雨冲击下，开始了缓慢的解体过程。马克思说1840年"英国的大炮破坏了中国皇帝的威权，迫使天朝帝国与地上的世界接触。与外界完全隔绝曾是保存旧中国的首要条件，而当这种隔绝状态在英国的努力之下被暴力所打破的时候，接踵而来的必然是解体的过程，正如小心保存在密闭棺木里的木乃伊一接触新鲜空气便必然要解体一样"①。

自从资本主义侵略者用大炮轰开了中国的大门以后，又给中国人民套上一个又一个的枷锁。为了支付巨额的赔款和军费，为了给清王朝这个老朽的封建国家磨盘注水，清政府拼命搜刮民脂民膏，又加上灾害频繁，中国人民完全陷入了水深火热的悲惨境地。全国人民和清王朝之间的矛盾空前尖锐，农民的反清斗争情绪日益高涨。全国各地就像布满了干柴，从珠江流域到松辽平原，从东海之滨到巴山蜀水，无数农民起义的火焰燃烧起来了。鸦片战争后十年间，全国爆发的大大小小的农民起义在一百起以上，其中以广东、广西、湖南三省斗争风潮最为猛烈。1851年1月，全国

---

① 马克思：《中国革命和欧洲革命》，《马克思恩格斯选集》（第二卷），北京：人民出版社，1972年版，第3页。

农民革命的洪流终于汇成了洪秀全领导的广西桂平金田村起义。太平天国革命是一场以推翻封建清王朝为目的的农民起义,其势如暴风骤雨,迅猛异常,建立"地上天国"的美妙理想,呼唤着千千万万的农民投入革命的行列,迅速组成了浩浩荡荡的农民革命大军,席卷两湖,定鼎金陵,长江中下游成了太平天国的天下。在这场与中华民族前途攸关的大搏斗中,康氏家族的许多人都站在封建清王朝的立场上,怀着与农民革命不共戴天的仇恨,投入惨烈的镇压太平天国的战争,用农民的鲜血染红了自己的顶子,用手中的剑绞杀了农民起义。当时康有为虽幼小,但康家与农民起义的不共戴天,已经在康有为心灵深处打上了深深的烙印。这是后来康有为反对农民起义,甚至反对和敌视孙中山的武装革命的渊源。后来康有为在讲学、上书等维新活动和言论中,也经常流露出与农民革命势不两立的心态。

外国资本主义列强的贪婪是欲壑难填的,他们并不满足于鸦片战争中取得的大量权益。为了扩大在鸦片战争中所取得的特权和利益,1856年10月,英、法两国在美国和沙皇俄国的支持下,组成英法联军发动了第二次鸦片战争,强迫清政府签订了《天津条约》,1860年,英法联军重燃战火再度攻破大沽炮台,攻入天津,并进逼北京。咸丰皇帝仓皇弃城逃往热河避暑山庄,侵略军进入北京,这是中国首都第一次被西方外国侵略者占领。同时,在大肆抢掠之后放火烧毁了中国的艺术宝库和建筑精华的"万园之园"——圆明园,强迫清政府签订《北京条约》,从中国攫取了更多的权益。中国人民遭到了空前的凌辱和涂炭。外国资本主义侵略者用战争的手段打败了清政府后又在政治上加紧拉拢支持野心勃勃的年轻的慈禧太后发动了"祺祥政变"(又称"辛酉政变"或"北京政变"),为"借师助剿"的国策奠定了基调。从此,中外反动势力开始勾结起来,共同绞杀了轰轰烈烈的太平天国革命运动。

康有为就是诞生在这样一个阶级斗争风狂雨骤的时代,成长在中华民族和外国侵略者生死搏斗的时代,也是闭关自守的中国接触世界和走向世界的时代。康有为的思想、学问、主张和活动无不熔铸着那个时代的印记,他是新时代的产儿。

鸦片战争前,中外通商交往限于广州一口。鸦片战争后,广州、厦门、福州、宁波、上海五口通商。中国的大门一经被打开,资本主义的军事、政治、经济、文化教育、宗教的种种力量和影响都渗透进来,引起了中国社会惊天动地的大变化。外国资本主义的侵略,在破坏中国自给自足的自然经济、城市手工业和农民家庭手工业的同时,促进了城乡商品经济的发展,给中国资本主义生产的发展造成了某些客观的条件和可能。太平天国革命运动的推动和外国资本主义加紧侵略的刺激,加速了自然经济向商品货币经济过渡的进程。到了19世纪70年代初,一些官僚、地主、商人开始投资于近代工业,中国民族资本正式出现在近代中国历史舞台上。

广东是中国最早出现民族资本主义近代工业的省份,1872年华侨商人陈启源在南海创办的继昌隆机器缫丝厂就是中国第一个民族资本经营的机器缫丝厂。在它的影响下,南海、顺德等地纷纷模仿,风气顿开。此后二三十年间,广东地区陆续出现了一批由中国人投资的、使用机器的缫丝、造纸、织布、玻璃、火柴、砖瓦、水泥、卷烟、榨油、碾米、食品等工厂,以及一批机器、船舶修造厂。虽然这些萌芽状态的民族资本主义工业还处于简单协作和手工工场工业阶段,在自然经济的汪洋大海中,不过是几座孤零零的小岛,但它毕竟是我们中华民族自己组织和经营的近代机器生产的新式资本主义企业,它是当时的新鲜事物,并且在外国资本主义势力压迫下和本国封建势力束缚中,从夹缝中挣扎着发展起来。19世纪中晚期,由于蚕丝出口的需要,珠江三角洲出现了弃田筑塘、废稻植桑的高潮,顺德、南海等地发展成了专门的蚕丝产区。这说明广东地区自然经济解体更快一些,卷入世界资本主义经济漩涡更深一些。

民族资本家有了一定的经济力量,却没有相应的政治地位,甚至受到传统的封建旧观念的歧视。像继昌隆这样新式的资本主义机器生产企业,竟然被清朝地方政府视为异端,于1881年被南海知县徐赓陛下令关闭。民族资本家为了维护自身的利益,组织商会,创办商报呼唤着自己的代言人,尤其在祖国危急存亡的时刻,积极参加和领导了伟大的反帝爱国运动,表现出救亡图存的爱国热情。康有为就是在中国人民反帝反封建斗争的时代潮流冲击下涌现出来的弄潮儿。

三、跌宕起伏的人生

像中国所有的书香门第之家一样,康有为从小最重要的任务就是读书。读书使他与中国传统文化结缘,进入了一个令他着迷的知识与学问的世界。1870年,康有为随祖父回到广州,在广州和南海两地,继续自己的读书生活。叔祖父康国器在家乡修筑的"七桧园",特别是其中的"澹如楼"和"二万卷书楼"为康有为的自学提供了极好的条件,这里成了他读书的乐园。他喜欢读各种书籍,经集杂史、考据辞章都一一披览。从祖父的藏书中,他读到清代著名经学家、文学家毛奇龄的文集《西河合集》,第一次看到了《海国图志》、《瀛环志略》等一批介绍世界各国历史地理的书籍,读到了利玛窦、徐光启等人所编著和翻译的书籍。这些译著无疑为康有为打开了一扉通往西方文明的窗口和通往未来的门,对他后来向西方学习、推行变法维新起了重要作用。

在家人的心目中,读书最直接的目的就是顺利地通过科举考试,开通仕途,为家族增添荣耀,为国家造就人才。到十七岁为止,家人为康有为共请过七位先生执教,教学内容无一例外是记诵经书,学写八股文,为一次又一次的科举考试做准备。但是,这种枯燥无味的应试学习很不符合康有为聪敏的天性,他提不起兴趣。他治学有种求真求实的执拗精神,总要从中琢磨出自己的体会来。

于是,十八岁那年,应考乡试失败后,康有为便到家乡附近的礼山草堂拜被称为"后朱子"的粤中名儒、经学家朱次琦为师,继续求学。朱次琦与康有为的祖父是好朋友。他弃官从教,讲学于礼山草堂。他的学问根底是宋明理学,但以经世致用为主,研究中国史学、历代政治沿革得失,颇有心得,其著书甚富,品学造诣甚深,他讲学能扫去汉宋门户之见,贯串今古,而归宗于孔子,并强调将品德修养与经学、文学、史学等传统学科的学习结合起来,是一位品行刚正、学术精湛的理学大师。康有为对朱次琦讲的陆王心学特别感兴趣,认为它活泼而且有用。朱次琦的言传身教,对康有为的人生道路影响很大。而康有为也十分庆幸自己得遇名师,于是发奋攻读。在礼山草堂三年,在朱次琦的指导下,康有为下苦功系统地研究儒家典籍和孔子的思想体系,研究先秦诸子百家的哲学思想,并广泛涉猎《楚辞》、《文选》、杜诗等文学作品,学业日进,打下了理学、政学的基础。康有为曾充满感激之情地回忆他遇到朱次琦以后的变化:"于时捧手受教,乃如旅人之得宿,盲者之睹明,乃洗心绝欲,一意归依。……从此谢绝科举之文,士芥富贵之事,超然立于群伦之表,与古贤豪君子为群。"[1]

受朱次琦"主济人经世,不为无用之空谈高论"[2]的影响,青年时代的康有为"毅然以大道自任,以圣人为必可至,以一身为必可卓立于大地,以天下事为可为"[3]。乡亲们便给他起了一个半是期许半是揶揄的雅号——"圣人为"。

二十来岁,正是充满了活力和幻想的年纪,康有为读书有得,有新思,开始偏离老师的轨道。例如,朱次琦最推重韩愈,他却不以为然,还在老师面前说:"昌黎道术浅薄,……即《原道》亦极肤浅而浪有大名。"朱次琦厌恶禅学,他却忽然"绝学捐书,闭户谢友朋,静坐养心",对佛

---

[1] 康有为著,楼宇烈整理:《康南海自编年谱》,北京:中华书局,1992年版,第7页。
[2] 康有为著,楼宇烈整理:《康南海自编年谱》,北京:中华书局,1992年版,第6页。
[3] 庞莲:《康有为受学朱次琦》,《南海文史资料》第12辑。

学产生了兴趣，他觉得传统的学术思想与当时的社会现实不合拍，常常思考怎样才能找个安身立命之所，不要虚度了此生。① 这与其所处的年代、目睹的情况有关。适逢其时正处于封建末世动乱黑暗的清朝统治腐败，国家积弱不振，外国资本主义势力步步进逼，内忧外患接踵而来。1858 年他出生时，太平天国反清起义的号角与第二次鸦片战争的炮声震天动地，1878 年他二十岁时，边疆不靖，烽烟频举，祖国处于列强环伺中……他早年所写的文章《不忍篇》中也表露了"哀民生之多艰"的心情："予非不乐生也，予出而偶有见焉，父子而不相养也，兄弟而不相恤也，穷民终岁勤动而无以为衣食也。僻乡之中，老翁无衣，孺子无裳，牛宫马磨，蓬首垢面，服勤至死，而曾不饱糠覆也，彼岂非与我为天生之人哉，而观其生平，曾牛马之不若。"②

经过三年的刻苦学习，他打下了坚实的学问功底，并能把过去所学融汇贯通，具备了治学的大家气度。可是面对涂炭的生灵、残破的河山，怎样才能实现自己的理想，解生民于倒悬？这个问题，他在传统学术中没有找到答案。因此使他对个人的前途、民族的命运，都感到十分苦闷彷徨，以致心潮起伏，歌哭无常……

怀着困惑与苦闷，1878 年冬天，他决意从佛学中寻找出路而辞别了老师，茫然走出书斋回到家乡。次年初，他来到离家不远的西樵山白云洞结庐读书，希望在与自然的接近中体悟到真理，希望从学习、思考中探索出救国救民的道路。

南海县的西樵山，水秀山清，环境幽美。康有为在这里潜心学习佛、道之书。他住进了山上的白云洞，枕石卧草，散发行吟，放浪形骸于山水之间，决意游思于万物之上。一方面他想借此排除内心的苦闷，寻求思想的解脱，另一方面他仍在苦苦思索宇宙本原、社会哲理和人生意义这些重大问题。由于他有强烈的用世之心，静坐学佛的结果没有使他超脱尘世，遁入空门，反而使他把佛教的恻隐与布施之心，转为救世之念。

在西樵山隐居学佛这一时期，康有为在一个偶然机会结识了来此游玩的翰林院编修张鼎华。张鼎华对他具有转折性影响，因为张鼎华，康有为获得了一条通往外部世界的新途径，坚定了"以经营天下为志"的信念。如果说朱九江的经世之学让康有为有了以天下为己任的意识，那么张鼎华就是使康有为把所学知识与现实联系起来的人。

按照康有为的描述，张鼎华"聪明绝世，强记过人，神锋朗照，谈词

---

① 康有为著，楼宇烈整理《康南海自编年谱》，北京：中华书局，1992 年版，第 8 页。
② 汤志钧编：《康有为政论集》（上册），北京：中华书局，1998 年版，第 15 页。

如云","素以文学有盛名于京师者"。① 直到在西樵山时认识张鼎华,康有为一直生活在相对封闭的状态下。这之前康有为所有的时间几乎都用在诸子百家经书佛典上,他的知识水平没有超出儒释道的典籍,对时事更是了解甚少。张鼎华的介绍使康有为大开眼界,他第一次把书本上接触到的国家与现实生活联系在一起,也是第一次把个人的安身立命与整个国家的出路联系在一起。康有为对西方的真正兴趣也许就是从这个时候开始的。他向西方学习改良政治的思想也是从认识张鼎华后接触的西学开始的。

从张鼎华那里,他了解到时事政治、朝章典故、京城风气、当代人物事迹等,对现实有了初步理解,更增加了他对时局的关心和对朝政的注意。他眼前仿佛打开了一个新的世界,他朦胧地看到了走上社会寻找出路的希望。

张鼎华对康有为的意义,康有为在自编年谱中说:"吾自师九江先生而得闻圣贤大道之绪,自友延秋先生(张鼎华)而得博中原文献之传。"②此外在康有为1888年为英年早逝的张鼎华作的《祭张延秋侍御文》中也得以体现,祭文中表达了康有为对张鼎华的赞赏,对他英年早逝的痛惜以及对他知遇之恩的感激之情。"祖诒弱少,遁迹山数。蔽学戆狂,人莫予有。先生奇之,裁其散朽","无文不讲,无道不课。优游乎文章之事,穷变乎天人之罅"③。

生而自信的性格,使得康有为洞悉到民生艰难后,就马上认为"天与我聪明才力拯救之"④,所有的困惑瞬间解开,自己所要做的事情就是如何凭借"聪明才力"解救国家人民于危难,这一年他二十二岁。此后的十六年,他在通过各种途径接触西学、了解社会的同时,仍旧按照长辈的愿望参加乡试,终于在三十八岁"如愿",而此时的康有为已经找到了科举考试之外的另外一条途径,即阅读大量西书,在西学中探索救国救民之出路。正如他的得意门生梁启超所说:"学者如处暗室之中,不知室外更何所有,忽穴一牖外窥,则粲然者皆昔所未睹也……于是对外求索之欲日炽,对内厌弃之情日烈。"⑤ 康有为的志向不在入仕,而是要成就一代伟业。

从此以后康有为尽可能搜罗各国新书俯读仰思。他开始钻研《周礼》、

---

① 康有为著,楼宇烈整理:《康南海自编年谱》,北京:中华书局,1992年版,第9页。
② 康有为,楼宇烈整理:《康南海自编年谱》,北京:中华书局,1992年版,第10页。
③ 上海市文物保管委员会编:《戊戌变法前后康有为遗稿》,上海:上海人民出版社,1986年版,第239页。
④ 康有为著,楼宇烈整理:《康南海自编年谱》,北京:中华书局1992年版,第9页。
⑤ 梁启超:《清代学术概论》,北京:东方出版社,1996年版,第65页。

《文献通考》、《经世文编》、《天下郡国利病全书》、《读史方舆纪要》等经国有用之书，以及《西国近事汇编》、《环游地球新录》等介绍西方社会制度、风俗民情和文明程度的书籍，写下了大量有关治国理民的心得笔记，希望从中找出救国救民的方案。

新奇的外部世界深深吸引了他。为了求得更深入的了解，他于1879年客游香港。在那里，他一方面感到作为中国人的屈辱，另一方面也看到了很多新奇的事物。鳞次栉比的高楼大厦，整洁宽敞的街道，穿行往来的车辆，井然有序的社会秩序，使他心灵深处的封建文化基础开始动摇，觉得以往对外国人的民族偏见应当打破。他看到了中国的落后局面，痛感如不奋起直追，正面临着迫在眉睫的生存危机的中国，将被远远地甩在世界潮流之后。在香港，通过一位曾任中国驻日公使馆翻译的同乡，他又看到了不少翻译的西方书籍，更多地接触到西方资本主义文化，思想产生了很大变化。

1882年，他去北京参加顺天乡试，因作文喜欢自抒胸臆，不愿循八股文常格而落选。归途中，满目疮痍的残破河山和在饥寒交迫中挣扎的贫苦百姓，刺激着他"穷年忧黎元，叹息肠内热"的赤子情怀，进一步激发了他挺身而赴时艰的责任感。而当他看到上海租界里的繁盛，他对西方资本主义制度更加赞叹了，心想：西人治属地尚且如此，本国的政治肯定更加进步，其所以能这样，一定有优越的道德学问为根本。于是他把江南制造局和外国教会里所译的西方书籍都买了下来，用箱子装运回家。根据记载，上海江南制造局译印的西学新书，三十年间售出不过是一万二千册，而康有为前后购以赠友及自读者，达三千余册，为该局售书总数四分之一强。通过认真研读西方书籍报刊，他进一步了解了西方国家的历史地理、风土人情、政治制度，还学习了不少自然科学知识。其中，天文、物理、古地质学等使他心智大开。科学知识战胜了儒家传统的天道观，改变了他原来的宇宙观。进化论思想在他头脑中逐步形成，并成为他改造社会的思想武器。接触西学以后，新的知识大大启发了康有为的思维，使他的眼界大开。

1888年夏天，康有为再次赴京参加顺天乡试，仍因文章不同常格，没有考中。他多次参加科举考试，并不是为了求取功名，而是为登上政坛、大展宏图创造必要条件。科场的失意，他并不十分在意，而中法战争后帝国主义势力对西南边陲的渗透却引起他的警觉。他游长城、攀西山，登高极望，不胜感怀："计自马江败后，国势日蹙，中国发愤，只有此数年闲暇，及时变法，犹可支持，过此不治，后欲为之，外患日逼，势无及矣。"① 京都之游，身临中国政教中心，使他的变法思想变得格外迫切。这

---

① 康有为著，楼宇烈整理：《康南海自编年谱》，北京：中华书局，1992年版，第16页。

种紧迫感促使他提笔给当时颇有名气而又为光绪皇帝所信任的大官僚翁同龢、徐桐分别写信，信中大谈变法维新已不能再缓，还责备他们未能尽职守责。但徐桐见信大怒，斥为"狂生"。这年12月，康有为实在觉得再不能坐视局势的恶化，他怀着一腔忧愤，给光绪皇帝上书，请求改良政治，自强自救。他以强烈的危机感，描述了中国面临的危难局势，对朝政提出批评，提出了"变成法、通下情、慎左右"三条具体建议："变成法"，就是革除弊政，参照古今中外的法制，推行新法来治理国家；"通下情"，就是让朝廷开通言路，广泛听取臣僚及士人意见，使政情上通下达；"慎左右"，就是要统治者明辨忠奸，慎重用人，重用贤才，斥远奸佞。这些建议虽然没有完全跳出传统政治的格局，但对当时的政治状况，却有很强的针对性。他的上书得到朝中开明官吏黄绍箕、沈曾植、屠仁守等人的同情和支持，可惜这份上书终因横遭腐朽势力阻拦，没能进呈到光绪皇帝面前。但这行为本身和书中阐述的政治主张，却打动了无数关心国家前途命运的仁人志士，人们纷纷传抄《上皇帝书》，康有为一时成了风云人物。

京师一年多的时间使康有为对朝局渐渐有所了解。他看到慈禧太后大兴土木，花天酒地；军机大臣孙毓汶与宦官李连英狼狈为奸，把持朝政，群僚趋炎附势，赂贿风行；士夫掩口，言路结舌。他非常失望，沉痛地说："久旅京师，日熟朝局，知其待亡，决然舍归，专意著述，无复人间世志意矣。"① 他的第一次努力遭到挫折，心情是十分矛盾的，眼看着中国将亡，救之不得，坐视又不忍，只好南归，再待时机。1889年9月，他离开了京师。《感事》一诗中"治安一策知难上，只是江湖心未灰"② 的诗句正抒写了他此时的心境。

第一次上书不达的遭遇使康有为初步尝到了与守旧势力作战的艰苦。他在诗中写道："虎豹狰狞守九关，帝阍沉沉叫不得。"③ 为了打破守旧势力的堡垒，使人们的思想从传统的束缚下解放出来，康有为需要更有力的理论武器。返回故里后，他意识到要变法自新，实现富国强兵的政治理想，首先必须攻克封建思想文化堡垒，所以他决心收徒讲学，先从思想领域打开缺口。

1890年春，他到广州拜会经学家廖平。开始，因两人在学术上的不同见解，议论相竞。但很快，康有为就接受了廖平的观点。原因在于廖平是

---

① 康有为著，楼宇烈整理：《康南海自编年谱》，北京：中华书局，1992年版，第19页。
② 康有为：《感事》，马洪林、卢正言编注：《康有为集》（诗赋卷·上册），珠海：珠海出版社，2006年版，第58页。
③ 康有为：《己丑上书不达出都》，马洪林、卢正言编注：《康有为集》（诗赋卷·上册），珠海：珠海出版社，2006年版，第68页。

一位今文经学家，在经学上颇有造诣，他所写的《知圣篇》与《辟刘篇》这两篇著作新说引起了康有为的兴趣，并给他很大的启发。廖平认为古文经典是西汉刘歆伪作，今文经典才是孔子真传，并说孔子是受命于天、有德无位的素王。康有为寻思，如果发挥《知圣篇》的观点，神化孔子，树立一个改革的祖师爷，那么变法就有了历史的依据和权威的榜样。如果发挥《辟刘篇》的观点，否定刘歆，进而否定传统封建文化经典，对进攻顽固派坚守的阵地，也未尝不是一个突破口，那么就可以利用学术问题为政治服务。

会晤廖平以后，康有为以一个政治改革家特有的敏锐灵活，领悟到今文经学可以作为他战斗的武器，就迅速改变了尊信古文经学的立场，转而大讲今文经学，并利用今文经学的微言大义进行议政。

因而，康有为在讲学的过程中，以"勉强为学，逆乎常纬"作为治学的宗旨，把他鲜明的政治学术主张贯彻到教学中去。他教给学生的除了"义理之学"、"考据之学"、"词章之学"之外，增加"经世之学"一门。"经世之学"的内容有：政治原理学、中国政治沿革得失、万国政治沿革得失、政治实用学、群学。他对当时在学术界占统治地位的汉学和宋学进行抨击，向学生灌输冲破传统、改革救国及变易进化等观点。由于康有为的讲学带有强烈的现实性和新鲜感，注意对学生精神气质的培养，着重传授有实用价值的知识，注意培养学生从经世致用角度理解学问，增强救国救民的社会责任感，因此吸引了越来越多的学生前来就学。由于学生人数增加，从1891年至1895年的四年里，学堂曾三迁其址，1891年在长兴里，1892年迁到卫边街邝民祠，1893年再迁至府学文昌殿后仰高祠。在康有为精心诱导下，在这所学堂里培养出了一批政治运动的骨干和思想领域的启蒙学者，如徐勤、麦孟华、梁朝杰、韩文举、欧榘甲、王觉任等都是大有作为的杰出人物。

康有为一边讲学，一边写作。这期间他的著述颇多，重要的有《婆罗门教考》、《王制义证》、《毛诗伪证》、《周礼伪证》、《说文伪证》、《尔雅伪证》、《新学伪经考》、《孟子为公羊学考》、《孟子大义考》、《墨子经上注》、《史记书目考》、《论语为公羊学考》、《春秋董氏学考》等，《孔子改制考》也是在这一期间开始编写的。这一系列著述的中心思想，是借"发古文经之伪，明今文学之正"，根据变法的需要，对儒家学说作重新解释。通过撰述活动，康有为基本上建立起一个托古改制的维新变法理论体系。《新学伪经考》和《孔子改制考》两书最为著名，在社会上产生了很大影响。它们虽然是直接受廖平的《知圣篇》和《辟刘篇》的启发而写成的，但却不是廖平那样的纯学术著作。

1894年5月康有为再到京城参加会试，此时中日之间的战争已一触即发，慈禧太后却沉迷于举办六十大寿庆典，大臣们逢迎献媚，唯恐不下，醉生梦死。当时有人问他："国朝可百年乎？"康有为十分痛心地说："祸在眉睫，何言百年。"过不了几天，朝鲜方面传来日本大规模出兵占领汉城，对牙山清军剑拔弩张的消息，清政府才慌了手脚。康有为无限感慨地说："我的话说了不到六年，现在不幸而言中了！"1895年春，康有为再次进京会试时，正是《马关条约》签订之时，当条约内容传到北京时，北京的大街小巷掀起了拒约浪潮。当时正值全国科举大考在即，全国举人都集中在北京，这些尚未步入仕途的士子更是群情激愤。人们高涨的爱国热情深深感染了康有为，他召集十八省举人一千三百余人聚会，决定上书，请求清政府拒和、迁都、练兵、变法以自救立国。他因倡言变法图强名满天下而被公推起草上奏书。一天两夜的时间，他写成了上清帝万言书，坚决反对《马关条约》，请求"拒和"、"迁都"、"练兵"、"变法"，第一次向皇帝全面而具体地提出变法的主张和措施。此书递进都察院时虽被拒绝代递，可是这封洋洋万言的上皇帝书已经传遍京城了，强大的舆论压力打击了投降派的气焰，主和的军机大臣孙毓汶吓得不敢上朝而提出辞职。这就是有名的"公车上书"。这场斗争不失为中国近代爱国运动史上的一个壮举。成千士子在数载苦读，眼见踏上光宗耀祖的坦途之际，置功名利禄甚至身家性命于不顾，拍案而起，发出了救亡图存的呐喊，显示出中国人刚直不阿的高尚民族精神，谱写了一曲气壮山河的凯歌。这次公车上书，把酝酿多年的资产阶级维新思潮变成了实际的爱国政治运动，是中国近代史上浓墨重彩的辉煌一笔。康有为也走上斗争舞台，从一个启蒙思想家，变成了一个杰出的社会活动家。这封上书没有送到光绪皇帝手上，可封建阴霾毕竟遮挡不住它的思想光辉。上书第二天，《上皇帝书》副本即开始传抄。一个月后，上海出版发行了它的印本。这一文献在祖国大地上广泛流传，产生了巨大影响。

　　公车上书后不久，考试发榜，康有为中了进士，授工部主事。但他无意于当一个俯首听命供人驱使的庸碌小吏，他考进士只为扩大政治影响，没把这个六品官放在眼里，所以他继续从事维新事业，根本没有到任就职。他自己解释说，他自知无做官的才能，不能为朝廷奔走效劳。他生平以讲学著述为业，本来打算以平民身份终此一生。因为难违母命，才不得已应试。他不能为五斗米折腰，所以他根本没有到任。他怀着深深的忧患意识，又接连两次上书给光绪皇帝，阐述政治主张，呼吁改变现状，提出变法的具体步骤与措施。在《上清帝第三书》中，因形势变化，去掉了拒和、迁都的主张，集中讨论了变法问题。光绪皇帝读到上书后，思想受到很大震动，对康有为的主张大加赞许，认定通过变法维新，不仅能使中国富强，而且可以改变自己在清统治集团中的地位。第三次上书的成功使康有为受到很大鼓舞，他又写出第四封上书，详细论述变法的轻重缓急，并提出中国首先要在两个方面进行改革：一是鼓励科学发明，使中国迅速走向富强；二是仿照西方，设立议院以通下情。这年7月，在康有为的推动下，光绪帝与翁同龢决定部分实行新政，下诏在各省推行一些改革措施，如修铁路、开矿山、造机器、立学堂、核关税、稽荒田、汰冗员等。接着，他们又拟定十二道诏书，发布维新之令。可是这些措施遭到各地督抚们的抵制，在慈禧太后等保守的后党支持下，这些地主官僚们更是有恃无恐。由于慈禧太后的干预，这一年光绪帝推行新政的计划被迫中止。

康有为本以为只要皇帝下诏，变法事业即可大功告成，但几经艰难曲折、反复后，他意识到这些想法是幼稚的，期望朝廷自上而下实行变法，时机还不够成熟。变法必须依靠王公大臣，但京师风气闭塞，士大夫不通外国政事风俗，很多人不知道应不应该变法和怎样变法，那么当务之急就是团结一批志同道合的同志，形成群体力量。于是，为了宣传新学、开通风气，在梁启超、麦孟华两位弟子的帮助下，他捐资在北京办起了中国人办的第一份报纸——《万国公报》（后改名《中外纪闻》），介绍西方各国的政治、经济、文化、社会、风土人情及新闻消息等，每期还刊一篇论说，宣传富国强兵之道、教士养民之法。《万国公报》的创办，在京城产生了很大影响，使上层社会渐渐对世界大势有了一定程度的了解，变法维新主张得到很多人的理解。

除办报外，康有为又到处游说大家"合群"，组织学会。他与梁启超等人不辞千辛万苦，四处奔走，反复动员，终于博得了朝中大臣翁同龢、孙家鼐、张之洞等人的同情与支持。1895年9月，以康有为为首的维新派和帝党官僚结合组成的强学会在北京成立，康有为受大家推举起草了《强学会序》，作为组织纲领。这是一篇维新变法的政治宣言，产生了较大社会影响。

康有为在京的活动，引起了顽固派的不安。他们竭力造谣生事，挑拨维新派与帝党官僚集团的关系，甚至策划对康有为实施迫害。为避祸，康有为不得已离京南下上海开辟新的维新阵地。12月，上海强学会成立。康有为草拟《强学会章程》，申明设会目的是："专为中国自强而立"，"专求中国自强之学"。他还强调以传播西学、新学，变法图强为宗旨。1896年初创办了上海强学会机关报——《强学报》。

自强学会后，各地也闻风而动，纷纷开会办报，一时成为风气，清廷严禁结社集会的旧例开始打破，禁止人民议政的堤防也被冲开了。支持康有为组织学会的有力者文廷式、沈曾植、丁立钧、陈炽、陈仰垣等皆是帝党中坚，与光绪的师傅翁同龢关系密切，所以强学会使康有为等维新派和帝党开始结盟，并为日后康有为通向皇宫的大门铺垫了阶石。

维新派的一系列活动和维新思潮的迅速传播，让封建顽固派看到了新思想的巨大威力。他们意识到：如再让维新派继续进行新政的宣传鼓动，就有危及他们统治的危险。于是他们组织了一次大规模的反攻。李鸿章授意御史杨崇伊奏参强学会从事非法活动，包藏祸心。杨崇伊在奏折中说，强学会"私立会党，将开处士横议之风，请饬严禁"。继而，慈禧太后逼迫光绪下令查封北京强学会。接着，张之洞以康有为行为过于激进，作出解散上海强学会、停刊《强学报》的决定。

维新事业虽暂时遭到沉重打击，但北京、上海强学会的成立和上述报纸的创办，对宣传民众、开通风气、传播维新思潮所起的客观作用已无法逆转。

在举办新政一时谈不上的情况下，1895年底康有为又回到广东继续在万木草堂讲学，著书。这期间他比较留意研究日本，又收集了很多日本书籍，撰写了《日本变政记》和《日本书日志》。著书立说的同时他依然时刻注视着政坛的风云变化，准备发动新的进攻。

正当康有为救亡图强努力奋斗之时，列强又一次掀起了瓜分中国的狂潮，德国帝国主义借故侵入我国胶州湾。康有为再次拍案而起，第五次向光绪帝上书。在上书中，他尖锐批评了清政府的不抵抗政策，指出苟且偷安只会一步步走向灭亡。强调国势日衰又不思振作是导致当时危机的主要原因。他沉痛指出，其时除变法外已没有其他救国之策了。在上书中他提出上、中、下三策供光绪皇帝采择：上策是效法俄、日两国，以定国是，彻底变法；中策是广泛听取群臣意见，讨论如何进行变法；下策是允许各省官员自行变法，三年后将这些新政结合起来，形成全国统一的制度。他认为行上策可使国家强盛，行中策可维持积弱局面，行下策则不至于亡国。在上书中他还正式提出国事需经国会议行和颁布宪法的主张。可惜这次上书又被扣压而未能送到皇帝手中。

这年冬天，他顶风冒雪，奔走于公卿大臣之间，争取更多的实力人物的支持。他的顽强精神使翁同龢、孙家鼐等稍有爱国之心的朝中大员深受感动，暗地里对他进行帮助。当他处于斗争最困难时刻，准备离京南下，另谋出路之时，翁同龢亲临南海会馆，挽留康有为，告知他将受到重用。1898年1月25日，光绪命康有为条陈所见，并命进呈所著《日本变政考》及《俄彼得变政记》亲览。

康有为奉诏后，十分兴奋，连夜起草奏章。29日，他呈上《应诏统筹全局折》(即《上清帝第六书》)。此折提出了"全变"的要求,他说:"观万国之势,能变则全,不变则亡,全变则强,小变仍亡。……方今之病,在笃守旧法而不知变,处列国竞争之世而行一统垂裳之法。"他说要推行新政,最好是效法日本的明治维新。为此他请求光绪先做三件大事:第一,大集群臣于天坛、太庙或乾清门,宣布变法维新,"诏定国是"。第二,设上书所于午门,日派御史二人监收,许天下士民上书,不得由堂官代递,以致阻挠,有"称旨"的,召见察问,量才录用。第三,设制度局于内廷,选天下通才数十人,入直其中,皇上每日亲临商榷,订立各种新章。又请于制度局之下分设法律、度支、学校、农、商、工、矿、铁路、邮政、游会、陆军、海军等十二局,分管其事。这三件事的目的,一是借皇权以行新政,二是要让维新派参与政权,三是设立一个新的行政机构以推行新政。这个奏折表达了维新派的改革纲领和施政方针,光绪十分重视,马上下发总署讨论。康有为又不分昼夜地赶写赶抄《俄彼得变政记》和《日本变政考》。三月初,先呈上《俄彼得变政记》,激励光绪学习彼得大帝痛下变法决心,"破弃千年自尊自愚之习","纡尊降贵,游历师学","仿行万国之美法",并能"乾坤独断,排却群臣阻挠大计之说",以君权雷厉风行,使新政畅通无阻,并上第七书催光绪赶快行动。三月底,又上《日本变政考》及《泰西新史揽要》、《时事新论》等书。康有为一方面上书皇帝以求变法,另一方面号召各省旅京人士创立学会,以振士气。于是粤学会、蜀学会、闽学会、关学会等先后成立。

1898年春天,会试的举人又云集北京,康有为和御史李盛铎两人发起组织了保国会,号召大家团结奋起,挽救危亡。此时,京城公车如云,康有为家门庭若市,每天来访的人有数十起之多,他还要抽时间到各学会宣讲,真个应接不暇。保国会是个爱国团体,但却遭到顽固派后党的敌视、攻击和破坏,保国会形存实亡,一个月后康有为家门可罗雀,与一个月前相比,好像是两个世界。

"山重水复疑无路,柳暗花明又一村",正当斗争形势暧昧不明之时,变法改革反对派的领袖、首席军机大臣恭亲王奕䜣突然病逝,反对派失去了主帅。慈禧太后见人心思变,难以违拗,恐怕不作出点姿态来便会失掉了民心,于是对光绪皇帝变法的请求采取了模棱两可的态度。6月6日,康有为上《请定国是而明赏罚折》,再次请光绪帝下决心变法,以扼制列强对中国的瓜分。这道奏折促使光绪帝下了变法的最后决心。经几番交涉,慈禧太后同意放权,让光绪皇帝进行变法维新。经过长期斗争,康有为的政治理想终于得到了实施的机会。他满心喜悦,对未来充满信心!

6月11日,光绪帝召见群臣,举行仪式,颁布"明定国是"诏书,正式宣布实行变法维新。诏书一下，举国欢腾，人们热切盼望着改革具体举措的实施，盼望着古老中华的新生！

在光绪帝等变法派踌躇满志，准备大展宏图之时，反对派的阴谋也在紧锣密鼓地策划。慈禧太后强迫光绪帝发布三道谕旨：一是以独断专行罪名，革去翁同龢一切职务，驱逐出京，并任命荣禄任直隶总督，统帅北洋三军；二是规定文武二品以上官员，凡有升调，必须亲自到太后面前谢恩；三是当年秋，将奉请慈禧太后到天津检阅北洋三军。这样慈禧太后就剪除了光绪帝身边的羽翼，重新掌握了高级官员的任免权和对京津地区军队的控制权，为日后政变埋下了伏笔。

16日，光绪帝在颐和园勤政殿召见康有为，这两位心仪已久的政治家终于见面了。他们面对面地商议改革大计，康有为理解光绪帝当时的处境，知道改革事业不能一下子铺开，提议利用现有之权，先择重点，扼要进行。他建议为了不惊动慈禧太后和守旧官员，可以不撤旧衙门，只设新衙门，让元老旧臣保持高官厚禄，拔擢有才干的新人专谋新政。他又提出废除八股取士的旧制度，为国家选拔有真才实学的栋梁之材。他还特别提醒光绪皇帝在改革过程中，要多以自己名义发布诏书，造成自己的权威，打击保守势力，增强改革派的信心。通过这次谈话，光绪皇帝增进了对康有为的了解，把他看作股肱之臣。为了经常听取康有为的意见，特许他专折奏事，不必由总理衙门代递。于是，康有为充分利用专折奏事的特权，写了许多奏折条陈。据初步统计，他自己署名及代人草拟的奏折有三四十件，几乎是每两三天就写一件，把他的变法主张变为具体可行的新政措施。这些奏折的内容，涵盖政治、经济、军事、文化教育等方面，这些新政建议，在过去历次上书中大体涉及，"百日维新"期间则专折吁请。与此同时，他用大量时间精力编纂了一批列国变政考，介绍各国变法情况，总结历史经验教训，为中国的变法维新提供了借鉴。其中《日本变政考》是最为重要的一部。他一方面分析日本各项改革措施实行的原因、方法、意义、成效、利弊，另一方面结合中国实际情况，提出哪些可以借鉴效法，实际上是向光绪提供一本中国改革的蓝图。这本书对光绪确实发生了很大影响，他如获至宝，"阅之甚喜"，"日置左右"。

光绪的变法谕旨像雪片一样飞往各省，举国震动。但可惜光绪是个无权皇帝，各省督抚大都敷衍观望，所以诏书尽管下，真正照办的事情并不多。与此同时，顽固派后党的活动也越来越猖獗了，他们非常痛恨康有为，老想找个差事把他挤出京城然后加害，形势十分险恶，很多人都为康有为担心，劝他勿预政事。但8月中旬，康有为又进呈了《波兰分灭记》，在书中特别强调波兰分灭的主要原因是守旧派反对、阻挠和破坏变法，影射中国当时的现实,表露了他对前途的忧虑,并希望以亡国之痛激励光绪扫除阻力,把变法坚持下去。光绪阅后,为之唏嘘,赏给康有为编书银二千两,而且奋发蹈厉,把闭塞言路的礼部六堂官革职,给顽固派一个意想不到的打击,又破格提拔了侍读学士杨锐、刑部主事刘光弟、内阁中书林旭、江苏候补知府谭嗣同这四个倡导变法的年青人为军机章京,官四品,作为身边的参谋、秘书班子。光绪倚重他们筹办新政,所以权力颇大,当时人称军机四卿,职权几同于宰相。

这些大示威式的举措,是后党不能容忍的,他们也加快了废帝阴谋的步伐。光绪预感废立在即,十分惊慌焦急,接连两次发出"密诏",把消息告知康有为等,命他们"妥速筹商","设法相救"。康有为等看到密诏,"跪诵痛哭激昂,草密折谢恩并誓死救皇上"。① 光绪后来又下明诏敦促康有为出京,以图保全维新派。在危急之际一时想不到好办法,就策划拉拢袁世凯并递密折请光绪"抚袁以避不测"。光绪马上召见袁世凯,破格提拔他为候补侍郎,专办练兵事宜。9月18日,康有为又派谭嗣同亲到袁世凯军营"说袁勤王",要求他"带领死士数百扶皇上登午门而杀荣禄",袁世凯推托不肯举兵。康有为又请容闳去求美国公使,美公使也以无兵推却;再请李提摩太去求英国公使,而英公使又避暑远出。而自己又处境危险,在一筹莫展的情势下,康有为让康广仁及梁启超继续想办法,自己则先行出京。

康有为于9月20日离京,到天津后,马上乘坐英国船逃走。政变发生,光绪被囚禁,六君子被捕杀。慈禧太后下令通缉康有为,荣禄派出军舰追捕。康有为历尽艰险,先逃到香港,后又逃往日本。百日维新失败了,康有为成了海上逋客。

康有为脱险流亡到日本后,与梁启超等汇合。

"君主被幽,同志惨戮"之痛时时刺激着他们,但光绪帝仍活着的消息,使他燃起了救亡的一线希望。他以为只要推翻后党,救出光绪,中国就有希望。因此他决心只要一息尚存,就要为维新事业奔走呼号。

1899年3月,康有为离开日本赴加拿大、英国等地。他想策动英国政府干涉中国内政,扶助光绪重新掌权,但未获英议院多数票通过。他又在华侨中宣传鼓动,筹划成立一个保皇组织。康有为到处演说,极力颂扬光绪皇帝"英明敏断"、"爱民如赤子","绝无权位之心,但以救民从众为念",号召大家"洒热血以救圣主"。② 1899年7月20日,康有为与旅加

---

① 康有为著,楼宇烈整理:《康南海自编年谱》,北京:中华书局,1992年版,第61页。
② 康有为:《在鸟喊士晚士叮演说》,《清议报》第17、18册,1899年6月8日、18日。

华侨李福基等在加拿大的域多利宣布创立"保救大清光绪皇帝会",简称保皇会,公开打出保皇旗号。康有为打着"保皇救主"的旗帜,在海外召集广大华侨又开展了一场颇有声势的维新救亡运动。

1900年1月24日,慈禧太后准备随时废掉光绪。消息传出,举国震动。康有为听后仿如晴天霹雳。光绪帝位岌岌可危,兴师勤王运动被提到最紧急的议事日程上来了。此时,义和团运动正以疾风暴雨之势席卷神州大地,清政府手忙脚乱,帝国主义列强进行武装干涉,八国联军的铁蹄踏进了京师,天下大乱。康有为认为这是推翻后党、拯救皇上的大好时机,于是动员全党投入一切力量,以期一举成功。他自己驻新加坡主持一切,发动勤王运动。但非常遗憾,勤王不成。同时康有为因为汇款阻滞遭到谴责,保皇会出现离心倾向。这一切给康有为很大的打击。他避居南洋,思君忧国,心情十分苦闷。1901年,当他听到《辛丑条约》签定的消息,写下了一首七绝:"魏绛和戎岂有功?只愁云雾蔽辽东。凭将士气扶中夏,泪洒山河对北风。"① 诗中感叹自己身在异国,未能很好地为国出力。不久又闻英俄对西藏地区加紧侵略,他翘首遥望祖国山河,更不禁悲极而涕零:"喜马来山云四飞,山河举目泪沾衣。此通藏卫无多路,万里中原有是非。"②

亡命海外的这几年里,康有为辗转于日本、加拿大、英国、香港、新加坡、印度等地,游历了资本主义国家及其统治下的殖民地,增长了不少见识。1901—1902年,他定居于印度大吉岭,把全部精力投进著述之中,埋头于《孟子微》、《论语注》、《大学注》、《春秋笔削微言大义考》等书的写作,继续以注释和发挥儒家经典的方式来宣传变法维新思想,以抬高孔子地位来增强自己的权威。他又在1884年写作的《人类公理》一稿的基础上,把大同思想加以发展,写成了他生平最为得意之作《大同书》。

义和团运动后,很多爱国志士对清政府更加失望,开始倾向革命。康门弟子有不少受到革命思想的影响,也觉得只有用激烈的手段推翻这个政府,才能实现救国和改革社会的目的。梁启超更是激奋,高唱革命排满之论。南北美洲保皇会中有些成员写信给康有为,要求"以铁血行之,效华盛顿革命自立,或可以保国保民"③。康有为听到这些言论,大不以为然。

---

① 康有为:《闻和议成,而东三省别有密约割与俄,各直省士人纷纷力争》,马洪林、卢正言编注:《康有为集》(诗赋卷·上册),珠海:珠海出版社,2006年版,第252页。
② 康有为:《望须弥山云飞,因印度之亡感望故国,闻西藏又割地矣》,马洪林、卢正言编注:《康有为集》(诗赋卷·上册),珠海:珠海出版社,2006年版,第292页。
③ 康文佩:《南海康先生年谱续篇》,马洪林、卢正言编注:《康有为集》(年谱卷),珠海:珠海出版社,2006年版,第101页。

为了防止革命倾向的增长，稳住保皇队伍的阵脚，他写了两封很长的信专门讨论革命自立问题，一封是《答南北美洲诸华商论中国只可行立宪不可行革命书》，一封是《与同学诸子梁启超等论印度亡国由于各省自立书》。两信列举了一大堆反对革命自立的理由，说资产阶级革命只有法国一国，这是欧洲特别之情，而革命后且有大乱发生，后果并不美妙。又说凡物合则大，分则小，合则强，分则弱。印度各省自立，不数十年而全灭，就是前车之鉴。总之，革命自立是"求速灭亡"，靠光绪"用专制之权变法，乃今最适时之灵药"。他告诫保皇会成员"无误于异论，无鼓动于浮言，无惑乱于小变"，责备梁启超是"倡谬说以毒天下"，并宣称自己"以死守此义"。康有为自己绝不会想到，此时，他的思想与行为已成了阻挡时代前进的绊脚石。革命党人迫切感觉到，批驳以康有为为代表的保皇观点，廓清其思想迷雾已成为动员民众、共同革命的紧要任务。1903年著名学者章太炎先后发表《正仇满论》和《驳康有为论革命书》两篇重要文章。驳斥保皇立宪主张和革命会造成分裂亡国的论调，论证只有推翻反动的清政府统治，中国才能走向富强。章太炎的文章产生了巨大影响，使许多人看清了革命的前途，走向革命营垒。1904年，孙中山发表了《敬告同乡书》，鲜明地划清了革命与保皇的界线。1905年，同盟会在日本东京成立，并出版机关报《民报》，大倡革命排满之论。从此，以孙中山为首的革命派与康有为为首的保皇派政见分歧，日益对立，终导致了两派的大论战。在论战中，由于清政府不可救药的腐败日益显露出来，康有为的保皇论调被革命派驳得体无完肤。此后，康有为在中国政坛渐渐失去昔日的光辉，他的号召力与政治影响力也越来越小了。

从1904到1909年的六年中间，康有为周游列国，足迹遍及意大利、瑞士、奥地利、匈牙利、德意志、法兰西、丹麦、瑞典、比利时、荷兰、英吉利、美国、墨西哥等地。康有为一向认为自己是"天责之大任"的先知先觉者，现在有幸能遍游大地，这是老天想选择一个耐苦不死的神农，使之尝遍百草，制成神方大药，医治中国的创伤。所以，他带着一种责任感去游历，并无忘情于山水，而是时刻魂系故国，继续寻求救国良方。他一边留心西方各国的政教风俗民情，一边通过游记向自己的同胞介绍路上的见闻与感想，写下了《欧洲十一国游记》、《法国大革命记》、《欧土政俗总论》、《中西比较论》、《物质救国论》等文章。

他十分感叹西方"别有文明开世界"的卓越成效，也特别注意欧洲各国的变法效果，哪些做法好，哪些做法不好，哪些值得学，哪些不可以学，都一一记录下来。游历，使他更坚定了改革专制政体的信念，扩大了学习西方文化的内容。在游历美国独立战争的杰出领导者华盛顿之墓时，他写下了"不作帝王真盛德,万年民主记三坟"① 的诗句,这是他第一次在诗文中表达了他对民主共和政制及其推行者的景仰。他一心等待光绪复辟之日的到来。不料1908年,光绪与慈禧在两天之内相继死去。这一来,康有为靠清政府和皇帝救国的愿望彻底破灭了,他十分哀伤,除夕之夜写了《祭先帝后望海独立思旧感怀》一诗,并上书摄政王,请杀袁世凯以报先帝之仇。康有为无皇可保了,但他仍不谈革命。1909年,清政府又一次宣布"决心预备立宪",康有为又把君主立宪的希望,寄托在新皇帝溥仪身上,希望能回国内再干一番大事。他向摄政王载沣上书,毛遂自荐,表示愿"更效驰驱,共建大业"。但载沣并不理睬他。他不禁升起一种被弃的悲哀,在《惜诵》一诗中写道:"天马欲腾去,名姝未赎归。故园万花放,可惜老渔矶!"

1911年,革命烈火燃遍全国。对于革命,他十分害怕,总觉得革命像洪水猛兽,会闹得天下大乱。在清廷葬身于火海前夕,他派遣梁启超回京活动,企图以他往日的威望,控制住局面,保住大清江山,由他掌握政权。可是革命形势飞快发展,中华民国很快成立,清皇室宣布退位,清王朝迅即土崩瓦解,历史的进程又一次提醒他已落伍!

康有为虽然当了十多年的海外逋臣,却还对清室的覆亡十分痛心,视为国难,他写信给徐勤,忧心如焚地说:"以法国鉴之,革党必无成,以印度鉴之,中国必亡。"② 认为在国难面前,自己不能袖手旁观,要召集自己一派的力量起来挽救大局。1912年,中华民国临时政府成立,采用资产阶级民主共和政体。很多立宪派人士都顺应潮流,改变宗旨,抛弃清室,赞成共和了。康有为却激烈反对,他一口气写了《救亡论》、《共和政体论》、《中华救国论》等数篇长文,说中国已行帝制数千年,不可骤变,现在只可行君主立宪,不可行民主共和。但在急进的时代潮流面前,他亦不能死守原有的阵地,于是他提出了"虚君共和"之说。

这一"虚君共和"说,表明了康有为的政治思想虽已落后于时代潮流,但在革命形势的推动下,还是比前有了发展。因为"虚君共和"虽然在实质上仍是君主立宪,但因君主的权限已下降到最低点,所以是向"民主共和"靠近了一步。康有为之所以主张"虚君共和",主要是因为害怕革命和动乱,他说:"中国乎,积四千年君主之俗,欲一旦废之,以起争

---

① 康有为:《游花嫩冈谒华盛顿墓宅》,马洪林、卢正言编注:《康有为集》(诗赋卷·上册),珠海:珠海出版社,2006年版,第365页。
② 康有为:《致徐勤密书》,马洪林、卢正言编注:《康有为集》(书信卷),珠海:珠海出版社,2006年版,第398页。

乱，甚非策也。"① "与其他日岁寻干戈而争总统，无如仍迎一土木偶为神而敬奉之，以无用为用，或可以弭乱焉。"② 用心可谓良苦。不过，他的主张因不切时势，附从者日少，在社会上已经没有多少影响了。

民国成立后，他没有再组织或参加什么政党，没有以政治领袖的身份在历史风口浪尖上搏风击浪。但他继续做着救国、富国、强国之梦，他仍在为中国的前途命运而操心、奔劳。他倡导尊孔，坚持以孔教为国教，以拯救世道人心；他反对袁世凯当皇帝，恐怕这个野心家把中国引向水深火热；他以为宣统复辟，可以收民众之心，建立起正常的社会秩序，因而感到振奋。

1913年冬天，他回到了上海，结束了十六年的流亡生活。他曾刻有一图章概括这一段生活经历，篆文为："维新百日，出亡十六年，三周大地，游遍四洲，经三十一国，行六十万里。"应该说，这一段生活使得他有了极好的向西方学习的机会，对诸国政体，他也作了更为深入的对比研究，但由于历史局限和自身的阶级局限，他终于不能挣脱封建思想传统的羁绊。辛亥革命后他提出实行"虚君共和"政制，是他的认识所能达到的最高点。

康有为回国后，当时袁世凯窃取了辛亥革命果实，当上临时大总统，装模作样地三次电请康有为出山，但是康有为以先朝遗臣自居，拒绝了他的邀请。辛亥革命后新与旧的斗争还在你死我活地进行着，政党纷争，动乱不已。这种局面使康有为更加相信革命、共和不能给中国造福。他在他主编的《不忍》杂志的《序》中说："睹民生之多艰，吾不能忍也；哀国土之沦丧，吾不能忍也；痛人心之堕落，吾不能忍也；嗟纪纲之亡绝，吾不能忍也；视政治之窳败，吾不能忍也；伤教化之陵夷，吾不能忍也。"③ 由于爱国爱民之心未泯，他按照自以为正确的方式方法，一如既往地关心国事，发表政见。他常不避袁世凯的淫威，尖锐地抨击袁世凯假民主的伎俩和社会上争权夺利的种种丑行。但是，康有为不能正确地认识社会上沉渣泛起种种腐败现象纷呈的根本原因，而一味指责革命运动，归罪于共和政制；他也不能找寻到消除这些社会弊病的根本办法，竟提出走尊孔保皇的老路。

1913年康有为当了孔教会会长，他在《不忍》杂志专辟"教说"一

---

① 康有为：《救亡论》，马洪林、卢正言编注：《康有为集》（政论卷·下册），珠海：珠海出版社，2006年版，第942页。
② 康有为：《共和政体论》，马洪林、卢正言编注：《康有为集》（政论卷·下册），珠海：珠海出版社，2006年版，第732页。
③ 康有为：《不忍杂志序》，马洪林、卢正言编注：《康有为集》（序跋卷），珠海：珠海出版社，2006年版，第317页。

栏，发表他在流亡期间及回国后所写的一批尊孔文章。他认为今天人心之败坏，风俗之衰敝，廉耻丧尽，气节靡薾，都是因为不尊孔之故，孔子之道是中国传统文化的象征，是国粹，是国魂，丢弃了它，国将不国。为了发扬光大孔子之道，他不遗余力地鼓吹建立孔教，并立为国教，在神化孔子的基础上进一步把儒学宗教化。康有为把尊孔与挽救风俗人心联系起来，与保存延续中华民族及其优良文化联系起来，而且，企图以宗教化的儒学来抵制外国教会的宗教侵略。但是，他却没有觉悟到，孔孟儒学是中国数千年封建专制制度的精神支柱，反孔已经是提到中国人民面前的刻不容缓的重大历史任务了。他的言论理所当然地受到了以陈独秀为代表的资产阶级激进民主派的有力批判。在《不忍》杂志上他还发表了一系列指陈时弊、反对实行资产阶级民主共和体制的文章。在其《问吾四万万国民得民权平等自由乎》一文中说："今共和经二年矣，吾国之政象何如哉？政府之号令，不出于京门，派命吏则明拒之，施法令则笑置之，赋税一无所入，名为学美、法之共和政体，实为无政府耳。""名为共和，实则共乱。""民权者，大党十数要人之权，而于我四万万同胞何与焉。"对于中国的国情、对于西方资产阶级民主共和政制在中国实践的失败，康有为的认识也不无中肯之处，但他的立足点是反对民主共和政制，反对民族民主革命，因而民主共和政制在中国实践的失败成了他反对革命的依据。在《国会叹》一文中他说："追思戊戌时，鄙人创议立宪，实鄙人不察国情之巨谬也。程度未至，而超越为之，犹小儿未能行，而学逾墙飞瓦也。"由于找不到出路，他的思想倒退了。

1915年底，袁世凯准备登基当皇帝，康有为站在清朝遗臣的立场上，发电报声讨，历数他上台后"政权专制，过于帝者"的倒行逆施。但是，康有为反对的是袁世凯"僭越"而已，后来军阀张勋策划拥废帝溥仪复辟，他就成了一个重要的参谋。他着手起草了十几道诏书，有《复辟登极诏》、《召集国会诏》、《免拜跪诏》、《免避讳诏》、《亲贵不许干政诏》等，雄心勃勃地准备施展他在戊戌变法时期未能实现的抱负。不料张勋复辟却如昙花一现，十二天即告结束，康有为白费了一番心思。

然而，康有为是个十分固执和自信的人。梁启超评论他："先生最富于自信力之人也，其所执主义，无论何人，不能动摇之，于学术亦然，于治事亦然。不肯迁就主义以徇事物，而每熔取事物以佐其主义，常有六经皆我注脚，群山皆其仆从之概。"[①] 晚年，由于自负他更为自信，他说：

---

① 梁启超：《康南海先生传》，《饮冰室合集·文集六》，北京：中华书局，1989年版，第87～88页。

"吾二十七岁著《大同书》,创议行大同者。吾两年居美、墨、加,七游法,五居瑞士,一游葡,八游英,频游意、比、丹、那,久居瑞典。十六年于外,无所事事,考政治乃吾专业也,于世所谓共和,于中国宜否,思之烂熟矣。"① 他认定自己的看法是正确的,不必根据历史的发展和客观形势的变化来加以验证和修改,这种思想上的主观主义严重地妨碍了他的进步,使他与飞速发展的时代潮流相距越来越远。

不过,我们应看到,他坚持搞保守的君主立宪制度,有一个直接的而且是最重要的出发点,就是防止内乱而招致国家的灭亡。他常常提及,鹬蚌相持最终结果是为外人收渔人之利。救亡图存的爱国主义始终是康有为一生始终不灭的精神追求。所以,在张勋复辟失败他成了亡命之徒后没有多久,世人又听到了他发出的反对卖国主义、争取民族权利的呼声。

然而,康有为的时代毕竟过去了,他的呐喊也显得很微弱。在他生命的最后几年里,他在国内四处漫游,收集古董古书,间或写诗追怀往事,哀悼亡友,他真是成了一个时代的落伍者了。死前不久,他还亲笔给溥仪写了《赐寿谢恩折》,表示"求戴高天厚地之恩,以心肝奉至尊,愿效坠雾轻尘之报"。1927 年 3 月 31 日,康有为逝于青岛寓所,结束了他矢志救国、献身改革,但因固守旧见而最终落伍于时代的一生。

在 70 年的人生旅程中,他背负重任,艰难跋涉,从未停止过探索的脚步,著书立说,公车上书,领导戊戌变法,创建保皇会,提倡君主立宪,参与策划复辟帝制等等……整个生命活动的主线,都是爱国、救国、富国、强国;他怀着人类大同的崇高理想,带着对中国前途的满腹忧虑,演绎着"知其不可为而为"的光荣失败的过程……

四、救国济世的心路

细读康有为的原始文本,康有为其心路历程的演进可见一斑。在"经世"思想的指导下他积累知识、寻求救国之道。"经世致用"是他思想的鲜明特点,严格地说在这一传统思想中所经的"世"、所营的"天下"就是现实存在的社会和世界。在表达对现世积极投入的背后隐含着康有为个人价值心态的形成及其变化,这又促使康有为把探求解脱之路的眼光从现世延伸到了未来。

中国是出圣人的国家,桑梓之邦,礼仪之乡。自有文字记载以来,圣

---

① 康有为:《共和平议》,马洪林、卢正言编注:《康有为集》(政论卷·下册),珠海:珠海出版社,2006 年版,第 966 页。

君贤相，古圣先贤，史不绝书，名声震耳。圣人是儒家理想人格的化身。比如，孔子一生都在追求做一个既智且仁的圣人；康有为一生也梦寐以求做一个救国救民的圣人。孔子学问渊博、人格伟大，生前很不得志，但在死后被帝王将相和文人名士捧起来了。孟子说孔子是"圣之时"。康有为把孔子奉为中国改革的始祖，确实说出了他人说不出的一种真知灼见。与孔子的际遇所不同的，是康有为在生前就荣膺了圣人的徽号。

出身于岭南"理学世家"，从小受过系统的儒家教育的康有为，性格执着虔诚，孩童时期，便有志于圣贤之学，立下了"圣贤为必可期"的鸿鹄之志。1895年他领导"公车上书"之后，"康圣人"之名不胫而走，名噪一时。

按中国传统文化的思维，圣人们一般都是道德家和哲学家，事实上圣人代表了中华民族一定时期的文化象征和道德理想。孔子仁智兼备，创教立说，开物成务，是古色古香的东方圣人；康有为则是中国19世纪最后的一位圣人，也是近代向西方寻找真理的圣人，他虽然身披儒学的华衣，是今文经学的集大成者，但他的知识结构、思维方式和时代感情已经具有明显的近代色彩，他是近代向西方学习的先进中国人的代表，旧民主主义的先行者。

应当说，他受传统文化"立德、立功、立言"的启迪，以经营天下为志，充满着理想和追求，这在公车上书和维新运动中得到了充分的体现，在他的著述中也有着充分的表达。而且，这"大志"在其价值心态的引导下继续发展，以至上升到"经营全球"的境界。因此，康有为的未来理想与现实中的政治主张是密切相关、互为一体的，反映了他思考人生和社会由浅及深的思维轨迹。

康有为一直他把自己看作传统精英集团——士人的一分子，自称"吾家自九世惟卿公为士人，至于吾为二十一世，凡为士人十三世矣"①。"士"在古人心目中是以知识和才智著称的知识阶层，孔子使用士、君子和圣人不仅表示地位、等级、出身、智慧，而且还赋予他们以道德精神典范的内容，他描述的"士"都是肩负重任，不以物质享受为意而以经营天下、显现大道、追求高尚情怀为目的的人物。所谓"志士仁人，无求生以害仁"；"士而怀居，不足以为士矣"；"士志于道，而耻恶衣恶食者，未足与议也"。因此，孔子把士的社会责任看得沉重而艰巨，"士不可以不弘毅，任重而道远，仁以为己任，不亦重乎。死而后已，不亦远乎"②。孔子对社会

---

① 康有为：《康南海自编年谱》，马洪林、卢正言编注：《康有为集》（年谱卷），珠海：珠海出版社，2006年版，第2页。
② 《论语·泰伯章》。

知识阶层的规定和描述对后世产生了巨大影响，促使历代知识分子以天下为怀，渴望和积极参预治理天下的活动，自觉地用士的标准要求自己和完善其外在形象。而所谓士大夫主要是指由儒士而官员的社会精英集团，他们通过从政的实践把儒家的思想贯彻于社会。由士到士大夫，由研读思考到决策治国，士为之奋斗的主要目标是成为"君子"。事实上先秦诸子无不崇尚圣贤，诸子心目中的圣贤是人中之杰。在理学家的笔下，"圣人"成了"心代天意，口代天言，手代天工，身代天象"的天道的显现者和实践者。显然，圣人是超然于世的人，体现天道的人，忧苦难而解民倒悬的人。总之，文化传统中崇尚圣贤的传统，无不对以研究经典、专好宋明理学的康有为产生巨大的影响。

应该说，士大夫情调是康有为思想中的一大特色。翻阅康有为的《康南海自编年谱》，明显可以看出康有为是在有意制造一个神话，处处都要给人留下他就是"圣人"的标签：六岁时开始读经，八岁"诵书经奥言，……数遍辄能背记"。十一岁"而慷慨有远志矣"，十二岁"挽接州中诸生，大有霸视之气"。十八岁师从朱次琦后，进一步助长了他因自信而生的傲气，进一步促进了他自视"圣贤"心态的形成，他说："于时捧手受教，……以圣贤为必可期，以群书为三十岁前如可尽读，以一身为如能有立，以天下为如可为。从此谢绝科举之文，士芥富贵之事，超然立于群伦之表，与古贤豪君子为群。……于是惘然自负于众以不朽之业。"[①] 早年的读书生活使天资聪慧的康有为学贯古今，超然于众人之上，确立了经营天下的大志。从朱次琦那里，他明确了自己的价值目标，并自以为已近乎实现了"圣贤化"的追求。

康有为自视圣贤的价值心态，一方面表现为对历代圣贤的崇拜、向往和追随，另一方面又具体化为他个人的现实行为和思想表现。这是他从事社会政治活动的动力源泉，也是他探求未来的出发点之一。他以圣贤的眼光看待中国，试图效法古代圣贤，在时代巨变的历史条件下寻求一个使世人"至公无私，大同无我"的境界，以此来解生民于倒悬，解世人于倒悬，应当说，圣贤心态是康有为经营天下和构筑大同蓝图的共同动机。

然而，面对残破的河山、涂炭的生灵，一种未有归依的心境油然而生，这使康有为突然对儒家治经的实用性感到怀疑，"究复何用"[②]？"因弃之，而私心好求安心立命之所，忽绝学捐书，闭户谢友朋，静坐养心"；"自以为圣人，则欣喜而笑，忽思苍生困苦，则闷然而哭"[③]。面对"求

---

① 康有为著，楼宇烈整理：《康南海自编年谱》，北京：中华书局，1992年版，第7页。
② 康有为著，楼宇烈整理：《康南海自编年谱》，北京：中华书局，1992年版，第8页。
③ 康有为著，楼宇烈整理：《康南海自编年谱》，北京：中华书局，1992年版，第8页。

道""未有归依"而"飞魔人心"的困境，必须找到解脱的办法。

在中国传统文化思想中，长期对峙的儒释道三家，自宋明以来便出现了"三教合一"的趋势，无论是程朱理学，还是陆王心学，皆不同程度地融合了佛教禅宗的"心性之学"，它不仅建立了"心性一理"的道德本体论，而且精心设计出一整套通过"知礼成性"或"穷理尽性"的道德实践修养，而达到"心统性情"、"成圣诚明"、"人皆可以为尧舜"的人格理想境界，为现实社会的各色人等找到了一个最后的"安身立命之所"。三教合一的趋势，必然会影响到理学家对圣人的理解，应当说这时的"圣人"已包含着"佛"、"仙"的意蕴。因此，宗承程朱陆王之学的康有为，在佛道典籍的诱使下很自然地会发生价值心态的转移。儒释道毕竟是通过不同的途径干预社会生活的精神力量，无论儒家圣贤、释家佛祖，还是道家神仙，普遍都有匡世济人、普渡众生、为人类指点迷津的作用，从这一点而言，三教志趣亦有异曲同工之妙。文化传统中浓郁的"救世主"企盼对康有为也具有深刻的影响，使他自觉地靠向这种超时空的理想人格，并在自己的实践中树立了更高的价值追求。据康有为自述，在二十一岁那年，他的注意力开始转向佛学，潜心研读佛道典籍，"常夜坐弥月不睡，恣意游思，天上人间，极乐极苦，皆现身试之"。苦闷游思中的康有为逐渐认识到"性理之学，不徒在躯壳界，而必探本于灵魂界"，于是他"内观意根，外察物相，举天下之事，无得以扰其心者，始如世尊起于菩提树下，森然有天上地下唯我独尊之概"。佛教哲学中普渡众生，救世救人的宣扬，平等、慈悲爱人的观念，"我不入地狱，谁入地狱"的勇于任事和献身精神以及"依自不依他"、强调主观能动性和自信力的宣传无疑给他以深刻的影响。[①] 经过长期的冥想默照，康有为仿佛突然大彻大悟了，传统思想的忧患意识和佛陀救拔众生的悲愿促使他自觉地承担起救世的重任，用梁启超的话来说："其结果也，大有得于佛为一大事出世之旨……是故以智为体，以悲为用，不染一切，亦不舍一切；又以愿力无尽，故布施于将来，不如布施于现在；大小平等，故与其恻隐于他界，不如恻隐于最近，于是浩然出出世而入入世，纵横四顾，有澄清天下之志。"[②] 可见，佛学对康有为的影响深入骨髓，成为他思想体系的重要来源和救世改良活动的精神动力。

佛学的研究不但强化了他的圣人心态，而且使它发展为富有宗教意味的"救世主心理"[③]。于是"既念民生艰难，天与我聪明才力拯救之，乃哀

---

① 桑成之：《戊戌维新思潮渊源的初探》，《中国人民大学学报》1994年第2期。
② 梁启超：《康有为传》，北京：中华书局，1992年版，第239页。
③ 任军：《康有为大同思想的东方文化色彩》，《历史研究》1993年第6期。

物悼世，以经营天下为志。则时时取《周礼》、《王制》、《太平经国书》、《文献通考》、《经世文编》、《天下郡国利病全书》、《读史方舆纪要》，纬划之。俯读仰思，笔记皆经纬世宙之言"①。佛学"普渡众生"的理念和儒家的"治国平天下"就这样巧妙地结合在一起。佛教的世尊自然是普渡众生的救世主，康有为对宗教典籍的研究，不但没有厌弃尘世，反而进一步坚定了"经营天下"的志向，并由向古代圣贤看齐，转向与"世尊"比肩，这不能不看作他的价值心态的转移。

在康有为圣贤心态从酝酿走向成熟过程中，他对佛道经典及西方科技知识的涉猎，又使他进一步萌发了具有宗教意味的"救世主"式的价值心态。也就是从那时起，康有为开始注意西学。值得注意的是，被康有为大量涉猎的西学并没有改变他的士大夫情调，反而进一步强化了他的救世心态。在他所接触的西学西器中，给他影响最大的莫过于西方传入的显微镜，它的功能使康有为对世界万物的生生灭灭有了一种新的宏观思考，而且感慨良多。他曾说："吾二十七岁时，曾观一佳显微镜……，夫血轮与微生物，吾所不能见者，其大已如是不可测。然则小者之不可谓小也。然则吾所见为大者，其果可信为真大乎！"显微镜使他领悟到世界万物都是相对存在的，大小并无绝对的界限，"今之以天为大者，安知不更有巨物以吾天为血轮，为其微生物乎？巨物之外天，又以巨物为其血轮或微生物"，"因显微镜之万数千倍者，……而悟大小齐同之理。因电机光线一秒数十万里，而悟久速齐同之理"。② 自然科学的知识使他的胸襟为之一开，超然于人世天地之上，仿佛宇宙间的万事万物尽在股掌之间，对其心路历程的演进产生了很大的影响。1891年，他在写给沈子培的信中说："故视天地甚小，而中国益小；视一劫甚短，而一身益短也。于是轻万物，玩天地，而人世间所谓帝王将相，富贵穷通，寿夭得失，益琐细不足计矣。"③如此看得开，几近出世。然而康有为却反其道而行之，没有消极遁世，反而坚定了他救民救世的思想。他说："其来世也，专为救众生而已，故不居天堂而故入地狱，不投净土而故来浊世，不为帝王而故为士人，不肯自洁，不肯独乐，不愿自尊，而以与众生亲。为易于援救，故日日以救世为心，刻刻以救世为事，舍身命而为之。以诸天不能尽也，无小无大，就是所生之地，所遇之人，所亲之众，而悲哀振救之，日号于众，望众从之，

---

① 康有为著，楼宇烈整理：《康南海自编年谱》，北京：中华书局，1992年版，第9页。
② 康有为著，楼宇烈整理：《康南海自编年谱》，北京：中华书局，1992年版，第12页。
③ 姜义华、吴根梁编校：《康有为全集》（第一集），上海：上海古籍出版社，1987年版，第544页。

以是为道术，以是为行己。"① 至此，康有为圣人心态兼救世主心理完全形成。

诚然，科学知识使他产生了某种虚无的倾向，并强化了他的救世主心态，他曾说："天地生于世极之中，至渺小也，人生于天地之中，又渺小之至也。以为身则七尺，以为时则数十年，而又疾病困之，境遇限之，少嬉老衰，蚀之蠹之，中间有为之日亦几矣。"对人生苦短的体认，使他更加确信芸芸众生处于"苦难"之中，促使他自觉地以牺牲个人的尘世功利为代价救众生出苦海为己任②。

从康有为的心路历程来看，其圣人心态向救世主心态的转移，并没有完全背离士大夫的价值追求，作为康有为学术基调的儒学实际上也隐含着隐居避世的意识。儒家强调入世，但是有条件的，即天下有道则仕，无道则隐。因此儒家思想也含纳着劝人出世隐居的思想，孔子就主张"隐居以求其志，行义以达其道"。由此我们发现，康有为对儒学之外的佛学、道学和西学的探讨与他的"圣贤"目标并不矛盾，而是在新的基点上融合发展为救世心态，各种知识熔于一炉，沿着士大夫传统基调扩衍，从而形成了源于士大夫又不完全等同于士大夫的学术特点和思想特征。正是基于这样的心态，他积极地上书言事，参预变法；同时又穷思极想地构筑人类社会的未来图景。康有为学贯东西，这才使他产生了超然于古今中外的名哲先贤之上的心态，诚所谓："荟东西诸哲之心肝精英而醍饫之，神游于诸天之外，想入于血轮之中，于时登白云山摩星岭之巅，荡荡乎其骛于八极也。"③ 由追求圣贤到救世主心态的形成，使康有为不但要"治国平天下"，而且还要"救众生脱苦海"。未来构想是现实政治思想的延伸，而现实政治思想又是通往"极乐"的必由之路。在这种价值心态和取向指导下，两者互为表里，是在不同社会发展阶段解决人类苦难的不同方案，圣贤心态指向治国平天下，可以看作积极从事现实政治改革，救世主心态指向未来大同社会，是根本解决人类苦难的归宿，两者在内在逻辑上是一脉相承的。

康有为从"圣人"到"救世主"价值心态的演进，对康有为的一系列思想和文化活动，如平等思想、教育思想、伦理思想、大同思想以及宗教情结都产生了深刻的影响。

---

① 康有为著，楼宇烈整理：《康南海自编年谱》，北京：中华书局，1992年版，第13页。
② 余桂芳、任军：《论康有为维新思想与大同思想的内在逻辑关系》，转自"学说连线"http://www.xslx.com。
③ 康有为：《大同书》，马洪林、卢正言编注：《康有为集》（政论卷·上册），珠海：珠海出版社，2006年版，第175页。

"圣人"心态使得康有为积极构筑的思想体系，带上一层浓浓的"普世价值"色彩。1888年上皇帝书之前，他写信给其弟康广仁，信中说道："我原意欲归，因忧愤国事，归亦心不下，故决意为之。"① 到上书时，当他途经京城菜市口时正遇上杀人，康有为心为之一动，"私念吾上书而遇杀人，兆大不吉，家有老母，岂可遽死"；但他转念一想，"既而思吾既为救天下矣，生死有命，岂可中道畏缩"，遂"慷慨登车，从南绕道行"。② 这是何等的胸怀和气度，没有"刻刻以救世为事，舍身命而为之"的献身精神是做不到的。其后，他简直是以孔子之衣钵嫡传者自居了。在《新学伪经考》序言中，他带着自负和睥睨一切的口气说道："孤鸣而正易之，吾亦知其难也。然提圣法于既坠，明六经于暗晋，刘歆之伪不黜，孔子之道不著，吾虽孤微，乌可以已！窃怪二千年来，通人大儒，肩背相望，而咸为瞽惑，无一人焉发奸露覆，雪先圣之沉冤，出诸儒于云雾者，岂圣制赫闇有所待邪？不量绵薄，摧廓伪说，犁庭扫穴，魑魅奔逸，雺散阴豁，日麗星呀，冀以起亡经、翼圣制，其于孔氏之道，庶几御侮云尔。"③ 言下之意，似乎只有他康有为才识得伪经，才识得孔子之真道，并使它发扬光大。其狂而自以为圣的心态暴露无遗，但这恰恰也说明了他勇于任事的精神。这正是同时代的廖平及早期维新派如王韬、薛福成、郑观应辈所没有的。

---

① 康有为：《与幼博书》，马洪林、卢正言编注：《康有为集》（书信卷），珠海：珠海出版社，2006年版，第29页。

② 康有为著，楼宇烈整理：《康南海自编年谱》，北京：中华书局，1992年版，第16页。

③ 姜义华、吴根梁编校：《康有为全集》（第一集），上海：上海古籍出版社，1987年版，第572页。

第二章 康有为思想的来源和土壤

康有为一直被人们认为是"近代中国受西学挑战而奋起搞政治改制的第一位改革家"。但如果从直接的、实际的、物质性的效应层面看,仅仅正式运作了一百多天的"戊戌变法",除了一个大家都知道的"京师大学堂"以外,可以说并没有给后人留下什么。他就好像历史天幕上滑过的一颗"流星",然而他毕竟是一颗闪亮耀眼、光彩夺目的"流星",虽然没有在政治制度、工商经济、文化器物等方面留下多少实实在在的历史遗迹,但他却在思想的、观念的层面上为古老的中国打开了一扇窗子,甚至可以称得上是中国现代意义的"启蒙"思潮的始作俑者。

一、康有为思想的渊源

19世纪90年代以后,中国空前严重的民族危机与康有为当时独有心境的契合,渗透于康有为思想的来源之中。简单来讲,康有为成长在资产阶级的上升时期,中国革命高潮未曾掀起以前的社会环境中,西学和儒学契合,使得康有为创立了涉及政治、经济、文化和教育等多领域的思想体系,内涵非常丰富。如果从思想渊源来看,康有为思想既受到西方近代自然科学和资产阶级社会政治学说的重大影响,又有着中国文化传统的深厚根基,甚至从形形色色的宗教观念中吸取了充分的养料。

1. 渊源之一:晚清经世致用思想

经世致用的观念由来已久,早在周代就已经产生,但它不是儒家的专有之物。只是自西汉"独尊儒术"之后,历代的儒生又以"通经致用"作为读书治学的目标和抱负,经世致用观念才逐渐演变成儒家文化的一种传统精神,具有相当积极的人世价值取向。南宋以后,儒学的重点转到了内圣一面,讲学论道替代了从政问俗,"经世致用"的观点也慢慢地淡薄,直至明末清初一些士子精英诸如顾炎武、黄宗羲、王夫之等开始反思明朝灭亡的经验教训,发现理学的"空谈心性"是其中的重要因素,因此,他们大力倡导经世致用之学，使得经世致用之学风成为明末清初思想界的一种精神共识。乾隆时期，由于承平已久，也由于统治阶级文网缜密，士人学者皆不敢妄谈时政，经世意识大大淡化。乾隆以后，国内外环境都在发生变化，日益猖獗的鸦片走私，不仅使国家的白银大量外流从而引发了严重的财政危机，社会风气越发腐败，整个社会进入"衰世"。①因而，经世致用的准则又成为思想界的主导思想，经世学派成为学术界的主流，汇集于旗下的林则徐、魏源、龚自珍等代表人物以"治国平天下"自许，以挽救天下为己任，或撰写时政论文，或探究实际问题，或研讨治国大政。

魏源是继承和发展儒家经世思想的突出代表。他关心国计民生，提出统治阶级要巩固其统治，就须重视经济与生产，"以足食足兵为治天下之具"。他反对"口心性，躬礼义，动言万物一体，而民瘼之不求，吏治之不习，国际边防之不问"。他曾一针见血地指出，西方的长技大体有三个："一战舰，二火器，三养兵练兵之法"。主张呼吁允许商民办厂，发展民用工业，还要求设立译馆，翻译夷书，以熟悉夷情等等。这些思想是他面向现实，讲求功利，注重实效的结果，打破了"夷夏之防"的思想界限，为中国近代学习西方拉开了序幕。龚自珍公开向儒学独尊提出挑战，但他不反对读经，而反对"不通乎当世之务，不知经史施于今日之孰缓、孰亟、孰可行、孰不可行也"②。研究经史的目的，是为了现实的需要，这是经世派当时的基本治学态度。林则徐曾经致力于研究经史，后来又开始研究"夷务"，他"崇实行而不事虚名"，反映了他的求实作风。清初进步思想家倡导"经世致用"，提出学术要面向现实，探讨与国计民生相关的实学，以求达到挽救社会危机的目的。龚自珍把《周易》中"穷则变、变则通、通则久"的理论作为他变法的理论依据。其变革的主张，虽然没能超出维护封建统治的范围，但它的变革思想在清初思想界却产生了极大的影响。梁启超后来评价龚自珍时说："自珍性跌宕，不检细行，颇似法之卢梭……往往引公羊义讥切时政，诋排专制……晚清思想之解放，自珍确与有功焉，光绪间所谓新学者，大率人人皆经过崇拜龚氏之一时期。初读《定庵文集》，若受电然。"③在传统经学的基础上，魏源提出了"师夷长技以制夷"的主张。这些思想的问世，均为近代中国在西学冲击下被迫作出的反应，它不是单纯的学术问题研究，而是经世学者关注现实、注重实效、探求御侮自强的结果，具有浓厚的政治救亡色彩。

康有为正是继承了地主阶级改革派的先进思想，摒弃了他们的历史循

---

① 参见张文凤《维新思潮的渊源述论》，《连云港师范高等专科学校学报》2003年第1期。
② 龚自珍：《对策》，北京：东方出版社，1990年版，第62页。
③ 梁启超：《清代学术概论》，东方出版社，1996年版，第65页。

环主张和"器变道不变"的变易观,通过继承和改造,使今文经学在新的历史条件下重放异彩。

2. 渊源之二:早期维新思想

两次鸦片战争的炮火不仅震破了清王朝闭关锁国的美梦,而且使古老的中华帝国被卷入了世界资本主义的发展体系之中。面对数千年来未有之大变局,封建士大夫中的一些有识之士率先从闭关自守、昧于外情的状态中惊醒过来,开始了解和熟悉西方,相继提出了向西方学习、实行对外开放的思想。为了维护清政府的统治,洋务派发起了以"自强"、"求富"为内容的洋务运动。但是,洋务派遵循"中学为体、西学为用"的封建教条,认为中国传统文化的正统地位不能改变,接受西学只限于对西方器械、技艺的学习,他们只想用西方武器和技术来装备清朝统治的旧机器。

与此同时,早期维新思想家认为,要"求富"、"自强",必须进行政治上的改革。他们开始从世界的角度去分析中国的前途和命运,从中外对比中去论证清廷改革的方向。郑观应指出:"欲张国势莫要于得民心;欲得民心莫要于通下情;欲通下情莫要于设议院;……。苟欲安内攘外,君国、子民,持公法以保太平之局,其必自设议院矣。"①

冯桂芬尖锐地指出了清政府的弊政:"人无弃材不如夷,地无遗利不如夷,君民不隔不如夷,名实必符不如夷……至于军旅之事,船坚炮利不如夷,有进无退不如夷"②。早期维新派还提出了许多变官制、更律例、变科举、兴学政等改革弊政的措施。由于当时中国资本主义经济还很幼弱,资产阶级刚刚诞生,早期维新思想家对西方议会制度的认识还不够深刻。他们当时有关维新变法的思想言论多是因事感而发,并未形成思想体系。他们虽然提出了政治上"君民共主"和经济上"以商为本"的想法,表达了要求参加国家政权管理和独立发展民族资本主义经济的意识与愿望,但并没有形成系统全面的维新变法理论。后来的康有为秉承了早期维新派的思想主张,形成了比较系统的变法思想体系。

3. 渊源之三:儒家传统文化

康有为在对中国古代诸经的研究中,经过认真分析研究,得出《春秋公羊传》是最完备和最可靠的儒家经典的结论。他曾经表达了这样的意思:孔子有六经,而大道萃于《春秋》。《春秋》有三传,唯有《公羊传》畅明《春秋》大义。其中的"三世说"即人类历史的发展是经由"据乱

---

① 参见张文凤《维新思潮的渊源述论》,《连云港师范高等专科学校学报》2003年第1期。
② 冯桂芬:《校邠庐抗议》,郑州:中州古籍出版社,1998年版,第198页。

世"、"升平世"和"太平世"三段的过程。因而,他依据儒家思想"公羊三世说"把人类社会发展过程分为"据乱"、"升平"和"太平"三个阶段,并且认为人类社会的制度是按这个规律前进的。同时他认为,19世纪末的中国社会正是处于由"据乱世"向"升平世"过渡的一个重要的转轨时期,最终全人类都将进入"太平世"。可见《春秋》的"三世说"成为其思想渊源之一,从而奠定了他所设想的理想社会的基本架构和内容。他在《大同书》的"绪言"中,高度称赞了孔子有先见之明,早就预计到人类社会发展的进程:"故立三统三世之法,据乱之后,易以升平、太平,小康之后,进以大同。"① 但是孔子认为人类社会离大同世的要求还相距甚远。

《礼记》是中国古代的一本儒家经典著作之一。其主要思想内容是关于平等的论述。康有为于1901—1902年间完成《礼运注》。《礼运注》中的大同与小康之说充分为康有为所肯定。如在《礼运注》中,他写道:"只有天下为公,合者人人如一之谓,无贵贱之分,无贫富之等,无人种之殊,无男女之异。人人皆教养于公产而不恃私产。此大同之道,太平之世行也。"② 从《礼记·礼运》中的一段话中可以找到康有为大同思想的来源:"大道之行也,与三代之英,丘未之逮也,而有志焉。大道之行也,天下为公;选贤与能,讲信修睦,故人不独亲其亲,不独子其子,使老有所终,壮有所用,幼有所长,矜寡孤独废疾者,皆有所养。男有分,女有归。货恶其弃于地也,不必藏于己,力恶其不出于身也,不必为己。是故谋闭而不兴,盗窃乱贼而不作!故外户而不闭,是谓大同。"康有为对孔子描绘的大同世界是非常向往的,认为"大同之道,至平也,至公也,至仁也,旨之至也,虽有善道,无以加此矣"③。

在未来理想社会的构建中,康有为全盘接受孔子对大同社会的设想,以营造儒家大同社会为目标,力求实现人类全方位的理想生活。在《大同书》中,他主张在政治上取消国家,设置公政府进行日常事务管理、各级政府行使自治,消灭家庭,解放妇女,男女平权;经济方面,无论农、工、商等都实行公有制;教育方面,从胎教开始直至大学阶段每个人的教育都由政府负责;社会保障和医疗方面,失业有"恤贫院"安排生活,生病有"医疾院"免费医治,六十岁以上就可以进入"养老院",免费养老,

---

① 康有为:《大同书》,上海:上海古籍出版社,1987年版,第48页。
② 参见程恩富、汪桂进《论康有为的空想社会主义思想》,《湘潭大学学报》(社会科学版)2000年第4期。
③ 康有为:《大同书》,姜义华、张荣华编校:《康有为全集》(第七集),北京:中国人民大学出版社,2007年版,第6~7页。

直至去世有"考终院"处理后事。对比《大同书》和孔子《礼记·礼运》中的描述,可以看出,康有为忠实地执行着孔子"天下为公"的大同理想。

除了对大同社会必经阶段和基本特征的描述外,在社会生活各个领域都是以儒家传统的"仁、义、礼、智、信、恕、忠、孝、悌"为道德规范。康有为特别推崇儒家的孝道,不喜欢欧美国家子女不报父母养育之恩的习俗:"论孝报欧美不如中国,耶教未如孔教。""故人子而经父母之顾复、抚育、教学者,宜立孝以报其德,吾取中国也,吾从孔子也。"[①]

很明显,康有为的大同世界完全是按照孔子对大同社会的要求安排的,没有脱离孔子大同社会的基本特征。特别是大同社会的核心——消灭家庭和婚姻的"去家界为天民"主张,都是来源于孔子的思想。儒家的人生观,以成就道德人格和救世事业为价值取向,内以修身、充实仁德,外以济民、治国平天下,这便是内圣外王之道。其人生态度是积极进取的,对社会现实有强烈的关切和历史使命感,以天下为己任,对同类和他人有不可自已的同情,己所不欲,勿施于人,己欲立而立人,达则兼济天下,穷则独善其身,不与浊俗同流合污,以成就自己的道德人生。从继承孔子大同思想的角度看,《大同书》并不是康有为个人的空想,即使是空想,也是自孔子始,并非康有为个人的创想。他只是怀抱强烈的社会责任感并遵循孔子的理想做了一个具体阐述而已。当然,这些有创意的阐释吸收了当时许多新鲜的理论,比如天赋人权说、自由平等思想、空想社会主义等,给《大同书》赋予了浓烈的时代特征。

4. 渊源之四:中国传统佛道

由于儒、佛、道思想在我国传统文化中的广泛传播和重要作用,康有为也深受影响,三家的思想精义在其《大同书》中浑然一体,成为其大同思想的主旋律。

康有为对于"平等"的阐述与佛家的"众生平等"思想有着不可分割的渊源,他创造的大同世界就是一个众生平等的世界。"平等"是佛教大力弘扬和提倡的一个重要理念,是佛教的世界观、人生观和价值观的重要内容。佛教的平等,是指一切现象均平齐等,无本性、本质,乃至高下、浅深的差别。佛教还特别突出宇宙间的一切生命的平等,不仅强调人与人、人与其他生物的平等,而且还强调人与佛的平等。康有为完全认同佛教的众生平等的思想。

[①] 康有为:《大同书》,马洪林、卢正言编注:《康有为集》(政论卷·上册),珠海:珠海出版社,2006年版,第377～379页。

《大同书》中对未来世界最高阶段"升平世"的描写充满了玄妙的想象，人们在这一阶段的生活极具道家飘飘欲仙的状态，休闲、放松、舒适，没有竞争，没有战争，简直就是佛教中的极乐世界。他幻想"大同之世，人无所思，安乐既极，惟思长生。而服食既精，忧虑绝无，盖人人皆为自然之出家，自然之学道者也"。因为人人生活无忧，入有"公所"居住，出有"舟车之乐"，衣服、饮食、医疗等都有保障，即使是人类的思想也可以寄托于神仙佛学也。

可以说，《大同书》是19世纪末20世纪初传统知识分子走出国门、了解世界后，对复杂的世界形势所作的思考和回应，康有为以中国传统知识分子的眼光解读世界，因此他所描绘的大同世界别有一番中国特色，其中细节的描写完全是传统士大夫的中国情调："大小舟船皆电运，……其铺设伟丽，其大舟上并设林亭，鱼鸟、花木、歌舞、图书，备极娱乐，故人亦多舟居以泛宅浮家焉。"又如，在太平世"人人皆色相端好，洁白如玉，香妙如兰，红润如桃，华美如花，光泽如镜，今世之美人尚不及太平世之丑人也"。大同社会若能实现，就是他想象中的神仙道学佛学盛行的世界："故大同之世，惟神仙与佛学二者大行。"在《大同书》的刻画中，康有为的大同理想是成佛、成仙："盖神仙者，大同之归宿也。"可见，人人成佛成仙的神仙佛道世界就是他描述和向往的大同世界。这些描述，一方面反映出康有为深受佛道思想的熏陶，其思想里有很重的道家情结——渴望长生不老，渴望成仙；另一方面也折射出康有为受中国传统民间迷信思想影响之深，甚至有迷信神仙的倾向。民间草根文化，虽然很多方面是消极的、反科学的，但是却有着极强的影响力和生命力，即使博学如康有为者，也不能不受影响。[①]

5. 渊源之五：近代西方科学文化和空想社会主义思想

综观近代中国社会，几乎所有的社会思潮都受到了西方文化不同程度的影响。1840年后，清政府在鸦片战争中失败，西方传教士大批涌入中国，他们充当了帝国主义的特种部队，对中国人民进行宗教愚弄和奴化教育的同时，也给中国带来了新闻、出版、教育、科技、医学、军事等种种近代文明。他们向中国介绍大量的西方科学知识及各种社会学说，构成了一个蔚为壮观的"西学"体系，使中国的传统教育制度、政治体制、社会风格都受到不同程度的冲击。

从《康南海自编年谱》中可以得知，康有为大约在1879年开始钻研

---

① 参见刘世红《革命的催化剂：康有为"大同之学"的再解读》，《华南师范大学学报》（社会科学版），2011年第6期。

西学。在吸收和传播西学的过程中,他多数以传教士编写和教会译书作为学习西学的最早媒介。比如,当时林乐之编译的《中东战纪本末》、《列国岁计政要》、《七国新学备要》以及李提摩太译著的《泰西新史揽要》、《列国变通兴盛记》等书,受到康有为等人士的推崇,其对戊戌思潮的兴起,起到了示范、刺激、传输与推动的作用。康有为对于西学的吸收主要集中在三个方面:一是"物竞天择,适者生存"的进化论,二是崇尚真理、实事求是的科学精神,三是追求自由、平等的天赋人权论。

在甲午战争惨败的巨大刺激下,当时严复着手译述了《天演论》,把西方的进化论介绍到中国。他说:"物各竞存,最宜者立。动植如是,政教亦如是也。"① 由于历史的原因,中国民德、民智、民力不如欧美,如不急图改革,将有"亡国灭种"的危险。康有为吸收并改造了严复的思想,"以进化之理,释经世之志",提出了"公羊三世说"的历史发展观,即社会历史是按"据乱世、升平世、太平世"三个阶段,由低级向高级阶段不断向前发展,成为变法维新的理论根据。

康有为在吸收进化论的同时,也意识到西方各国所以能够富强不在于"船坚炮利"之类"形下之迹",也不在于"善会计"、"善机巧"之类的注重功利事务,真正的关键在于"学术则黜伪而崇真,于刑政则屈私以为公",即科学的精神和民主的观念。②

康有为从江南制造局出版的西学书中,也获取了大量的西方知识。这些知识对他的思想形成,有很大影响。如傅兰雅的《佐治刍言》,与他的《大同书》有许多较为接近的观点。他在1898年底于日本小住时,已接触到傅立叶的空想社会主义理论,足以证明他的一些思想汲取了西方空想社会主义的理论。康有为赞同许多西方乌托邦思想家,以平等为完善社会的主要原则。他认同柏拉图等西方乌托邦主义者,主张男女平等、女子有权自由择偶等思想。他强调说:"人者,天所生也。有是身体,即有其权力。侵权者谓之侵天权,让权者谓之失天职。……以公共平等论,则君与民且当平,况男子与女子乎!"③《实理公法》一书,可以说是他阅读西书后所汲取欧洲思想的集成。在此书中,他在继承中国基本的传统政治价值的基础上,融合了西方的一些思想,诸如自由、平等、博爱和民主。这些思想既是构成其大同社会理想的素材,也是他在《大同书》中所详细描述的。④

---

① 严复:《严复集》(第一册),北京:中华书局,1986年版,第26页。
② 参见吴科达《晚清对外开放思想述论》,《东方论坛(青岛大学学报)》,2000年第3期。
③ 康有为:《大同书》,上海:上海古籍出版社,1987年版,第196页。
④ 参见程恩富、汪桂进《论康有为的空想社会主义思想》,《湘潭大学学报》(社会科学版)2000年第4期。

《大同书》中提到的自由平等的思想无疑主要来源于佛教的"众生平等"思想，但与基督教的"自由、平等、博爱"是相吻合的。他依据其西学知识和长期各国游历的见闻，设计出一个糅合孔子大同三世说、佛道极乐世界、资产阶级自由平等思想、西方政治制度、空想社会主义学说在内的人类社会发展最高阶段。

这里要提的一点是，十六年的全球游历虽然使他增长了许多见识，但是并不能动摇康有为对大同世界基本思想的根基，西方的基本政治制度、自由平等的思想是完善其大同世界的重要补充。他引用西方议会制作为太平世的政治组织形式，但是他并未领会西方民主制的精髓；现代西方民主制关键乃是以制度约束人，不需要伟人政治或者贤人政治。但在《大同书》中，他仍然以"仁"、"智"作为选拔政府官员的标准，明显就是深受儒家思想的影响。

在风云激荡的中国近代社会环境中，多种思想渊源交织在一起，并且成为康有为整个思想体系的主旋律与来源。

二、康有为思想产生的土壤

康有为诞生在一个有着十分悠久历史的地方——广东南海县。它坐落在珠江三角洲，比邻广州，物产丰富，风景秀丽，正式定为郡县始于秦朝，清朝广东省城西半部也属于南海县。当时的广州有两个含义：一是指广州府，包括 15 个县，其中南海是附郭首县之一，所以康有为自述是"广州府南海县江浦司银塘乡比籍"[①]；一是指广东省省城，广东最高军政长官（总督、巡抚、广州将军等）的驻地。广州城分属南海、番禺两县：南海县管辖的广州城西半部多商行店铺，是省城甚至全省的商业中心；番禺县管辖的广州城东半部则多官府衙门，是政治中心。南海、番禺、顺德三县是以广州城为核心的广东省经济、文化最发达的中心地区。

康有为出生前十八年，在广东爆发的第一次鸦片战争揭开了中国近代史的第一页，从那时起直至 20 世纪 20 年代，包括南海县在内的珠江三角洲地区，一直是中国人民反抗外国列强入侵的前沿阵地。当中国还在沉睡之时，英、法、美等西方国家已经完成资产阶级革命和工业革命，并且不断地向东方扩张。第一、第二次鸦片战争，最先攻打的都是珠江三角洲地区，南海郡首当其冲。而中国人民反抗列强入侵的行动，也是从广东这里开始的。1839 年林则徐虎门销烟、1841 年广州郊区三元里人民的抗英斗

---

① 康有为著，楼宇烈整理：《康南海自编年谱》，北京：中华书局，1992 年版，第 1 页。

争，在中国近代史上都有非常重要的地位。而在第二次鸦片战争期间，整个珠江三角洲地区都有同侵略者斗争的武装，其中南海团练为反抗侵略做出过英勇的牺牲。这些发生在康有为家门口不远的战事，以及随着这些失败战事而来的一个又一个不平等条约，把救亡图存、改革自强的时代主题活生生地呈现在广东人面前。

同时南海成了西方先进文化输入的窗口。在接受欧风美雨浸润方面，南海县作为广东省会城市的组成部分，具有得天独厚的先天条件。鸦片战争前，广州是中国唯一的对外贸易港口，清政府划定的外国商人居住区是南海县属地，而来广州的外国商人只许与清政府指定的广州十三行的行商作交易，不得自行另觅贸易伙伴，也不得与清政府官员有接触。这种垄断地位使得位于广州西关的十三行成为富甲天下的"天子南库"。清初诗人屈大均在《广州竹枝词》中就提及："洋船挣出是官商，十字门开向二洋。五丝八丝广缎好，银钱堆满十三行。"清代的西关、十三行都是南海县辖地。鸦片战争后，广州仍是《中英南京条约》规定的五个通商口岸之一，香港、澳门两个被英国、葡萄牙强占的广东辖地与省城之间来往畅通，轮船码头也多在南海县属的珠江河岸。这种特殊的地理位置，使南海人有条件率先接触西方的新事物。

康有为出生前后的几十年间，西方文化已从各方面向南海等地渗透。1835年美国传教医生伯驾在西关长堤设立的博济医院是中国内地第一家西医院，最早办西医教育。新式书报进入了一些广州官商的阅读范畴，林则徐在广东禁烟时，至少拥有四名翻译，终日为他翻译英文书报。到清末，广东商人做生意已经离不开香港报纸所提供的信息了，而省城多数报馆也在西关。随之而来的西式教育、思想观念也在影响着当地人，广东人出洋经商、做工成为普遍现象，而中国最早派往欧美的幼童留学生亦多是广东人。当时广州的建筑风格、日常生活也受到了西方文化的渗透，沙面的商馆、西关的骑楼至今透露出浓郁的西式风情。西方文化传入，又使包括南海在内的广东人率先感受到了西方的先进。

在某种意义上，南海县可称得上是中国近代工业的发祥地，康有为的小同乡南海西樵简村的陈启源在1872年动工创办的继昌隆机器缫丝厂，被视为中国最早的近代民族工业企业之一。因为"南海县属养蚕之家，以西樵各乡为最盛"，"九江、西樵、大同、沙头出丝最盛"，陈启源就选择自己的家乡创办了使用蒸汽机的近代化缫丝厂，首先把国外的机器、技术、管理引进中国。陈启源的缫丝厂产量高、产品质量好，产生了示范效应。尽管保守势力诸多阻挠，但机器缫丝业很快在珠江三角洲迅速发展。到1881年，南海已有机器缫丝厂十一家，与此同时，顺德大量出现继昌隆那样的缫丝厂,形成南海、顺德两县为中心,香山、新会、鹤山、三水、番禺等县附之的丝业区,大大促进了整个广东经济的发展。

在康有为成长与开展早期政治活动的年代,以南海、番禺、顺德为中心的珠江三角洲,一直是中国早期现代化"先行一步"的地区。除上述继昌隆缫丝厂之外,日本华侨卫省轩1879年在广州创办的巧明火柴厂是中国第一家火柴厂,美国华侨黄秉常1890年开办的广州电灯公司是中国第一家电灯公司,新加坡华侨邓绍鹏等在广州开办的广东兄弟橡胶公司是中国第一家橡胶厂。据统计,1912年,广东有2426家工厂,占全国总数大约12%;全国列入统计的使用蒸汽机、内燃机、电动机为动力的共363家工厂中,就有136家在广东,其中大部分在南海、顺德、番禺。兴办近代工业的过程,正是广东人把引进西方先进技术付诸实际行动的过程。

由此可见,康有为出生前后几十年的南海,一方面作为西方资本主义国家武力入侵的战场,让当地人感受到救亡图存、改革自强的迫切性;另一方面作为西方资本主义先进文化、技术的最先输入地,让当地人体会到了先进的西方,提供了救亡图存、改革自强的现实借鉴。康有为的思想,正是紧扣救亡图存、民族自强的时代主题,在率先得到欧风美雨浸润下萌发的。直至1895年之前,康有为从未在外做官,故乡南海及其周边地区是他生活、求学、著书、讲学的主要场所。可以这样说,康有为的中学根基完全是在家乡南海打下的,而且他也是在家乡南海开始睁眼看世界,打下了西学基础。正是基于这种中西兼修的知识基础,康有为才得以建立贯通中西的思想体系,并用来指导其自身的改革实践。他日后全新的大同理想,也是他在南海乡下"裹头行吟"的时候开始酝酿成形的。

可见,南海这片热土为其思想的形成提供了肥沃的土壤……

第三章 康有为思想的学术价值

中国近代史上的风云人物中,康有为毫无疑问是最有分量的政治家。然而,他又不仅仅是一位经世致用的政治家,而且还是一位思想家、教育家、书法家、旅行家。他在政治、经济、历史、教育、文学、艺术、宗教等方面研究广泛,可谓博学"大家"。他传世的近千万字著作是一笔很重要的文化遗产,其中的《大同书》美妙程度绝不亚于柏拉图的《理想国》、傅立叶的《新世界》;然而在康有为生前身后,世人对他看法迥异,毁誉交加,算得上是近代中国最具争议性的人物之一。1898年9月,《苏报》曾经发表文说:"今中国誉康有为者半,毁康有为者亦半。"

他身后近一个世纪,在学者和史家的有关评论中,人们仍可发现巨大的分歧:颂扬之论不绝于书,指斥之声充盈于耳。

由于康有为敢为天下先,正如梁启超所概括的那样,康有为是属于思想家型的"先时之人物",是中国近代史上最具开创性的一位历史人物,正因为对他的评价常随时局变嬗、思潮起伏而大异,所以在近代史上和今天都具有学术研究和争鸣的价值。而且他的每一领域的思想都具有深厚的学术渊源和显著特征。

从学术价值而言,康有为一生游遍中国,三周大地,学贯中西,著作等身。其思想博大精深,其学问涵盖政治、经济、哲学、军事、文化、教育、经学、外交、宗教、天文、地理、历史、文学艺术、翻译、旅游、国际关系、物理学、数学等,几乎涉猎了社会科学和自然科学的重大学术领域,发表了许多开拓创新的见解,为后世留下了丰富的文化遗产。回顾百年以来,在观念原创性之强之早,思想构造之完整系统,对当时影响之巨大,以及开整个时代风气等各个方面,康有为远非严复、梁启超或其他人所可比拟。当代中国和世界上许多著名的高等学府,从康有为的著作中汲取精华撰写学士、硕士、博士论文的莘莘学子为数不少,并且取得了丰硕的学术成果。

因此,以当代视野对康有为富有创意的思想体系,对他的新学伪经考、孔子改制、公羊三世、物质救国、虚君共和、大同学说以及独树一帜的文论、诗论和画论等进行学术上的进一步考量,不仅对康有为的思想能实现学理意义上的清理,达到对康有为思想的学术价值的客观评估,而且能使当今学界通过深层反思康有为的思想,获取进行当代学术研究的科学有效的路径。

一、学术传承性价值

中国学术文化,本源起于黄河流域,在东晋之后,开始南移于长江流域,所以在宋元以前,岭南尚且没有学术文化的地位。自东晋、南宋两代之后,异族侵凌,中原动荡,致使大规模移民南移。岭南文化由中原移入,这除了移民因素外,与岭南文化有绝大关系者,应为历代的谪宦。应该说,历代的谪宦流寓对岭南学术文化发展起了重要的作用,比如,刘禹锡在连州、韩愈在潮州、苏轼在惠州以及秦观在雷州的影响都为人所熟知。故此,从源起的角度看,岭南学术文化与中原学术文化应一脉相承。

明清之前,岭南学术文化氛围并不浓厚,这与岭南当地文化底蕴积淀不深有密切的关系。明清时期既是岭南民系成型之时,也是学术文化厚积薄发之际,官学、私学兴起。从明代陈献章创建江门学派起,岭南学者就十分强调学贵知疑、学贵自得,学问不为传统所锢蔽。陈献章、湛若水及其心学,形成了"心则理也"、"学贵乎自得"和"以自然为宗"思想学问体系,有思想解放、自主创新之意味,摆脱了程朱理学的框缚,在岭南学术史上起到了承先启后的作用。

到近代,岭南得风气之先,学术之风大盛,一批学问大家崛起岭南,开始在全国范围内产生影响,形成了独具特色的岭南学派。岭南学者多以包容的态度主张汉宋兼采,不分汉宋古今,无门户之见;他们强调儒行,主张通经;他们重视道德修养,气节凛然,重视学以致用。在近代中西文化激烈碰撞交融的背景下,他们尤为关注西学、时政、新鲜事物及中西学术比较。岭南学术文化呈现出包容性、多元性和敏锐性等特质,晚清时尤为突出。

岭南学派远宗陈白沙、湛甘泉;近由劳潼、胡方、李绣子等人开其端,希古堂诸子继其后;陈澧、朱次琦、侯康、金锡龄、杨荣绪等盛其事;东塾之学和九江之学张其势,康有为、黄节等影响波及全国。①

晚清时期形成的学风、学术品性表现出岭南学者的独特魅力。首先,

---

① 参见王世理《试论岭南学派的形成特点和作用》,《岭南文史》1995 年第 4 期。

注重人格涵养,问学求真。受陈白沙的心学影响,岭南学者大都注重人格涵养,把完善人格作为学问之最终目的。从朱次琦到康有为,再到梁启超,在他们带徒的学纲、学规中都有相应要求和方法。其次,不尚空谈,求实致用。这也是岭南学者主动参与政治生活的人生态度和治学作风。朱次琦有言:"读书者何也?读书以明理,明理以处事。先以自治其身心,随而应天下国家之用。"① 陈澧也有言:"窃冀后之君子,袪门户之偏见,诵先儒之遗言,有益于身,有用于世,是区区之志也。"②

康有为幼承家学,得岭南学术正传。"世以理学传其家。"高祖、曾祖和祖父都得岭南儒学正传,也是康氏家学的渊源。高祖康辉被尊称为"岭南大师",曾祖康式鹏亦有"醇儒"的美称。祖父康赞修青年时期师从岭南著名学者何朴园。何朴园为冯潜斋的再传弟子,其师劳潼,为冯潜斋嫡传弟子,青年时代潜心理学,何朴园继承其师衣钵,潜心儒学,对于先儒性理之书皆能融会贯通。冯潜斋—劳潼—何朴园—康赞修等,构成一个岭南理学发展的传承系统。可见康有为祖辈得岭南理学之正传。

晚清岭南学术由两位著名学者来扛大旗,一位是朱次琦,另一位是陈澧。两人门下,又各分两支。康有为的祖父康赞修曾与朱次琦为友,两人经常互相切磋。祖父康赞修可谓康有为的第一任导师,对康有为的成长过程影响极深,康有为在为祖父的遗集作序时曾说:"有为自髫卯含识,即侍先祖连州府君,几席衽趾,杖履游观,无不从焉。垂及冠年,日闻古贤哲之大义微言,日德古豪杰之壮节高行,浸之饫之,泳之游之,皆连州府君之庭训也。"③ 康有为自幼随祖父读书诵经,聆听教诲,接受庭训,嬉戏游乐,登临赋诗,直至祖父去世。祖父的言传身教,打下了康有为圣贤人格的底调;祖父的渊博学识开启了康有为欲为圣贤之学的大门;祖父的道德人生为康有为树立了一个"修己治人"的榜样,以致在康有为以后的生活事业中都可找到他祖父的影子。

康有为十九岁时受学于朱次琦并成为其得意弟子。他在记述其师时曾经说到:"先生夐识高行,独不蔽于俗;厉节行于后汉;探义理于宋人;既则舍康成,释紫阳,一一以孔子为归。"④

从学术传承来看,朱次琦的两位得意弟子——康有为、简朝亮各树一帜,两人都是朱次琦门下最有成就的高徒,但他们的志趣、志向以及行为

---

① 简朝亮:《朱九江先生年谱》,北京:北京图书馆出版社,2006年影印版。
② 陈澧:《汉儒通义·序》,《陈澧集》,上海:上海古籍出版社,2008年版。
③ 康有为:《连州遗集叙》,马洪林、卢正言编注:《康有为集》(序跋卷),珠海:珠海出版社,2006年版,第286页。
④ 钱基博:《现代中国文学史》,上海:上海书店1989年影印版,第292~293页。

方式都相差甚远，大相径庭。简朝亮谨守师训，艰苦笃实，成为著名学者和教育家，取得了很高的学术成就。但他较为保守，不敢造次，一生以传统儒家文化为依归，穷数十年疏正儒家经典学说。他继承了朱次琦的学术思想，一生服膺其师的学说，并以大量著述传承其师的学说，宣传其师的生平业绩与学术成就，成为朱次琦最忠实的门徒。他曾注《论语》、《尚书》，折中汉宋而取其粹，深得朱次琦真传，其治学风格与学术理路迥异于康有为，曾创办广东四大书院之一的"读书山堂"，从教三十多年。康有为称其为："今岭南大儒，一人而已。"著有《尚书集注述疏》、《论语集注补正述疏》、《孝经集注述疏》、《读书堂集》、《朱九江先生集》等。再传弟子黄节、邓实，曾主办《政艺通报》和《国粹学报》，传播西学，复兴古学，对中国近代思想与学术产生了重要影响。

康有为则不同，朱次琦的摒弃汉学、宋学的门户之见，归宗于孔子之学的主张，"经世致用"思想以及"四行五学"的教育主旨，对他也曾经产生过很大的影响，并继承发扬。但康有为志向远大，毅然以大道自任，以救世、治世、创世为己任，有着远大的政治抱负。他敢于发"离经叛道"之狂想，立"伪经说"、"改制考"之学说，成为晚清今文经学的集大成者，他的学术和思想影响了一个时代，但他的学术渊源则不来自其师。钱基博在《中国现代文学史》中说康有为之学"从次琦入，而不从次琦出。次琦制行谨笃；而有为权奇自喜。次琦学宗程朱；而有为旁骛西汉，称微言大义，自负可为帝王师，言天下大计"。①

陈澧门下也有两派，一派是陈庆笙、梁鼎芬等人，另一派是廖泽群、陶春海等人。陈澧是晚清著名学者、文学家和音韵学家，后学尊其为"东塾先生"，曾主讲学海堂及菊坡精舍，为一代宗师，代表了岭南学派经学研究的最高水平，开东塾学派。治学以博学见称，最初专治经学，宗法汉儒，精研文字音韵，广涉天文、地理、音韵等，懂算术之学，又能诗词、散文。著述主要有《东塾读书记》、《切韵考》、《汉书水道图说》、《声律通考》等。梁鼎芬曾任直隶州知州、武昌知府、湖北安襄郧荆道、湖北按察使、布政使等职。后入张之洞幕府，为张的亲信幕僚。康有为与他曾是密友，但因政治歧见，戊戌政变前后又曾交恶。

尽管康有为的学术渊源不出自朱次琦，但康有为对他的学问道德佩服得五体投地以至于"洗心绝欲，一意归依"②。在康有为的心目中，朱次琦"硕德高行，博极群书"。他在对朱次琦的品德学问做总结时说，乃师造诣

---

① 转引自桑兵《近代中国学术的地缘与流派》，《历史研究》1999年第3期，第293～294页。

② 康有为：《我史》，南京：江苏人民出版社，1999年版，第6页。

深宏志存高远，壁立万仞，最重气节。其学问平实敦大，不尚空谈，综合古今，折中汉宋，而归宗于孔子。其教学宗旨为"四行五学"。四行即敦行孝悌、崇尚名节、变化气质、检摄威仪，五学则为经学、文学、掌故之学、性理之学、词章之学。其讲学目标在于经世致用，强调修身与读书并重，认为"读书以明理，明理以处事，先以自治其身心，随而应天下国家之用"①。他高度赞扬其师的品行学术造诣，将其称作清代第一学问大家，甚至超过清初学者王夫之、顾炎武等。

不得不承认，朱次琦对康有为的影响是深刻的。礼山草堂的三年苦读奠定了康有为一生的传统学问基础。康有为跟随其师捧杖受教，"乃得闻中国数千年学术之源流，治教之正变，九流之得失，古人群书之指归，经说之折中"；得以跳出八股制艺的狭隘天地，粗窥中国传统学术文化的整体，以至于学问猛进，"瑰伟博达，粹然大成矣"。诚如康有为在自传中所说："既从先生学，未明而起，夜分乃寝，日读宋儒书及经说、小学、史学、掌故词章，兼综而并骛，日读书以寸记。""余家小有藏书，久好涉猎，读书甚多，但无门径，及一闻先生之说，与同学简君竹居（名朝亮）、胡君少恺（名景堂），日上下其议论，既涣然融释贯串，而畴昔杂博之学，皆为有用，于是偶然自负于众以不朽之业。"②

康有为学术思想的形成与发展深深受到朱次琦的学术理路的影响。朱次琦深痛清代学术的偏颇，指出当下学分汉宋，重考据而攻朱子，褒汉学而贬宋学，割裂儒学，实为天下之不幸。认为汉学宋学皆为孔子之学，无孰轻孰重。"孔子之学，无汉学无宋学也。"汉宋只不过是朝代符号而已。"汉之学，郑康成集之；宋之学，朱子集之；朱子又即汉学而稽之者也，会同六经，权衡四书，使孔子之道大著于天下。"③汉学为考据之学，宋学为养心之学，汉学的实事求是精神与宋学的浩然正气密不可分，两者统一于孔子之学。

朱次琦这种反省传统学术、走出流派纷争的学术品性，已经萌动了近代新学的生机，为康有为由传统旧学向近代新学的转变扫清了障碍。但他的汉宋调和论毕竟是旧学内部的调整和以传统学术的眼光重新认识旧学，不能回答西学对传统的挑战，更无法适应即将步入近代的思想界的要求。④ 传统学术的新陈代谢和时代的要求呼唤着新的学术思想的出现。

---

① 朱次琦：《朱九江先生集》（卷首之二），简朝亮整理，光绪二十三年刻本。
② 康有为：《我史》，南京：江苏人民出版社，1999年版，第6～7页。
③ 沈云龙：《近代中国史料丛刊》（第八十辑），台北：文海出版社，1995年版，第9页。
④ 参见王明德《试论康有为的学术传承》，《深圳大学学报》（人文社会科学版）2010年第1期。

朱次琦对传统学术的批判性以及研究方法,无疑为康有为提供了改造传统旧学的锐利思想武器,使他从传统学术向近代新学转变,康有为之所以日后著成《新学伪经考》、《孔子改制考》,直斥汉以后两千年的经典为伪经,从根本上动摇传统学术思想的根基,并根据时代需要改造孔子,重塑道统,在近代中国思想界学术界刮起一股飓风,不能不说与他从其师那里继承下来的批判性研究方法有关。① 康有为提出维新变法,以更宽容的态度对待西学,甚至当时严复、容闳等留学生和传教士傅兰雅、李提摩泰等人译述的政治学以及有关声、光、化、电的学科,在他创办的万木草堂教学中都有涉及,但康有为的学术思想在本质上还是中国传统路子,他的改革仍要从孔子那里寻求依据。

学术的传承性不仅在于对学术的继承,还在于对学术的弘扬与光大、超越与发展。康有为在深刻领会岭南学派和其师的学术精神和品性,传承岭南学派和其师的思想的同时,不断拓展学术视野和理念,将岭南学术的发展推向一个新的高度。比如,他继承和发扬岭南学派的经学传统,在经学研究方面取得了丰硕成果,成为今文经学的集大成者。他早年酷好《周礼》,研治古文经学,曾著《教学通义》。后在广州遇见今文经学家廖平,受其影响,乃尽弃旧说,转向今文经学。他汲取今文经学的"变易"哲学,糅合"三统"、"三世"之说,努力构建他的维新变法理论。康有为撰写了大量有关经学阐发和释义方面的著作。诸如《论语注》、《孟子微》、《春秋笔削大义微言考》、《中庸注》、《孔子改制考》、《新学伪经考》、《春秋董氏学》。其中的《孔子改制考》、《新学伪经考》应该说代表了康有为研治今文经学的最高成就。②

人们可以发现,在康有为的一系列著作中,他将今文经学可谓发挥到了极致。他确认孔子"托古改制"所具有的革新精神,以民权说、进化论等西方思想附会于孔子身上,将孔子塑造成"托古改制"的素王,"创制立法"的圣王,平等、民主精神的发明者,想托孔子之名而行维新变法之实。康有为对孔子学说的阐释和发挥,集今文经学之大成,将今文经学推向一个高峰。特别是在甲午战后的特殊历史环境里,康有为的孔子观发挥了特殊的作用,在挽救晚清社会危机方面起过一定的作用,对近代中国的社会历史变革和文化整合也产生了深远影响。

但康有为的学说也引起晚清经学界的强烈震颤,不仅守旧者恶言相

---

① 参见王明德《试论康有为的学术传承》,《深圳大学学报》(人文社会科学版)2010 年第 1 期。

② 参见王明德《试论康有为的学术传承》,《深圳大学学报》(人文社会科学版)2010 年第 1 期。

加，正统经学派一致排拒，笃守家法者怒斥攻评，而且不少维新人士或同情者也多有烦言。康有为的学说反映出中国传统文化的危机，《新学伪经考》、《孔子改制考》的问世既是今文经学史上的一座丰碑，又预示着今文经学乃至整个经学的历史终结。①

康有为继承了岭南学派"学以致用"的学术传统，将学术活动与维新目标结合起来，"以经术为政论"，运用西方进化论理论和资产阶级社会政治学说，重新解释传统儒家学说，在传统文化的固有模式中注入西方文化的精神内涵，或将西方文化附会为中国古圣先贤的发明，努力在传统与现代之间寻找一个结合点，使西方文化精神与中国传统文化形式结合起来，进而构建起他的变法理论体系。在这一背景下，他的一系列著作如《新学伪经考》、《孔子改制考》、《春秋董氏学》等相继问世。在这些著作中，康有为通过对正统儒家经籍的重新评估与超越，试图说明当时中国文化中所体现的不是中国的真精神，中国的真精神一直遭到曲解和压抑。如果真精神被重新找回并得以发扬，那么中国就能够与西方并驾齐驱了。因此康有为要以一种"尊崇博爱的儒家"、"进步的儒学"、"平等的儒教"来取代根植于朱熹理学的、注重个人修身的、专制保守的、皇家的儒学。他对传统儒学的改造主要集中在对荀子、刘歆和朱熹的抨击上，认为孔子之道首先受损于荀子的武断哲学，继而受惑于刘歆的伪造，最后败坏于朱熹的偏见。他以儒家的马丁·路德金自任，对儒家学说进行全面修正。他将孔子打扮成托古改制的素王、创制立法的教主，以便为他的维新变法找到一种理论依据。应当说，康有为对儒家经籍的诠解有时是武断的、不客观的，甚至不顾史实的考证与论述的前后一贯性。但还应当看到，相对于他的思想成就和时代意义，其学术上的缺点和不足显然是次要的，至少是可以原谅的。②

康有为在运用西方社会政治理念设计他的维新变法思想体系时，不是简单地抛弃传统，而是以西方现代精神重新解释传统，使西方文化精神与中国传统文化形式结合起来，所谓"旧瓶装新酒"，"貌孔而心夷"，"不中不西，即中即西"，就是对两者结合的形象表达。他通过对公羊学"通三统"、"张三世"、"异内外"三科的重新阐述，完成了从传统向现代的革命性转变。公羊三世被比附为君主、君民共主、民主三种社会制度，人类社会按照这一顺序进化发展。"三世说"成为沟通过去、现在和未来的

---

① 参见王明德《试论康有为的学术传承》，《深圳大学学报》（人文社会科学版）2010 年第 1 期。

② 参见王明德《试论康有为的学术传承》，《深圳大学学报》（人文社会科学版）2010 年第 1 期。

桥梁,其核心是社会进化论和人类历史发展的大同理想;"通三统"是指新王朝的建立应总结前两朝的历史经验,康有为赋予它"改制"的内涵,使"三统说"成为政治、经济制度改革的学说,它的发展方向是现代民主制度和社会化大生产;所谓"内外观",是指中华民族从近到远的自我中心世界观,康有为赋予它新的含义,由中华民族文化中心主义转变为各民族文化平等。经康有为重新解释的上述公羊学三科,代表了他的政治、经济、历史、文化等的新观念。传统今文经学的旧形式被赋予变法维新的新内容,中国传统与西学新知相互交融。由于康有为发现并利用了今文经学这一形式,他的思想体系在传统和现代之间找到了契合点,所以他的著作才会产生强烈的思想震撼作用。①

特别要再提的是,康有为一生笔耕不辍,著作等身,成就辉煌,仅各种著作便达一百三十余种,约一千万言,内容涉及哲学、政治、教育、伦理、经学考据、自然科学、书法美术、诗词创作等方面。康有为是重要诗人,又是政论文大家,开一代新文体之先声。他反对当时流行的八股文体和桐城派散文,主张对文体进行改革,认为"文贵适用,又宜阅世"。他曾撰写了大量政论文章,其文气势磅礴、高屋建瓴、大声疾呼、说理透彻、文笔犀利、格调清新,具有强烈的感染力和说服力。他那直抒己见、畅所欲言、无视传统程式的文风,开"文界革命"之先河,弟子梁启超继其后,创造出一种"新文体",由此将近代文体改革运动推向高潮。

可见,康有为作为近代岭南学派的代表人物,他上承朱次琦的学养,下开一代学风,将岭南学术发展推向一个高峰。康有为、梁启超之后,岭南学派渐趋瓦解。以康有为为中心,包括他的老师与弟子等所构成的学术传承关系,是近代岭南学术发展的一个缩影。

在这里,要提出的是,在近代中国知识与制度体系转型的过程中,康有为等岭南学人勇为先行,扮演了"移一时之风气,而示来者以规则"的重要角色。当今,提出重振岭南学术文化,延续岭南学派在中国理论界的影响,当代岭南学人应以此为激励,坚持学术自觉,信守学术理想与责任,在更为开放自由、宽松的环境中,博采众家之长,成就一家之言。

二、学术交流性价值

康有为的很多原创著作及其思想,可谓文通古今,中西合璧,着眼于国家的兴亡和人类的命运,为民族立德,为世界立言,更是一种大视野、

---

① 参见童士伟《康有为评传》,南昌:百花洲文艺出版社,1994年版,第76页。

大智慧。

如果从结构层面看,康有为的思想体系属于"二元文化",即中西学兼容,中西学并重。他在向西方积极寻找文化真理的同时,并非放弃对中国传统文化的认同,体现了一种世界性的文化光芒,具有普遍的人文智慧价值。其开创性的思想构建,既代表着两种伟大的文化:中国传统圣贤之修养和欧美自由平等博爱之理想,更代表着对中国传统圣经贤传的改造和西方自由平等博爱理论的中国化。其所有的思想创造,代表着世界上人口最多的国家人文主义觉醒。很显然他的思想视野,不仅贯穿中国,而且放眼世界。

从古至今,从中到外,凡是封闭自守的学术思想,都是短港绝流的死思想。凡是开放交流的学术思想,都是生生不息的活思想;细品、思考康有为的著作及其系列思想,不难看出,具有十分鲜明的开放的性格特征,有代表中华优秀文化与世界文化交流的强烈欲望。特别是他的代表作《大同书》,对未来理想社会的设计,可以说,远远超过了英国人莫尔的《乌托邦》、意大利人康帕内拉的《太阳城》、法国人傅立叶的《经济的和协作的新世界》等乌托邦著作的构想,具有更高的科学性和实践性。其中改良人种、期限婚姻、人类登上月球、契约世界、跨国家民族的区域性组织、世界公议政府等思想观点,大多都成了当代世界的现实。[①] 他是中国人全球化意识的先知,也是构思和谐世界的先觉。他所提出的把孔子学说推向全世界的主张,更是前景一片光明。目前,我国已在五十多个国家建立了近五百所孔子学院,孔子学说正在变为构建和谐文化的人类精神财富。可以毫不夸张地说,康有为不愧是人类进步史上最伟大的预言家之一。

综观康有为的思想,还有一个明显的特性,那就是世界主义,这一特征使其学术思想有很大的重要的交流价值。他自称十七岁时,"始见《瀛环志略》、地球图,知万国之故,地球之理"[②]。在1898年春,康有为写道:"今则环球通达,天下为家,谈瀛海者,悉当以履门庭数米监视之。援古证今,会文切理,一开口即当合万国论之,否则虽以钱、王之学,亦村学究而已。"[③] 他又说:"所谓变国是者,在正明中国之在大地为数十国中之一国,非复汉、唐、宋、明大一统之时,其为治,当用诸国并立流通

---

① 参见马洪林、何康乐编《康有为文化千言》,广州:花城出版社,2007年版,第3页。
② 康有为:《康南海自编年谱》,马洪林、卢正言编注:《康有为集》(年谱卷),珠海:珠海出版社,2006年版,第6页。
③ 康有为:《日本书目志·卷四》,姜义华编校:《康有为全集》(第三册),上海:上海古籍出版社,1992年版,第702页。

比较之法，不能用分毫一统闭关卧治之旧。"①

康有为心中明白，中国"仅为六十国之一国"，所以时时注意与"并立"诸国"比较"，极力要求变法维新。他说："我中国地大物博，今亦仅为六十国之一国，以地论仅居第三，非复一统之世，为列国并立矣。既有并立，则有比较，以验其消息进退，而生其震动之心。"②

同时，康有为认为，变法维新必然要求全国上下，虚心诚意地向西方学习先进的科学技术、自由平等的社会文化和民主法治的政治制度。他一再向光绪帝表明："凡强敌之技，必通晓而摹仿之；凡万国之美法，必采择而变行之，……不变国俗"；要"采万国之良法，求天下之公道"③。要"申明采集万国良法之意，宣白万法变新、与民更始之方"。封闭守旧之国，没有出路。他还说："举地球守旧之国，盖已无一瓦全者矣。"④ 戊戌维新时期的康有为，可以说是"专以新国新民为志"。对外而言，要求"与万国通流合化"；对内而言，要求"举国移风，俗化蒸蒸，万法毕新"⑤。戊戌维新时期的康有为，绝对是一个"全球派"的人物。

1898年3月11日，总理衙门的大臣在代呈康有为《上清帝第六书》的奏折中写道："该员学问淹长，熟谙西法。"⑥ 在很多后人看来非常"保守"的康有为，在当时的许多顽固守旧者看来是十足的西化论者，具有深通洋务的特长。1898年7月8日，文悌在《严参康有为折稿》中说："及聆其谈治术，则专主西学，欲将中国数千年相承大经大法，一扫刮绝，事事时时以师法日本为长策。……若不讲为学为政之本末，如迩来《时务》、《知新》等报所论，尊侠力，伸民权，兴党会，改制度，甚则欲去跪拜之礼仪，废满汉之文字，平君臣之尊卑，改男女之外内，直似止须中国一变而为外洋政教风俗，即可立致富强。"⑦ 我们以为，守旧派对康有为"专主西学"的指责，既有故意忽视康有为思想之本土传统基础的考虑，又有把

---

① 康有为：《掌山东道监察御史宋伯鲁折》，国家档案局明清档案馆编：《戊戌变法档案史料》，北京：中华书局，1958年版，第3页。
② 康有为：《各国比较地数表》按语，转自马洪林《甲午战争与康有为世界观的重组》，《上海社会科学》2014年第8期。
③ 康有为：《上清帝第七书》，马洪林、卢正言编注：《康有为集》（政治卷·上册），珠海：珠海出版社，2006年版，第128页。
④ 康有为：《强学会序》，马洪林、卢正言编注：《康有为集》（序跋卷），珠海：珠海出版社，2006年版，第38页。
⑤ 康有为：《日本变政考序》，马洪林、卢正言编注：《康有为集》（序跋卷），珠海：珠海出版社，2006年版，第156页。
⑥ 黄明同、吴熙创主编：《康有为早期遗稿述评》，广州：中山大学出版社，1988年版，第263页。
⑦ 文悌：《严参康有为折稿》，中国史学会主编：《戊戌变法》（第二册），上海：上海人民出版社，上海书店出版社，2000年版，第484～485页。

"平等"、"民主"等同于"西学"的思维习惯。然而,所有这些指责也都说明,"向西方学习"是康有为维新变法思想和戊戌维新变法运动的一个基本向度。

康有为曾自称:"某等生长粤地,涉历外洋近二十年,窃见洋人通商,惟粤最先,风气之开,实自粤始。"这种自幼成长的地方背景,再加上其远大志向和求学经历,对康有为形成其较充分的"世界主义",起着主导性的作用。19世纪末的康有为,正视中华民族所面临的"四千年未有之变局",怀着开放创新的心态,充满时代的新气息,成为戊戌维新时期先进中国人的最杰出代表之一,有其十分充足的理由。①

由此可见,康有为继承了"以天下为己任"的文明传统,具有"不忍人之心"的人文关怀,凡有关中国和世界的大事,他都没有置身度外,而是以包容世界的胸襟,穿透历史的韧劲,创造出独树一帜的学术结构,撼动着中国,回荡于世界。可以说,康有为不仅记录历史,而且创造历史,他的一生就是一部中国近代史的缩影,他的文化思考就是一部中国近代文化史的梁柱。康有为在中国近代学术史上的贡献熠熠生辉,是永远不可抹杀的!

三、学术拓展性价值

作为康有为得意门生的梁启超曾经在《中国近三百年学术史》中对明末清初的爱国士人作过如此评价:"他们不是为学问而做学问,是为政治而做学问。"②这句话用在康有为身上是极为贴切的。他治今文经学,的确并非是为了经学学术,这可以从他在言及《孔子改制考》的缘由时曾经讲过的一句话中得到印证,他说:"布衣改制,事大骇人,故不如与之先王,既不惊人,自可避祸。"③通过"公羊派"经学理念,借用所谓的"三统"、"三世"说来大肆宣传维新变法的理论,这对于并非专门师从今文经学门派的康有为而言,无非是一种权宜之计。对此我们可以做这样的分析:第一,康有为是想利用公羊学之"微言大义"来甩脱"离经叛道"的罪名,以免杀身之祸;第二,借今文学派在学理上的权威,为其变法理论添加一圈合理的光环,并以此反击守旧派的阻挠;第三,是想借"孔圣人"为金字招牌来笼络人心,为其变法提供组织力量。但如果从更深层次

---

① 参见龚郭清《论康有为是19世纪末中国仁心和智慧的杰出代表》,王杰、张杰龙主编:《康有为与改革创新学术研讨会论文集》,广州:岭南美术出版社,2012年版,第103页。
② 朱维铮:《梁启超论清学史二种》,上海:复旦大学出版社,1985年版。
③ 姜义华:《康有为全集》(第三卷),上海:上海古籍出版社,1992年版。

的角度看，康有为这种学术心理，无疑是体现出中国传统文化底蕴在近代化过程中对学人的影响力，是中国文化几千年的积淀留给中国知识分子的生存途径，无疑是一种无法割舍的民族情愫，更是一条很难逾越的沟壑。康有为当年提出的"托古改制"思想，其学术价值在于打破了中国几千年的治学格局，将西方民主的、平等的、自由的学术理念引进了学术殿堂，为西方精神在中国知识界的全面扎根奠定了基础。但客观地讲，作为一种学理，其政治意义要远远高于学术意义，梁启超曾对其师的经学精神作过"借经术以文饰其政论"①的贴切评价。康有为将学术研究的视野由经学研究转向政治性研究，将政治与治经密切结合，这正是他由古文经学转向今文经学的主要原因。在其今文经学的研究生涯中，主要业绩是借公羊学之名，打着"托古改制"的招牌畅言其变法维新主张，他的学生梁启超对此的评价是："有为所谓改制者，则一种政治革命。"②所以我们可以将"不以学问为目的而以为手段"③作为评价康有为治今文经学的结论。而康有为正是借这种方式为近代政治文化模式的确立打开了缺口，借助文化形态的更新来探索近代化的模式，寻求民族抗争新意识。这种学术理念，无疑体现了一种政治文化的需求，也充分体现了康有为学术思想所具有的拓展性意义与价值。

在由传统向现代转型的过程中，中国知识分子面临的一个问题是：如何处理好中学与西学、民族文化与外来文化之间的关系？因而，近代以来，学术研究中的一个带有普遍意义的问题，就是时代适应性。表现在对中学与西学的选择问题上，判断的标准是以能否适应时局发展的要求为准绳，这几乎成为衡量知识分子是否具有现代精神的唯一标准。从魏源的"师夷长技以制夷"到冯桂芬的"以中国之伦常名教为原本，辅以诸国富强之术"④的提出，再到后来洋务大员们的器物文明论的实践，其实都是这种文化特性的真实体现。而在真正意义上体现这种特质的代表性人物应该是戊戌时期的知识分子，康有为当属其中的佼佼者。如果说，在康有为之前，中、西学关系问题已经上升为一种群体的政治理念，那么在康有为的时代，则首先表现为一种文化学理，一种如何战胜封建顽固势力的文化精神。这种文化精神是以中国文化中的治平精神为底蕴、以经世致用为坐标、以救亡图存为目标的，从而使他的学术思想表现出了鲜明的政治性与时代适应性并存的特色。在康有为变法理论中，无论是对中学的运用还是

---

① 朱维铮：《梁启超论清学史二种》，上海：复旦大学出版社，1985年版。
② 朱维铮：《梁启超论清学史二种》，上海：复旦大学出版社，1985年版。
③ 朱维铮：《梁启超论清学史二种》，上海：复旦大学出版社，1985年版。
④ 郑振铎：《晚清文选》，上海：上海书店，1987年版。

对西学的选择，判断的标准是能否为其维新变法服务。在他那里，对一切中国文化的裁决与评判，都取决于是否能做到"学与时异"。[①] 由此，我们可以得出结论：康有为在中学与西学的选择问题上，有一个根本性的法则，那就是：是否有利于其政治抱负的实现。诚然，康有为的政治抱负在戊戌之前代表了中国历史前进的方向，是一种能够体现群体需求的政治文化观，而戊戌之后则蜕变为体现个体意志的政治文化观。应该肯定的是，在其学术理念中所表现出的这种时代性适应性不仅打击了冥顽不化的旧学家们，同时为后学者提供了一种学术研究和政治实践结合的路径。

在肯定康有为学术拓展性价值的同时，我们也应该承认，其学术体系无疑是有着缺憾的，那就是缺乏理论的严密性和逻辑的系统性，首先，他为了引进西学而接纳今文经学，造成其对古文经的批判存在严重的武断以及对今文经的运用粗糙。其次，在康有为"不中不西即中即西"的文化选择观中存在着一个不容忽视的问题——对传统文化民族性的认同问题。如果说对儒学的推崇是近代知识分子对民族文化无以割舍的一道情感桎梏，那么在康有为这里表现出来的则是一种近乎迷信的、怪异的迷恋。以孔学取代儒学，以个体崇拜的形式将孔夫子推奉为"素王"，这是康有为对民族性问题处理的最通俗也是最常见的表述。维新时期，这种表述作为扫除变法障碍、树立自己政治领袖地位的一种政治权术，在当时封建顽固势力依然垄断着社会的政治、经济和文化的时代，应该是无可厚非的。但在变法失败后，尤其是面对共和理论的深入人心，却仍打着"孔教会"的招牌大肆兜售他的尊孔保皇思想，说明在他思想的潜意识中是以宗教领袖的形式来确认孔夫子的地位的，儒家文化在这里被浓缩成了一个个体的影子，而中国文化的民族性问题就此也被康有为简单化地打上了个人崇拜的烙印。这样最终让我们看到的是，康有为对中学与西学问题的认同与处理的逻辑主脉仅仅是以其个人政治理想的成败得失为价值取向，其对经学的改造和对西学的吸纳，终将无法超越"以孔学、佛学、宋明理学为体，以史学、西学为用"的格局。

尽管有这样那样的瑕疵，但康有为学术思想的贡献依然重大，他通过对传统文化的批判与扬弃，将西方文化精神引入了中国的学界与政治层面，使古老的华夏文化得到了一次全面的吐故纳新的机会！同时为后学者拓展了学术研究的视野与理念，提供了学术研究和政治实践结合的路径。

---

① 姜义华、吴根梁：《康有为全集》（第一卷），上海：上海古籍出版社，1987年版。

第四章 康有为思想的哲学价值

康有为思想不仅有着重大的学术价值,而且还有很高的哲学价值。这种哲学价值,主要集中体现在他的思维方式上。他的思维变革方式在当代具有重要的认识论和方法论的意义。思维从本质上是人脑的机能,是人脑对客观世界的能动反映。思维方式则是在主客体相互作用中形成的主体把握客体的特定的认识方式,是思维的多种要素、形式和方法通过组织和优化而建立的相对稳定、定型的思维结构和习惯性的思维程序,是思维主体怎样从外界获取信息、加工信息,从而形成新的信息的途径和方式。

思维方式是康有为思想和行为重要的认识论和方法论基础,它对康有为思想的形成与发展起着举足轻重的作用。康有为思维方式有三个明显的特点:一是会通中西,二是创新求变,三是趋时实用。这三种最基本的思维方式处在动态联系之中,相互渗透,相互作用,构成开放的思维系统,使其思想具有明显的动态开放性,即具有与时俱进的特征,对康有为认识活动和实践活动具有重要的指导意义。也正因为这种思维方式的动态开放性,他对中国未来社会发展进程的预见令后人折服。如果从哲学价值的视角看,康有为的这种思维变革方式对能动地指导当代中国社会实践、促进当代中国社会发展,具有重要的方法论的哲学价值意义。

一、会通中西的思维方式

恩格斯曾经指出:"每一时代的理论思维,……都是一种历史的产物,在不同的时代具有非常不同的形式,并因而具有非常不同的内容。"[1] 这说明,一定的理论思维和思维方式总是植根于该历史时代社会实践的深厚土壤。近代以来,西学东渐,对于中国学人影响渐深。深识之士莫不资西学

---

[1] 恩格斯:《自然辩证法》,《马克思恩格斯选集》第三卷,北京:人民出版社,1995年版,第231页。

以立论。初期或止于浅尝，渐进乃达于深解。同时这些学者又具有深厚的旧学根底和较高的鉴别能力，所以能在传统学术的基础之上汲取西方的智慧，从而达到较高的成就。康有为便是其中的佼佼者。面对西方文化的冲击，如何处理中外文化关系，是一个十分复杂、敏感、艰难的理论和实践课题。康有为突破了先前文化理论方面的中西价值判断误区，认为中学与西学不仅是互补、平等的，而且是相互依存、相互会通的，并高扬"古为今用、洋为中用"的旗帜，融古今中外于一体，体现出显著的融会中西的近代学风与思维方式。

康有为年轻时便有志于圣贤之学，受传统文化"立德、立功、立言"的启迪，他"以经营天下为志"，充满着理想和追求。由于现实斗争的需要，他迫不及待地在古今中外的形形色色学说中，寻找自己需要的理论武器，经历了从儒学到佛道之学，到西学，再回到儒学及佛道之学的曲折过程。

康有为站在风雷激荡的时代思潮交汇点上，从中学与西学的融合中进行着他一生学术思想的演变与建树，在对传统中学的突破与创新中去寻找救世济民的答案。同时在西学的影响下，他尽释故见，并以西学为武器，勇立时代的潮头，探索救国救民的道路。

对西书西学的大量涉足和广泛研读，以及对西方国家的政治制度、文物制度、历史地理、政俗习惯、风土人情、日常生活、科技知识等的极大关注，让康有为看到了太平洋彼岸先进资本主义国家的别样风貌，开始打开了他的国际视野之门。特别是1879年底的香港之行，使他目睹了许多给他留下深刻印象的资本主义新鲜事物。他后来是这样记述自己的体会的："薄游香港，览西人宫室之瑰丽，道路之整洁，巡捕之严密，乃始知西人治国有法度，不得以古旧之夷狄视之。"[①] 这是他第一次和西方文化直面接触，使他的思想产生了很大的变化，为日后讲求西学铺垫了道路。他的得意门生梁启超也曾这样评述过："及道香港、上海，见西人殖民政治之完整，属地如此，本国之更进可知。应思其所以致此者，必有道德学问以为之本原。乃悉购江南制造总局及西教会所译出各书尽读之。彼时所译者，皆初级普通学及工艺、兵法、医学之书，否则耶稣经典论疏耳，于政治哲学，毫无所及。而先生以其天禀学识，别有会悟，能举一反三，因小以知大。自是于其学力中别开一境界。"[②]

西学的启发使康有为审时度势，提出了自己会通中西的文化观。他认

---

① 康有为：《康南海自编年谱》，北京：中华书局，1992年版，第9页。
② 转引自罗建军《会通·创新·实证——康有为思维方式探析》，王杰、张杰龙主编：《康有为与改革创新学术研讨会论文集》，广州：岭南美术出版社，2012年版，第225页。

为，作为传统文化价值观核心的"尊中国而称夷狄"的"中国之学"已成为阻碍中国进步的"义学"，理应破除，中外文化关系是"天下为一家，中国为一人"的平等关系。① 中国文化的出路在于汲取西学，利用西学改造中国传统文化，从而在中国传统文化中确立建构西方近代社会政治体制的学理根据。这种会通中西的文化观，既注意"西学东渐"这一横向运动的历史潮流的冲击，又关注近代新学与古代文化这一纵向运动的垂直联系，从而开创了对儒学近代化改造的文化思想新格局。

对于中、西学之间的关系，康有为曾经有过多次的表述。在戊戌之前，康有为一度接受西学，大讲西学，对西学的求索自然也反映到其当时的思想和实践中去，但他坚持以中学为本："故仆以为必有宋学义理之体，而讲西学政艺之用，然后收其用也。故仆课门人，以身心义理为先，待其将成学，然后许其读西书也。"② 他认为中国文化在"仁"，西方文化在"智"，主张"智导仁归"，即"人道以智为导，以仁为归，故人宜以仁为主，智以辅之"。③ 因而，他在万木草堂讲学时，就以孔学、佛学、宋明学为体，以西学、史学为用，教授弟子门人；"公车上书"时他提出"万国之学，皆宜讲求"④，但仍坚持以中学为本。戊戌年提出废八股，兴学校，建议"上法三代，旁法泰西"，"内讲中国文学"，"外求各国科学"⑤。而在戊戌时，康有为大力宣传学习西方，并主张中西以"体"、"用"结合的形式，兼收并蓄，寻求中西文化的共同点，在此基础上发挥创造。但总的倾向是让西学融合、依归于中学。他曾经说："政治之学最美者，莫如吾六经也"，"吾中国法古经之治足矣"。⑥ 但在戊戌后，康有为的中西文化观，趋于复归，他后来也说道："虽三周大地，游遍四周，经三十国，日读外国书，而所依归，在孔子之学"⑦，非常痛惜"中国数千年之圣经贤传、道德名教而弃之"⑧。

---

① 参见唐明贵《康有为中西文化观初探》，《阴山学刊》2006年第6期，第9页。
② 康有为：《答朱蓉生书》，《康有为全集》（第一集），上海：上海古籍出版社，1987年版，第1038～1040页。
③ 康有为著，楼宇烈整理：《仁智篇》，《康子内外篇》，北京：中华书局，1988年版，第24页。
④ 马洪林、卢正言编注：《康有为集》（政论卷·上册），珠海：珠海出版社，2006年版，第51页。
⑤ 康有为：《请饬各省改书院淫祠为学堂折》、《请开学校折》，汤志均编：《康有为政论集》下册，中华书局，1981年版，第311、306页。
⑥ 康有为：《日本书目志序》，马洪林、卢正言编注：《康有为集》（序跋卷），珠海：珠海出版社，2006年版，第69页。
⑦ 康有为：《致北京书》，汤志均编：《康有为政论集》下册，北京：中华书局，1981年版，第957页。
⑧ 康有为：《物质救国论》，马洪林、卢正言编注：《康有为集》（政论卷·下册），珠海：珠海出版社，2006年版，第513页。

康有为站在中国文化本位立场，用国人的语言和思维方式，将儒学与西学交叠汇融，吸收西方先进的文化观念，在融汇贯通中产生促进社会转型观念更替的新文化张力，收到了古为今用、洋为中用的功效。他所建立的新学是在旧学基础上吸纳西学而形成的一种杂糅中西的具有时代精神的新学。在自然观上，他吸收牛顿力学、哥白尼日心说等西方最新自然科学成果，以解释中国传统的元气说，打破了中国传统的以直观猜测为特征的宇宙发生论模式，使他的自然观带有实证科学和唯物主义的因子；在政治观上，他利用西方的天赋人权理论，批判中国封建社会长期占统治地位的"三纲五常"学说，利用西方的社会契约论与主权在民论，改造了中国传统的君权神授说；在社会观上，他从变法需要出发，吸纳西方资产阶级进化学说，糅合孔子《礼运》篇中的大同、小康思想，用会通中西的绝妙手法，构建了中西合璧的三世说历史进化论，赋予公羊三世说以丰富的西方文化内涵。

康有为意识到，西方思想文化观念的输入，还必须在中国传统思想中找到其接合点。他把这种思想认识体现在实践中，他在全新诠释儒家经典《孟子》和《论语》时，便借用西方近代政治理念对其进行了改造，为它们穿上近代时装，以此来表明他所推崇的传统经典能够跟上时代步伐，完全可以充当君主立宪政体的合法性依据。他把平等、自由以及其他人所应享有的各种权利看作天赋的，并在儒家经典中找到了天赋人权说的根据。他指出："天之生物，人为最贵；有物有则，天赋定理，人人得之，人人皆可平等自立。"① 同时强调："人为天之生，人人直隶于天，人人自立自由。不能自立，为人所加，是六极之弱而无刚德，天演听之，人理则不可也。人各有界，若侵犯人之界，是压人之自立自由，悖天定之公理，尤不可也。"② 通过对《孟子》和《论语》的创造性解释，不仅使儒学获得了时代新义，而且使传统儒学中抽象的平等观念转换成具有政治意蕴的平等思想。由此，康有为把天赋人权思想与传统经典契合地对接了起来。

在对待中学与西学问题上，康有为始终坚持两个原则：一是主张保持和发扬"国魂"，也就是弘扬中国固有的民族文化和精神。康有为所说的国魂是指："凡为国者，必有以自立也。其自立之道，自其政治教化风俗，深入其人民之心，化成其神思，融洽其肌肤，铸冶其群俗，久而固结，习

---

① 康有为：《孟子微》，北京：中华书局，1987年版，第23页。
② 康有为：《论语注》，见楼宇烈《康有为学术著作选》，北京：中华书局，1984年版，第61页。

而相忘，谓之国魂。"① 就中国而言，康有为则明确把孔教定为中国的国魂："夫所谓中国之国魂者何？曰孔子之教而已。"② 今天欲挽中国于不坠，除了向西方学习外，还要保持和弘扬孔教。二是反对不顾国情照抄照搬的全盘西化。他认为，欧美社会制度和文化并非十全十美的至宝，盲目地"举中国数千年道德教化之文明一切弃之"而"全法欧美"的观点和行为是根本行不通的。他指出，由于世界各国"立国自有本末，行政自有次第"，因此，在向别国学习时，决不能盲目照搬，"苟妄师之，必生病害"。他指出，即使那些欧美国家之间的相互学习，也是"各鉴其弊而损益之"，"但取其合于本国之情，而为至善之止耳"，而不是全盘照搬。康有为表示，欧美各国也有不可效法的地方和事情，我们只有"以求其善而去其不善"的态度去学习欧美，才可能成功。

显然易见，康有为会通中西的新文化观和思维方式是立足于扬弃传统文化价值观的基础上的。他对西学既不排斥固拒，也不全盘接受，而是力图把中西文化的优秀成果糅合起来，重建新文化体系。

细细品读康有为的论著，我们会发现其字里行间渗透着一种炎黄子孙所共有的惟我独尊的世界观，潜意识中始终有着一种中国文化优越感的文化心理积淀，而且在康有为的心里几乎是牢不可破的。因而，他一生所从事的教育、学术、政治等活动，都不反对也没有突破"中学为体，西学为用"的框架。比如，他虽然吸收了佛学、道学和西学的大量理论，但都归宗于儒学。他也虽一度反叛理学，排斥古文经，依归于今文经，但最后还是越出今文经，调和两经，向理学靠拢。无论怎样超脱，也没有跳出儒学的圈子，就在这个圈子里转。他虽主张中西结合，中西会通，中西文化融合，但强调西学必须结合、融合到中学里。此后更是复归于中学，至终未改。

正是在这种思想的支配下，康有为没有处理好中西文化融合问题，最终使康有为在文化转型过程中充满矛盾和冲突。这种矛盾与冲突体现了康有为内心深处对传统文化既扬弃又依恋，既欲割舍而又藕断丝连的深沉困惑，结果不仅使他陷入困惑，同时也限制了自己思想的发展。

---

① 康有为：《中国颠危误在全法欧美而尽弃国粹说》，见蒋贵麟主编《康南海文集》（十九）《康南海先生遗著汇编》，台北：宏业书局，1987年版，第98页。
② 康有为：《中国学会报题词》，见蒋贵麟主编《康南海文集》（十九）《康南海先生遗著汇编》，台北：宏业书局，1987年版，第129页。

二、创新求变的思维方式

康有为思维方式给人印象深刻的另一重要方面，是其具有十分鲜明突出的创新求变性。

所谓创新思维方式，就是思维过程不拘泥于一种固定的思维范式，其思维过程不是直线的，而是跳跃的；其思维通道不是单一的，而是多样性的；其思维方向不是既定的、顺向的，而是变化的、逆向的。综观古今中外历史，崭新事业的开创往往是由具备创新思维的人来完成的。康有为作为维新变法的领袖和旗手，其创新意识非常强烈，他讲过许多老祖宗没有讲过的新话。他在批判旧世界、创造新世界社会理论，对近代中国命运进行全方位思考的同时，敢于跳出旧的思维定势，吐故纳新，创新出与时代精神相适应的观念和思维方式，从而能动地指导社会实践，促进社会发展。

在戊戌时期，康有为对儒家今文公羊学进行了阐发并引发了学界的震动和举国瞩目，之所以这样，就在于他在公羊思想的基本原则即三统三世说方面进行了大胆创新，将西学新知融会其中，赋予传统今文公羊学以全新内涵和时代价值，从而创生出一个新学术体系：第一，将改制作为今文学中通三统的第一要义。通过改制的历史论述重塑孔子形象，认为孔子的伟大并不在于为后人详细规定改制内容，而首先是提出一种改制的思想。后世改制，应理解孔子微言大义所指，并加以发挥。以此为张本，"效法俄日"的改制，也是符合孔子精神的。第二，把三世说与进化论相结合，形成新的历史发展观。传统三世说指有见世、有闻世、有传闻世，经龚自珍发展成为所谓"治、乱、衰三世相承"的历史观。康有为将西方政治学说与三世说相融会，认为中国历史和整个人类历史都是自然进化的一部分，进化的基本轨迹为从野蛮到文明，即从争战到和平、从贫穷到富足、从专制到民主。[1]

梁启超在论及其老师哲学特点时称："先生之哲学，进化派哲学也。中国数千年学术之大体，大抵皆取保守主义，以为文明世界，在于古时，日趋而日下，先生独发明《春秋》三世之义，以为文明世界，在于他日，日进而日盛。盖中国自创意言进化学者，以此为嚆矢焉。"[2] 进化观是康有

---

[1] 参见罗建军《会通·创新·实证——康有为思维方式探析》，王杰、张杰龙主编：《康有为与改革创新学术研讨会论文集》，广州：岭南美术出版社，2012年版，第225页。

[2] 蒋贵麟主编：《康南海自编年谱》，《康南海先生遗著汇刊》（22），台北：宏业书局，1976年版。

为因应时势，为变法政治目的而创建的哲学理论。通过对传统今文公羊学三统三世说的重新阐释，他的思想完成了从传统到近代的历史性转变。这既是传统中学的近代化过程，同时又是一个西学中化的过程。这一过程的完成标志着康有为新学体系的基本完成。

当然，康有为对传统今文公羊学的重新阐释并非一点瑕疵都没有，也并非无可指责。他的学生梁启超回顾协助他写《新学伪经考》的经历时指出："乃至谓《史记》、《楚辞》经刘歆羼入者数十条，出土之钟鼎彝器皆刘歆私铸埋藏以欺后世。此实为事理之万不可通者，而有为必力持之。实则其主张之要点，并不必借重于此等枝词强辩而始成立，而有为以好博好异之故，往往不惜抹杀证据或曲解证据，以犯科学家之大忌，此其所短也。有为之为人也，万事纯认主观，自信力极强，而持之极毅。其对于客观的事实，或竟蔑视，或必欲强之以从我。"① 在当时沉闷的时代环境中，康有为的这种无畏与自信，对于在黑暗中摸索的前行者来说是不可或缺的，尽管这一不足对纯学术而言是不可取的。

综观康有为的思维方式，创新之特征显然易见，略举几例，可见一斑。

（一）"量变式"到"质变式"的创新求变思维

经历了五千年文明的中国，没能在近代化的大道上高歌，迟迟实现不了社会转型。但近代化的历史大潮终究要席卷这个古老的国度，经历了漫长中世纪的中国，也终于从16世纪末开始，走出了中世纪的坎坷之路。

康有为生逢近代中国风云激荡的时代，改革已成为中国社会愈演愈烈的思潮，历史赋予他的使命是如何把"改革"推上一个新台阶。康有为不辱使命，发动维新运动，向皇帝呈上全面而彻底改革中国的、自称为"大变、全变、骤变"的改革方案，大胆地倡导"祖宗之法"并非不可变的"变天型"的新观念，把两百多年的"补天型"的"自改革"中所蕴含的"变器不变道"，即量变式的思维方式，转变为器与道"全变"，即质变式的思维方式。

改革，本可以是社会的量变过程，也可以是社会的质变过程。近代中国，"改革"由龚自珍首倡，拉开了清代"自改革"的序幕。后出现了魏源、林则徐、王韬等一批顺应向西方文明学习的这一巨大历史潮流的发轫者，他们敢于冲破"万马齐喑"的局面，向清王朝的统治者们提出改革的建议和要求。

然而，改革的主张开始由理论而转向实践，应该说从洋务运动开始。

---

① 梁启超著：《清代学术概论》，上海：复旦大学出版社，1983年版，第64页。

洋务派人士希望运动通过引进西方先进的军事和近代工业技术而达到"自强"的目的。当时一批有实力的政府官员，如曾国藩、左宗棠、李鸿章等人，他们利用手中的权力，在全国各地兴办军用工厂和民用企业，开始采用西方机器进行生产。经济领域的这些改革措施，给古老的东方大国注入近代化的时代气息，使中国终于迈入了近代。

历史，总是沿着自己的轨迹继续向前，"维新"与"改革"成了19世纪末中国人越来越熟悉的词语。康有为领导了震撼神州大地的维新运动，为晚清时期的中国改革掀起了新的浪潮。他总结前人的经验与教训，批评了中国传统的"天不变，道亦不变"的旧思维方式，明确提出改革必须"革除旧习，更新大政"，"更新百度"，"扫除更张，再立堂构"。这也就清晰地表明，他所主张的"维新"变法，是要以新质取代旧质的彻底的改革，富于质变意义的改革。他在《日本变政考》中，揭示了改革中所必需的"变器"、"变事"、"变政"与"变法"四者间的关系，指出自鸦片战争之后，魏源、王韬直至郑观应等提出的"变器不变道"，以及洋务运动的"变器卫道"的错误，一针见血地说："我国自道光、咸丰以来，已稍言变法，然成效莫睹，徒增丧师割地之辱者，不知全变之道。"

针对过去的不足，康有为斩钉截铁地说："以方今不变固害，小变仍害，非大变、全变、骤变，不能立国也。"这无疑表明康有为彻底变法的决心，并付诸行动。他敢冒天下之大不韪，七次上书，陈述"穷则变，变则通"的道理，批驳"祖宗之法不可变"论，力主"大变"、"骤变"、"全变"，并勾画了政治、经济、文化的近代化全面蓝图。其方案包括：

政治上，从"分别官差"、"开制度局"到君主立宪。在《日本变政考》的按语和序中，康有为明确主张"国体宜变"，具体便是"定三权"，实行"君民共主"，"法权归于众"，宗旨是变无限的君权为民权，变君主独裁为民主政治。

经济上，从"以商立国"、"定为工国"到全面社会经济改革。在社会改革的全方位方案中，经济改革的方案尤为全面。康有为从西方经验的借鉴中，认识到机械化的社会大生产和商品经济是西方文明的深厚基础，而"以商立国"还是"以农立国"，则是文明社会与古代社会的根本分界。

思想文化上，倡导"自然人性"、"人权平等"为主旋律的新观念、新思想。批判"存理去欲"，主张"欲者，天也"的自然人性论，肯定人的生存价值及平等权利；批判"三纲论"，主张"天地生人，本来平等"，"天赋人权，平等独立"；主张"废科举"，"开民智"，造就新国民，倡议学习日本"开民智"，把西方的进化论与中国的变易观结合，以改造人们的思想方式。

这些改革方案，其宗旨是把中国引上近代化之路，体现了那时代的中国人，对想改变专制的、落后的中国为民主的、先进的中国的历史诉求。基于这个意义，我们认为康有为为实施这一方案而发动的戊戌变法，无疑奏响了中国全方位近代化的第一乐章。但令人遗憾的是，鉴于种种原因，康有为失败了，改革方案未能实现，然而，后人也不会，也不该因此而否定维新变法的历史地位，否定体现在改革方案中的康有为想彻底改变中国社会性质的思维方式的创新意义。

（二）"以农立国"到"以商立国"的创新求变思维

在康有为的社会改革方案中，十分注重"体制"的变革，把政治体制的变革置于根本的位置。与此同时，他提出了"以商立国"和"立为工国"的主张，虽没有完成一个完整而具体的经济体制改革方案，但他的经济主张，大胆地挑战了中国两千年的"重农抑商"、"以农为本"的基本国策，希望变"以农立国"为"以商立国"，以建立新政体的经济基础，体现了维新领袖的创新精神。

"以商立国"并非康有为的首创，但向皇帝坦言确立"以商立国"的国策，康有为则是第一人。在1895年《上清帝第二书》中，康有为向皇帝提出了"以商立国"的诉求，举起经济领域改革创新的大旗，要求在新的世界形势下，从根本上改变古代的基本国策，变农业国为工业国，以顺应历史潮流。

康有为所以要创新基本国策，首先因为"以商立国"是历史发展的必然。在《上清帝第二书》中，康有为总结了世界历史发展的经验，明确提出："凡一统之世，必以农立国，可靖民心；并争之世，必以商立国，可俾敌利，易之则困敝矣。"① 也许是家乡的特殊环境的正面影响，19世纪下半叶，康有为的家乡是个"天然商国"，也可能是西方列强"商战"给中国带来灾难的负面教训，使康有为深刻地体悟到，人类社会已经从"以农为本"的"一统"之世，跨进了"以商立国"的"并立"之世，只有变革原有的立国之策，才可能使国家兴盛，改变中国积贫积弱的危难局面。

康有为"以商立国"的创新思路，可以说是沿着薛福成、马建忠、王韬等前人的"重商"、"以商为本"的理念前行的。郑观应首倡的"商战"，是"重商"思潮发展的产物。他认为，商务是国家"元气"、"血脉"，是"富强之本"、"国家之大经"；西方列强"以商富国"，甚至"以

---

① 翦伯赞、郑天挺主编：《中国通史参考资料》（近代部分）下册，北京：中华书局，1980年版，第39～40页。

商为战"。郑观应把列强侵略中国的手段归结为"兵战"、"商战"和"教战",认为其中"商战"的威胁最大,"商能灭人之国",故中国的强盛,不仅进行"兵战",而且还要注重"商战",并强调"习兵战不如习商战"。

站在前人的肩膀上,康有为看得更远,望得更高,思想更为解放。他直截了当地向皇帝提出变更传统的治国之策,希望通过注重"商战"和发展商务,以达到使国家迈向富强之路的目的。在《上清帝第二书》中,康有为指出"古之灭国以兵,人皆知之,今之灭国以商,人皆忽之,以兵灭人,国亡而民犹存,以商灭人,民亡而国随之。中国之受毙,盖在此也"①。康有为接受了郑观应的"商战"看法,视之为一种既灭国又灭人的战争。他认为从鸦片战争以来,中国在"商战"中失利,一败再败,这种看不见硝烟的战争,使商务不振的中国濒临亡国灭种的危险。如果想摆脱这样的困境,让国家兴盛,非从振兴商务、"以商立国"不可,非否定过去的"重农抑商"的国策不可。

康有为所以要创新基本国策,还因为"以商立国"是社会经济发展的内在要求。在康有为看来,经济社会中的各个部门有着各自的功能,但彼此之间又相互联系,商业依靠其他的经济部门,而其他的经济部门又离不开商业。对商业与社会经济部门之间的密切关系,他认为,商之源在矿,商之本在农,商之用在工,商之气在路。商业的发展,必受到矿、农、工、交等经济部门的制约,但同样商业的发展,对各经济部门也起着促进的作用,商业聚盛,国才富强。

总的说来,变"以农立国"为"以商立国"的大胆思维创新,表明了康有为对商业在近代社会经济生活中,以及国际交往中的地位与作用,已经有深刻的了解,诚然这又是以他的世界视野为前提的。百日维新之前,他虽还没有机会到海外生活,但他通过对西方书籍的研究以及他所处的社会现实的悉心的观察和体悟,清晰地看到,近代以来,中国贫困落后与海外诸国的富强之别的根本原因,在于是不是"以商立国"。百日维新期间他在《为商务不兴,民困财匮,请立商政,以开利源而杜漏卮折》中,作了全方位的比较,并且认定让西人所羡慕垂涎不已的中国,本来就"矿产遍地,草木繁殖,物种地宜,有温带之利,人民繁庶勤敏,甲于万国",只要能"以商立国",像西方那样为大兴商务提供各种条件,如"在其国有商学以教之,有商报以通之,有商部以统之,有商律以齐之,有商会以

---

① 翦伯赞、郑天挺主编:《中国通史参考资料》(近代部分)下册,北京:中华书局,1980年版,第40页。

结之,有工厂以励之,有专利牌以诱之。及其出国也,假之资本以励之,轻其出税以便之,有保险以安其心,农兵船以卫其势,听其立商兵、商轮以护其业,又有领事考万货之情,以资其事",也就是说,如果能大胆学习西方,在体制、政策、教育、军事等方方面面为商务的发展提供保障,那就可能确立"以商立国"的国策,通过大力发展商务而使中国走上富强之路。

康有为在创新基本国策、否定"以农立国"之时,他还强调"以商立国"必须走工业化之路。他在《杰士上书汇录·请以爵赏奖励新艺新法新书新器新学折》中,提出"国尚农则守旧日愚,国尚工则日新日智"。他制订比较全面的改革方案,如"富国六法"——"钞法"、"铁路"、"机器轮舟"、"开矿"、"铸银"、"邮政",以及"养民四法"——"务农"、"劝工"、"惠商"、"恤穷",这其中凸显了促进商品经济发展以及实现机械化,变革传统的农业国的思维创新精神。

(三)从"君主专制"到"君主立宪"的创新求变思维

康有为领导的戊戌维新以"变官制"行君主立宪为变法之根本,从而牵动整个社会结构系统。可以说是从"补天"到"变天"的飞跃。变"君主专制"为"君主立宪",是康有为社会改革中思维创新的一大重要体现。

康有为的社会改革方案全面而系统,而在他看来,体制的变革是首要的,而体制之中尤以官制为首位。正如梁启超所说:"先生以欲维新中国,必以立宪法,改官制定权限为第一义。"①

康有为所以要以"变官制"为变法的根本,从思维方法上说,是从中国既有的系统思维出发。他认识到社会的各个方面是相互联系、互相制约的,他在《实理公法全书》中提出了"互相牵引"、"依倚而行",正是这一观点。他认识到官制的变革,将牵动整个社会结构系统。从封建专制到民主政治,从君主独裁到君主立宪,这是走出中世纪的重要标志和关键所在。康有为正是以此为基点,建构起社会改革的全方位方案。

康有为之所以要创新政治体制,并把变官制定位在首位,原因也在于他对变法的定位以及对外国经验的借鉴。为实现"大变"和"全变"的目的,达到变革中国社会性质的宗旨,他借鉴了日本的变法,抓住"变官制"这一根本。他在《日本变政考》的按语中明确指出:"日本变法之始,

---

① 转引自黄明同《康有为社会改革方案中的创新》,王杰、张杰龙主编:《康有为与改革创新学术研讨会论文集》,广州:岭南美术出版社,2012年版,第127页。

先正定官制,可谓知本矣。……日本变法所以能有成者,以其变官制也。"① 他认为日本的明治维新,从变官制开始,从一开始就抓住了变法的"根本",这是日本变法能成功的关键。他进而分析,之所以非要先变官制不可,原因在于,只有变官制,才可能避免用"旧人"行"新法"而造成新法难以推行的被动局面的出现。在《日本变政考》中,他用对比的方法说:"日本变法,即大变官制,且日日议变之,务求美善。我今亦日日议变法矣,而官制未变,以旧人任旧官,据旧例而行新法,真所谓方凿而圆(圆)枘,却行而求及前。"②

显然,康有为清楚地意识到新法不可以再用旧人去推行,旧人行新法绝不可能,"人"与"法"务须相配合。因而,他主张首先进行变官制才可确保新法有新人推行。他说:"国家以官而任事,则当因事而立官。事有今昔之不同,常变之各别,而官亦因之而异焉。"③ 他认为,官制必须因事而变,因时而变,而且必须用新人来确保它的变。他形象地比喻,变官制,就像人的衣服,年少和壮年的衣服有长短不同,而天寒与天暖,衣服也有厚薄之别。他认为,当中外交往频繁,各国并立,世界形势发生了变化之后,许多事情已不能用"旧例",而新法也是"旧人"所不懂,新的法令也是闻所未闻,如果继续任用旧人行旧制,便是"取幼年之服,而被以终身,取夏月之衣,而用之寒岁"④,完全不合时宜了。

康有为变官制的目标是,变君主专制为君主立宪,变君权为民权,以顺应民权时代的历史潮流。其实,关于官制的问题,在康有为之前已有部分政府官员论及,他们主张不仅要引进西方船炮器物,而且要仿行西方政教制度。比如,郑观应在1875年完成的《易言》中,介绍了西方的议院制,并提出中国应博采众议,又在《盛世危言》中明确提出"设议院"的主张。诚然,正如有学者所指出,郑观应等人的主张,只是振国威,而不申民权,也就是不触动旧有的政体,不必变君权为民权,而康有为主张的"变官制"和"民选议院",却是要确立民权,由人民选举能代表自己的代表,来行使权力、治理国家,是对那种以维护原有的国体为前提,不申民权、只振国威的政治主张的否定,也是对两千年的君主专制的政治体制的

---

① 《日本变政考》卷二按语,黄明同等:《康有为早期遗稿述评》,广州:中山大学出版社,1988年版,第127页。
② 《日本变政考》卷二按语,黄明同等:《康有为早期遗稿述评》,广州:中山大学出版社,1988年版,第133页。
③ 《日本变政考》卷十按语,黄明同等:《康有为早期遗稿述评》,广州:中山大学出版社,1988年版,第163页。
④ 《日本变政考》卷十按语,黄明同等:《康有为早期遗稿述评》,广州:中山大学出版社,1988年版,第163页。

直接挑战。康有为对国家政治体制的根本变革，抓住了社会改革的最根本处，它已经不再是修修补补地去补旧制度的"天"，而是立意要走出社会改革的新路子，实现"于大东中开一新国，于二千年成一新世"的理想。从思维方式看，无疑具有创新意义。

当然，这里有一点需要指出的是，百日维新期间的康有为，实际上并没有把"设议院"提到议事日程，那是因为，他认为设议院必须先开民智，而当时的国民素质状况还不合时宜，所以他强调要先开制度局。通过逐步变官制的办法，一步步过渡到整个政治制度的革新。可见，康有为依据中国的具体国情，探索实现民主政治的特有道路，是非常难能可贵的！

一直以来学界对康有为关于国体改革的思路创新的评价，大体上是一致的。有学者提出，"康梁正式把改造国体问题提到全国变法的日程，这是中国历史上的首创，堪称重大的历史转折。从此中国进入了一个以国体改造为全国人民奋斗目标的新时期"，"开创"了国体改造的"连续性"，"维新运动是中国国体改造运动接力赛跑的第一棒"，开了"先河"，这正是其可贵之处。①

不管是"量变式"到"质变式"，还是"以农立国"到"以商立国"，抑或是从"君主专制"到"君主立宪"的创新思维，都可以看出，康有为这种创新性思维方式具有几个显著特征：第一，多维性。康有为摈弃了传统思维中的单向思维、线型思维和两极思维模式，对近代中国命运进行全方位思考。既考虑现状也考虑长远，既重视微观又重视宏观，既强调物质文明也突出精神文明。第二，开放性。康有为整个思维不受任何既有教条和框框的束缚，他的许多著名论断无一不是在开放思维中创立的。第三，超前性。康有为思维总是前置于社会发展，他思维的重心不仅在于结束一个旧时代，更在于建设一个新世界，他在着眼于现实基础上更着眼于未来。这种创新的思维方式使其整个社会改革方案呈现出全方位的创新，具有明显的超前性。直至今天，这种思维方式其方法论的启迪意义犹存，其中蕴含的创新精神，给后人以极大的激励。

但也无须讳言，康有为所处的时代是一个大变革时代，古与今、新与旧、中与西，相互交织，相互碰撞。他为拯救危亡中的民族与国家，勇于向西方学习，敢于冲破旧牢笼，大胆创出新天地。虽然他对西学趋之若鹜，并力图以先进的文化改造自己的人生观，具有比同时代人更多的鲜明性格和新思想，但他毕竟是接受了旧教育，是从中国古代传统中分离出来

---

① 黄明同：《康有为社会改革方案中的创新》，王杰、张杰龙主编：《康有为与改革创新学术研讨会论文集》，广州：岭南美术出版社，2012年版，第129页。

正在蜕变的士人，无论是从主观上还是客观上都不可能与传统文化进行彻底的决裂，在他身上新与旧常常会发生猛烈的碰撞，他自己也在文化转型中充满矛盾和冲突。因而，其思维方式存在某些缺陷、不足与局限，实属在所难免。正如中山大学袁伟时教授在其《中国现代思想散论》一书中所论，康有为思维中仍残存着一些传统思维方式的因子。比如，"尊圣宗经"的传统思维方式，导致康有为在思想层面刮起的风暴仍"无法超出儒学内部斗争的范围"；又如，迷信"乾坤独断"的传统思维方式，导致康有为在政治层面把频频上书当成推进维新事业的主要手段。袁教授形象地指出：康有为的维新事业被落入传统思想文化窠臼的另一个康有为亲手葬送了。固有的文化传统和封建的思想底色交织而成的思维方式，实在是康有为政治生涯的一大羁绊。① 还有学者认为："康有为虽然反对向传统的简单复归，主张融汇中西形成新的人格思想，但由于他没有超出传统阴阳思维方式的误区，没有在改造旧人格观、旧政治观的同时改造旧认识论，因而他和中国近代的许多改革者一样，从呼吁平等和民主始，以复归差等和专制终。"②

然而，对于康有为这样一位名垂青史的思想巨人的思维方式所表现出来的这些缺陷、不足，后人应当历史地分析其原因，而不应苛求。他的儒家情结，使他不可能完全从旧框框中彻底解脱出来，他在亦新亦旧、亦中亦西中挣扎，甚至在晚年还坚持"保皇"而反对革命。这不能不说是他在光辉中留下了几许遗憾。然而，历史就是这样走过来的，正是他的不彻底性的教训，启迪了孙中山更上一层楼，并与时俱进。也正如李泽厚先生所说："康有为的思想毕竟是中国近代哲学史上一个重要的关键环节，是近代中国一个思潮的主要代表，深入研究这一思想体系及其哲学基础对于了解中国近代史有重要的意义。"③

三、趋时实用的思维方式

康有为的思维方式，除了会通中西和创新求变外，不难看出，还有一个非常明显的特点，就是其思维直接指向如何改变近代中国积贫积弱的现状，运用确实有效的方法解决实际问题和现实困境。这种思维方式贴近时势，注重实际功效，反对空谈，具有十分强烈的趋时实用的色彩。这种思

---

① 参见袁伟时《中国现代思想散论》，广州：广东教育出版社，1998年版，第169页。
② 罗建军：《会通·创新·实证——康有为思维方式探析》，王杰、张杰龙主编：《康有为与改革创新学术研讨会论文集》，广州：岭南美术出版社，2012年版，第230～231页。
③ 李泽厚：《中国思想史论》（中），合肥：安徽文艺出版社，1999年版，第458页。

维方式显然与其师承及时代环境有着密切的关系：

第一，康有为早年的老师——广东硕儒朱次琦，他不满汉学的琐屑考据和宋学的虚空，极力倡导实学，特别强调"经世致用"。他主张"读书以明理，明理以处事，先以自治其身心，随而应天下国家之用"，他认为读经的目的在于济人经世。这些思想无疑给康有为以极大的影响，亦开阔了康有为的学术视野，

第二，康有为思维方式充满强烈的趋时实用色彩不能不说与当时的整个时代环境紧密相关。1888年中法战争中国政府不败而败后，中华民族危机的严重性日益显现，中华大地处于西方列强入侵蹂躏和局势动荡的特殊时代，救亡图存成为时代的最强呼声。早有经世思想的康有为深受时代局势的刺激，为了实现其经世济人的远大志向和抱负，他立志以经营天下为己任，但同时他感觉到传统学理根本无力解决当时中国所面临的严峻现实问题和民族危机，所以他迫切希望找到一种全新的思想武器来摆脱困境。

基于趋时实用的思维，康有为在继承中学和学习西学的过程中，无论是中国传统的还是西方的，只要有助于变法改制，有助于拯救民族危机，他就借鉴和吸纳，这是他坚定不移的原则。比如，当时的西学有很多的译著，在谈到物种起源问题时，大多数都是持"上帝创造论"的观点，很少提到生物是逐渐进化而来这一看法。但康有为抛弃了"神创论"，采用了"进化论"，并将"进化论"的观点运用于推演人类社会的发展，逐步地形成了自己的"以三统论诸圣，以三世推将来"的变易进化历史观，构建了一个"不中不西即中即西"的理论体系；他对舶来的西学拿来就用，带有急用先学、带着问题学、活学活用、立竿见影的实用主义色彩。康有为在对待《易传》等有关变易的著述时，也只是采用了这些著述中"变"的内容，而不提其历史循环观。康有为之所以如此，是因为他已下定了改制的决心，所以只采用适应时势变革需要、适合构建改制理论需要的材料，体现出极为强烈的趋时实用色彩。

仔细考察康有为思想时，我们还惊人地发现，在自然观和科学观方面，他还具有某种实证精神和理性，具有十分强烈的求真务实色彩。在吸收了较为丰厚的西方近代自然科学知识后，为掌握有效的变法思想武器，他注重西方近代科学方法的应用，不断将科学认识引向深入，进而确立了他的自然观和科学观，开启了近代中国科学方法论思想的先河。

实验方法、逻辑方法和数学方法是科学技术能否近代化的关键，也是奠定近代科学的三大支柱。戊戌维新时期，康有为已经开始注意对这三种科学方法的认识和运用。

实验方法是指科学中注重实际观察和经验证实的方法。在西方，它渊

源于古典自然哲学，又经过"文艺复兴"的洗礼与"工业革命"的陶冶，终于发育成为近代自然科学的思想工具。而作为一种思想工具，它既是自然科学的方法论，又是一种演化成为对人们思维具有普遍意义的认识论。戊戌时期，人们已开始认识到"泰西各种实学，多藉实验始能发明"。1882年后，康有为运用所学的西方知识，模仿西方实证主义研究方法，写成《实理公法全书》。他在《实理公法全书》的"凡例"中明确表示了一种科学实证思想和态度："是书于凡可用实测之理而与制度无关者仍不录，理涉渺茫，无从实测者更不录。"全书中，康有为探讨问题的基本观点即"实测之实"，就是"格致家所考明之实理"。他提倡实测的直接目的在于抛弃虚测，教导学生要吸收西方实证主义科学的实测方法，开创新理，不要重蹈儒家长期以来"穷理俱虚测"的形而上学道路。康有为实测的思维方法，突破训诂的束缚，是对程朱学派把"天理"认作先天存在的"穷理"思维方法的否定，打破了经学思维的一统地位，为变法维新铸造了理论根据。

康有为提倡实验方法在他的其他著作中也有表述。如在《康子内外篇》中论述："凡纪一事，立一说，必于实测二字，确有可据，众见金同，其文乃定。"① 在研究天文现象时，康有为强调运用自然科学仪器进行观察，以此验证知识的可靠性与真理性。他还坚决反对空泛的书本知识，主张研究农业要到田里工作，研究医术要到医院见习，研究法律要到法院实习，教育不应作虚文高论等。

逻辑方法是人类思维方式的基础。逻辑方法是此期传入中国最完整的一种科学方法。当时被翻译过来的西方逻辑学著主要有两种：一种是比较通俗的逻辑读物和教学参考书，主要有王国维翻译的《辨学》（英人耶芳斯著）、汤祖武翻译的《论理学体制图说》；另一种是探讨科学研究中的逻辑方法，尤其是归纳方法的方法论专著，主要有严复所译的《穆勒名学》（英人穆勒著）、《名学浅说》（英人耶芳斯著）。明确地把西方形式逻辑介绍到中国的是严复所译的《穆勒名学》、《名学浅释》。他指出，逻辑学对近代科学来说："如培根言，是学为一切法之法，一切学之学。"② 康有为在西方逻辑学的启发下，意识到西方逻辑演绎的重要性。他在《实理公法全书》开篇中，就"实论之法"作了专述："如古时某教如何教人，则人之受教者如何；某国如何立法，如人之受治者如何。其功率高下，皆可列为表，而实考之。"这种方法大致相当于归纳法。就"虚实之法"，他也阐释

---

① 康有为：《康子内外篇》，北京：中华书局，1988年版，第63页。
② 穆勒著：《穆勒名学》，严复译，北京：商务印书馆，1981年版，第1028页。

道:"如出自几何公理之法,则其理较实;出自人立之法,则其理较虚。又几何公理所出之法,称为必然之实,亦称为永远之实,人立之法,称为两可之实。"① 这种方法大致相当于演绎法。康有为运用这些方法进行了大胆尝试。

在西方近代思想史上,许多西方学者运用科学方法和精神来思考政治、道德等领域的问题,认为科学的方法特别是数学方法是最有效的发现真理的方法。在近代中国,真正用数学方法阐释人文理论,将其提升为科学思维方法的,则是从康有为开始。根据《康南海自编年谱》中记载,他于1885年"从事算学,以几何著《人类公理》";1886年"又作《公理书》,依几何为之者"。在《实理公法全书》中,他模拟欧几里得的《几何原本》的方法和编写形式来构造自己的理论,推导和衡量人类社会准则,把所要探索的各种社会问题,比拟为定理、公式、证明三段式加以推演。他认为定理是已被科学家证明或被人类社会生活实践的真理,公式是依据实理推演出来的各类具体问题所要遵守的社会生活准则,证明是拿来与公法比较的关于各种社会问题的假设。这种运用几何公理所作的三段式推论,显然很不严密甚至有点荒谬,但却标志着中国传统释经方法已被打破。后来康有为运用代数法详细阐述托古改制的三世说,将方法论变革与政治变革结合在一起,这预示着方法论变革的新机,即从近代科学中汲取营养,最终抛弃陈旧的经学方法。康有为从注经穷理的理论思维到实证科学的理论思维的转变,反映了在近代中国资产阶级民主进程中理论思维的特定形式和内容。

康有为学习和运用西方的实验、逻辑、数学方法,从理性主义和实证精神两个方面闯入西方科学的殿堂,大大肯定了人的理性认识能力,开启了中国科学精神的先河。这对近代中国思想变革和近代科学思想理性化发展,在历史与逻辑上都有着重要意义。

综观康有为的思维方式,它是崭新的、全方位、立体型的。从横向视角来看,他仿日效俄,形成了其维新变法的具体理论体系,他通过借鉴发达国家的成功经验,来论证其维新变法理论的先进性,充满着前卫意识,具有前瞻性,体现了其变法的世界横向贯通性,会通中西的思维特点赫然纸上;从历史的纵向视角来看,他充分利用了当时国人对孔圣人这一传统偶像的崇拜心理来维护自己变法理论的合理性与合法性,使其变法理论及其变法运作具有了安全可行性,体现了变法的历史传统延续性。二者的并举反映了康有为横向贯通性与历史传统延续性相统一的创新求变思维。如

---

① 康有为:《康子内外篇》,北京:中华书局,1988年版,第63页。

果没有仿洋改制与托古改制并举的创新求变思维，那么康有为的维新变法不是失去方向性就是失去安全性，二者缺一，就难以形成历史上波澜壮阔的百日维新；加上贴近时势、注重实效的趋时实用的思维方式，使其思维方式呈现明显的立体多维性。可贵的是，在康有为身上，这三种思维方式是处在动态联系之中，相互渗透，构成了康有为整个开放的思维系统。也正是会通中西、创新求变、趋时实用这三种思维方式，使得他的整个思想具有明显的动态开放性、创新性和与时俱进性。

第五章 康有为思想的时代价值

一百多年前,中华大地风雨飘摇,逢千年未有之变局,万世未有之痛辛。但此时此间却激发出那个时代民族救亡的最强音,康有为自是那个时代、那个群体的代表。他不碌碌于世间求一息生存,而以国家民族大义为先,以布衣之身改千年经纬纲常。政治上,他是戊戌变法的领袖;文化上,他是中国传统文化的重要传承人;学术上,他是向西方寻求真理、西体中用的重要代表人物。他对近代中国社会政治、经济、文化等各方面的革新思想,符合人类文明史的基本发展方向和主要价值目标,其思想的系统完整性、开放兼容性以及创新性对当代中国的改革和建设具有重要的借鉴意义和启迪作用。

当下我们要构建以人为本的和谐社会,实现全面奔小康、实现中国梦的目标。而要实现这一目标,显然要进行各方面的改革与调整,尤其是要协调各方面的社会矛盾。怎样汲取古今中外的有益资源,促进当代中国社会的政治、经济、文化、教育等各方面的发展,促进改革开放和社会主义现代化建设,康有为的思想提供了重要的实用参照,无疑具有重大的时代价值。

一、大同思想之时代价值

大同思想是康有为思想中的理想部分,也是他思想中具有较长久价值的东西。它与其变法的一系列思想有着密切的联系,并且为他一生所信守。

在中国传统文化中,有关"大同"的思想源远流长,它是中国传统文化的基因。大同思想,最早见于《礼记·礼运》,孔子曰:"大道之行也,天下为公。选贤与能,讲信修睦,故人不独亲其亲,不独子其子,使老有所终,壮有所用,幼有所长,矜寡孤独废疾者,皆有所养。男有分,女有归。货恶其弃于地也,不必藏于己;力恶其不出于身也,不必为己。是故谋闭而不兴，盗窃乱贼而不作，故外户而不闭，是谓大同。"孔子描绘的"大同"美景，成为儒学的重要部分，把中国几千年以来的大同社会理想发挥到了极致，成为中华民族最宝贵的精神财富之一，影响中国数千年。

人类最伟大的梦想，莫过于建立一个繁荣、民主、文明、和谐的大同社会。继孔子之后，太平天国运动的领袖洪秀全提出了"务使天下共享"、"有田同耕，有饭同吃，有衣同穿，有钱同使，无处不均匀，无人不饱暖"的社会。康有为不仅承袭了中国几千年来的儒家大同社会理想精华，同时也揉进了佛教、道家以及西方许多新学，比如空想社会主义的一些观点，形成了与中国历史所产生的任何社会理想都不同的大同理想。其大同思想的形成经历了早期酝酿、万木草堂时期走向成熟和后期思想走向著作化和系统化的三个阶段。就思想内容来说，三个时期的思想既有明显的差别，但又表现出根本精神上的前后一贯和承继发展。它们构成了康有为大同思想演变的完整的轨迹，三个时期都有康有为追求真理的珍贵纪录和积极成果，同时也都是康有为深受阶级和时代局限的鲜明写照。从演变轨迹看，康有为大同思想是一个连贯的、统一的、发展的过程。

20世纪初，康有为完成了他的《大同书》，在书中给人类社会的未来描绘了一幅无私产、无阶级、无家庭、无邦国、无帝王、人人相亲、人人平等的浪漫虚幻的大同世界图画。这部书集合了他整个大同思想发展过程中的积极成果，代表了那个由传统向现代转变的时代中国人对未来理想社会的憧憬和希望。

《大同书》全书分为十大部分，甲部论谋求大同之道的缘由，相当于全书的绪论；乙部论实现世界大同的基本步骤和大同进化每一阶段的社会制度概况，是全书的总纲；丙部论人类平等问题；丁部论种族平等问题；戊部论男女平等和婚姻问题；己部论家庭问题和大同之世取代家庭的各类社会组织机构；庚部论经济制度问题；辛部论大同之世的社会管理制度和若干重要原则；壬部论人与其他生物之间的关系；癸部论大同之世人生所享之乐，兼作结语。这就不仅完全摆脱了之前狭隘内涵的束缚，也非万木草堂时期大同"口说"的思想框架可比，并且，在具体内容上显然有不少增补，其认识也有所深化。在十大部分中，几乎包括了人类社会现存的一切重大问题，而对于每一个问题，在书中康有为都力图给予尽可能详尽的分析和列出解决问题的理想方案，表现出其独特的思路和丰富的想象力。从某种意义上说，《大同书》是一部关于未来理想社会的百科全书。其内容十分丰富，涉及政治、经济、社会结构和人民生活等各个方面：

第一，大同社会是一个没有任何痛苦的理想社会。康有为虽然出身于官僚地主家庭，但自幼生长在乡里，深深了解民间疾苦。他曾对友人说：

"仆生于穷乡,坐睹族人、乡人困苦,年丰而无米麦,暖岁而无襦绔,心焉哀之。"因此,他在《大同书》中,把现实社会看成一个无处不苦、无人不苦的大苦海,如投胎之苦、夭折之苦、废疾之苦、贫穷之苦、刑狱之苦、苛税之苦、压制之苦等等。他说:"盖全世界皆忧患之世而已;普天下人皆忧患之人而已,普天下众生皆戕杀之众生而已;苍苍者天,抟抟者地,不过一大杀场、大牢狱而已。"① 那么,为拯世救民,脱大众出苦海,他设计了一个"人理至公,太平世大同之道"的社会,并主张破除"诸苦之根源"的"九界",即"国界"、"级界"、"种界"、"形界"、"家界"、"产界"、"乱界"、"类界"、"苦界"。"吾既生乱世,目击苦道,而思有以救之,昧昧我思,其惟行大同太平之道哉!"② 他认为,只有实行大同之道,才可以拯救世人的苦难;只有大同社会才是一个没有任何痛苦的"至平"、"至公"、"至仁"、"治之至"的理想社会。

第二,大同社会在政治上实行人人平等、天下为公的民主制度。康有为认为,封建君主专制制度是造成世间苦难的重要原因。他说:"君之专制其国,鱼肉其臣民,视若虫沙,恣其残暴。""大抵压制之国,政权不许参预,赋税日益繁苛,摧抑民生,凌铻士气。"③ 违背了天下国家为天下人公有的平等之理。在他所描述的大同社会里,去除了"国界"、"级界",也废除了一切作为强制压迫工具的国家机器,如法庭、监狱和军队。设立的公政府只是管理社会经济、文化和各种福利事业的机关,只有议员,没有议长。议员由人们公举,大事由人们讨论决定。大同社会的人都是世界公民,无等级之分,无种族之别,无贵无贱,无主无奴,更无帝王君长。"人人相亲,人人平等,天下为公,是为大同。"这种制度是康有为大同理想的主要特征之一,实际上反映了中国资产阶级反对封建君主专制和对民主政治的追求,可见大同社会贯穿了平等、民主和充分自治的政治原则。

第三,大同社会在经济上是一个没有私有财产的公有制社会。在私有制社会里,有些先进的中国人曾设想过完美的人类理想社会,都朦胧地觉察到私有是一切罪恶的根源。数十年前,太平天国农民英雄们曾以"人人不受私,物物归上主"的"公有"制形式,去追求"无处不均匀,无人不饱暖"的理想生活。数十年后,康有为也把一切财产都归公有,作为能否实现大同理想社会的基本前提。他说:"今欲致大同,必去人之私产而后

---

① 康有为:《大同书》,马洪林、卢正言编注:《康有为集》(政论卷·上册),珠海:珠海出版社,2006 年版,第 176 页。

② 康有为:《大同书》,马洪林、卢正言编注:《康有为集》(政论卷·上册),珠海:珠海出版社,2006 年版,第 182 页。

③ 康有为:《大同书》,北京:古籍出版社,1956 年版,第 43~44 页。

可；凡农工商之业，必归之公。举天下之田皆为公有，人无得私有而私买卖之。"① "大同世之工业，使天下之工必尽归于公，几百工大小之制造厂、铁道、轮船皆归焉，不许有独人之私业矣。"② "大同世之商业，不得有私产之商，举全地之商业皆归公政府商部统之。"③ 在康有为看来，一切财产都归公有，世界就没有了剥削者与被剥削者，也就没有剥削、压迫、欺诈、贫困和战争。去除了私有制这一罪恶的根源，人生的一起苦难都能消除，自然也就能够实现"人人皆公，人人皆平"的大同理想了。

第四，大同社会的物质生活和精神生活极其丰富。既然大同社会是一个没有任何痛苦的"至平、至公、至仁、治之至"的理想社会，那么就得有高度发达的物质生活水平作保障。在这一点上康有为的大同理想比太平天国"五母鸡两母猪"的"天国"理想要大大前进了一步。康有为认为，由于在大同社会里科学技术和社会生产力飞速发展，农工商业都实行机械化、电气化，因此，在大同世界里社会财富极其丰富，人们的衣食住行和精神生活都尽善尽美。吃的是玉肴琼浆，穿的是绫罗绸缎，住的是玉楼瑶殿，行则"水有自行之舟，陆有自行之车"，"空有飞屋之船"④；人们一天只要工作三两个小时。因此精神生活也非常充实，"太平之世，人皆乐游，无有忧虑"。

第五，大同社会有着人人共享的、完善的社会保障体系。康有为所设计的大同社会是男女平等、尊重人权、婚姻自由、人人都有工作、各尽所能、衣食无忧的社会。他指出，应该打破传统的宗教保障体系，确立"公养"、"公教"、"公恤"的理想社会保障制度。

男女因相爱而结合，由社会负责公民怀孕、生产、幼教、小学、中学及大学的一切费用；医疗保健体系健全完备，"每月医生到各人家诊视一次，治之于未病之先……所有药费医费皆公家所出"。⑤ 残者，可入"养老院"、"医疾院"。政府为老年人建有"养老院"，"公设此院，务极宏敞，起居饮食，务极精良"，"凡年六十以上者，许入此院养之"⑥，由社会负责

---

① 康有为：《大同书》，北京：华夏出版社，2002年版，第282页。
② 康有为：《大同书》，马洪林、卢正言编注：《康有为集》（政论卷·上册），珠海：珠海出版社，2006年版，第448页。
③ 康有为：《大同书》，马洪林、卢正言编注：《康有为集》（政论卷·上册），珠海：珠海出版社，2006年版，第450页。
④ 康有为：《大同书》，马洪林、卢正言编注：《康有为集》（政论卷·上册），珠海：珠海出版社，2006年版，第500页。
⑤ 康有为：《大同书》，马洪林、卢正言编注：《康有为集》（政论卷·上册），珠海：珠海出版社，2006年版，第422页。
⑥ 康有为：《大同书》，马洪林、卢正言编注：《康有为集》（政论卷·上册），珠海：珠海出版社，2006年版，第425页。

养老送终；死者火化变成农田的肥料；所有公民的住房都由公政府统一分配。

可见，在康有为的生花妙笔下，大同社会是一个美妙极乐的理想世界，不失为中国乃至全人类思想宝库中一朵奇葩。但是，若对其大同理想国的全部方案加以系统考量，我们可以发现，这只不过是一种海市蜃楼、蓬莱仙境式的虚幻憧憬，是一种乌托邦式的空中楼阁。可以说它在中国思想史上的地位与空想社会主义在西方思想史上的地位相同，是中国的乌托邦。无疑，它也具有比较大的局限性。

首先是一种时代局限。康有为所处的历史时代，那是一百多年前，科学革命刚刚兴起，尚无现代科学理论知识的支撑。例如，他用磁来解释不忍之心："有觉知则有吸摄，磁石犹然，何况于人！不忍者，吸摄之力也。"① 又用进化论作为"去种界"的理论支持，"此天演之无可脱者也"②。他认为白种人是最优秀的人种，黄种人次之，而棕种人和黑种人却是劣等民族。人种具有优劣等级区别，所以他试图用科学的方法消灭黑人："其棕、黑人有性情太恶、状貌太恶或有疾者，医者饮以断嗣之药以绝其传种。当千数百年后，大地患在人满，区区黑人之恶种者，诚不必使乱我美种而致退化。"③ 后来大学者萧公权曾对此评论说："康氏的建议揭露他对生物知识的无知。"④ 显然这只是康有为的主观认识，并没有科学理论的支撑。

人类社会制度文明最高层次的实践，只是资本主义社会，更高层次的社会制度，只是存在于书斋和人们的空想之中。在那样的时代背景下，康有为的大同思想，无法找到任何物质环境和现实的土壤，所以，只能流于空想。

其次是一种阶级局限。在《大同书》中，康有为分析了因封建等级制所造成的人们的各种痛苦，批判封建君权夫权和禁锢人们思想的封建教条，但该书没有提出产生封建压迫的真正根源。他把旧社会中所有阶层人们的痛苦罗列到一起，认为劳动人民遭受的各种痛苦，和富人、贵族甚至帝王所受的各种痛苦是一样的，把剥削者和被剥削者、统治者和被统治者作为相同的"受苦"的人类，从而混淆了不同阶级的矛盾。

《大同书》虽然主张废除封建宗法制度，但同时却为封建宗法制度

---

① 康有为：《大同书》，郑州：中州古籍出版社，1998年版，第35页。
② 康有为：《大同书》，郑州：中州古籍出版社，1998年版，第156页。
③ 康有为：《大同书》，郑州：中州古籍出版社，1998年版，第160页。
④ 萧公权著：《康有为思想研究》，汪荣祖译，台北：联经出版事业公司，1988年版，第442页。

作了掩盖。在他看来，男女不平等除了封建压迫这因素所致外，还在于妇女生来体质衰弱，男子"挟强凌弱"所造成的，这实际上掩盖了妇女受压迫的阶级原因。《大同书》虽然提出了妇女解放和婚姻自主的主张，但又认为这些问题只能在遥远的将来才能解决，彰显了康为有阶级局限性。

再次是一种个人局限。康有为的《大同书》虽然极具想象力与启发性，读起来可以让人感到振奋，他勇于直面现实社会的黑暗，揭露人类所受的种种苦痛，代表了人类历史进步的潮流和人们向往幸福美好生活的愿望，但是，康有为像人类历史上的大多数伟人一样，无法摆脱现实与理想之间的矛盾，也无法逃脱其时代与阶级局限。他不可能有当今时代科学的世界观，他所构想的大同社会的基础是混乱驳杂而矛盾的，这就注定他的理想国与空想社会主义者一样，是一个虚幻的想象，以致流于空想。正如毛泽东指出的那样："康有为写了大同书，他没有也不可能找到一条到达大同的路。"①

康有为的大同思想，既是近代思想的历史产物，又是超越时代的文化晶体；既有虚幻因素，亦不乏合理成分。恩格斯在批判全盘否定空想社会主义的谬论时写道："让著作界的小贩们去一本正经地挑剔这些现在只能使人发笑的幻想吧，让他们以自己的严谨的思维方式优越于这种'疯狂的念头'而自我陶醉吧。使我们感到高兴的，倒是处处突破幻想的外壳而显露出来的天才的思想萌芽和天才思想，而这些却是那班庸人所看不见的。"② 恩格斯的这些精彩之论对我们正确领悟康有为大同思想的意义，是不无作用的。

大同思想中体现了康有为不仅是一个现实主义者，同时又是一个理想主义者，他以著述给后人留下了宝贵的精神财富，他用毕生精力构筑了一个人类社会从未有过的"乌托邦"的大同世界。虽然他仅仅将"大同"视为个人"真心孤往"的理想而并不打算以此来呼唤世人，但他毕竟从未放弃这种远大的追求和向往。

尽管由于时代、阶级以及个人诸多方面的局限，康有为无法找到实现人类大同的现实通途，但不少的学者对康有为的大同思想还是给予了高度的评价，诚如著名学者萧公权说："因此'享乐主义'、'人道主义'、以及'平等主义'，似构成了康氏社会思想的主要支柱，从此衍发的思想大致是'民主'、'社会主义'和'科学'——民主从平等而来，社会主义

---

① 汤志钧：《康有为与戊戌变法》，北京：中华书局，1984年版，第167页。
② 恩格斯：《社会主义从空想到科学的发展》，北京：人民出版社，1997年版。

自人道而来，科学从享乐主义而来。这所有的思想可说是他思想的组成部分。此进步思想也很显著，成为一极重要的运作原则，据此人类的社会生活可视为步步向前的动态过程，在自主的努力下，使不完善的臻于至善。"① 这些使康有为的大同思想具有了重要的时代价值："他们走的是他多年前所指出的路，但他一直是未被认识的先知。事实是，康氏及其不知情的跟随者反映了共同的历史变局；毫无选择地把中国从传统主义中解放出来，在几十年中将其推向陌生的现代化之途。不过，康氏首先见及此一潮流，指出确切的社会转化的趋向。此一历史重要性不因他未被同时代人认可而减色。……因此，康氏的'大同'乃是一'有效的乌托邦'，而不是脱离社会发展与近代中国思想路向的白日梦。他一生之中目击中国思想与制度的根基受到一再的冲击，深知剧烈转变之需要以及可行性。他对中国传统的知识以及对西方的认识，使他能看到中国的问题以及如何改变。在戊戌变法期中，他仅企图作小规模的重建工作，只是他的最起码的想法。在《大同书》中，他则定下极大的改革计划，其影响的深远，非同时代的任何人可相比拟。他的乌托邦构想极具想像力与挑战性，他足列世界上伟大的乌托邦思想家之林。有人可以指出若干不当之处，如有关家庭与财产部分，但无人可以忽视他整个社会思想的历史意义。"②

萧公权先生的这番评价反映了大同思想在中国思想史上的位置。可以说它是中国面临向现代社会转型时候所进行的一次思想现代化的尝试，在中国近代思想史上占据了一席之地，具有开创性的时代价值。而康有为构建未来理想社会的基础，正是西方的"民主"、"科学"和"社会主义"等因素，而不是他一向服膺的中国传统儒学思想。

如同其他的思想家一样，康有为也面临着现实主张与未来构想的矛盾与困惑。他作为儒学熏陶之下的士大夫，不仅有着强烈的入世观念，现实民生是他们关注的重点；同时，儒家的救世观念又涵育了他们关注广阔的世界与遥远的将来的大视野，就像孔子就是一位生于"据乱世"而志在"太平世"的思想家一样，康有为的选择颇类于孔子。孔子的理想是大同，但是他一辈子都在为实现"小康"而奔波，他所推行的"礼制"就是为了给"小康社会"提供制度保障。至于心中的理想，一直被孔子推到了十分遥远的背景上，以至于我们常常忘了他曾经有过这样的理想。而康有为心中想的，和手头做的，也往往很不一样。因而在今人的心中，孔子形象主

---

① 萧公权著：《康有为思想研究》，汪荣祖译，台北：联经出版事业公司，1988年版，第415页。

② 萧公权著：《康有为思想研究》，汪荣祖译，台北：联经出版事业公司，1988年版，第451页。

要并不跟"大同"连在一起,而是跟"克己复礼"连在一起。同样,康有为的"大同"理想,熟知的人不在多数,他的形象主要是跟"变法"运动连在一起。

康有为终其一生,关注国家的兴亡。他1894年写《大同书》的时候,还是一个三十六岁的青年,一个默默无闻的乡村书生。他在《大同书》中历数人类的诸般苦难和社会的种种罪恶,提出了建设一个无私产、无阶级、人人相亲、人人平等的大同乐园的伟大理想。康有为的确是一个哀悯众生的贤哲,颇具宗教家之情怀,热衷于为人类寻找排除苦难、享有幸福的最终社会保障,这一点跟许多乌托邦思想家一脉相承。《大同书》对未来社会的展望和构想,很具想象力。书中可贵的发明和祈愿很多,比如妇女解放、奴隶解放、取消国界、取消阶级、政府议会化、取消政治首领等等。如果假设,当年康有为用文学的手法来表现这一主题,那么也许可以像欧洲《乌托邦》《太阳城》等等乌托邦著作一样,获得比较广泛的读者,产生巨大影响。

而《大同书》所体现的是寄望于未来的理想,是超前的思想,也许是自知并不适用于当时的社会,因而他在写完之后并没有致力于传播和推广这些思想。相反,他的这部著作秘不示人,只是仅给梁启超这位得意门生看过,然后就将它藏在箱底,从此不提,长期秘不示人,一生不予出版,不希望这种思想流传于清末民初的中国社会。这点从梁启超的回忆中可以得到印证:"有为虽著此书,然秘不以示人,亦从不以此义教学者,谓今方为据乱之世,只能言小康,不能言大同,言则陷天下于洪水猛兽……启超屡请印布其《大同书》,久不许。"①

其实,这并不是言行不一的虚伪,而是他的理想追求和现实选择的差距所致。《大同书》可谓是对孔子、柏拉图等世世代代中外圣徒的社会理想的系统表达,也是康有为从事政治改革的思想背景,正是世界大同的伟大理想,为他的历史实践提供了无穷的精神力量。对他而言,立宪变法是他投入历史实践的内容,大同理想是他的思想背景,也是他的动力源头。心中的理想当然是越高远越好,那往往具有非常超前、非常彻底、非常圣洁的气质;而现实的努力却是越脚踏实地越好,这往往充满了焦虑、妥协、交易和屈服,有时候甚至把自己弄得很不光彩。比如在康有为申述理想的《大同书》中,不但没有皇帝的位置,甚至连民主政治中的政治领袖也没有,这么彻底的改天换地哪是满族皇室所能容忍的,恐怕信奉现代民主政治的政治家也不会容忍之。可是在康有为施之于现实的变法方案中,

---

① 梁启超:《清代学术概论》,上海:上海古籍出版社,1998年版,第203页。

其目标仅是建立一个具有民主性质的内阁,内阁之上还赫然保留着皇帝和皇室的地位。这在革命者看来,康有为这种"自相矛盾"实在太窝囊、太迂腐、太反动了。但却正好体现了康有为的学者特点和风范。一个学者的思想,应该具备超越现实,穿透未来的特性,不能把眼光仅仅放在现实的政治斗争和社会改革上。

然而,宏大的目标与责任和自身性格缺陷之间的矛盾,使康有为无法摆脱理想与现实之间的困惑……

但必须肯定,康有为《大同书》所描述的人间乐土和所彰显的以人为本的情怀至今仍激励鼓舞着我们。溯古思今,书中所论述的某些思想观点或者主张与今天我们对于和谐社会的理解在某种程度上是相吻合的,其中的仁爱观、国家观、公产观、妇女观等一系列大同思想与现代和谐社会的理念有着内在传承关系,其中蕴含的积极因素对我们现今重塑社会核心价值体系,落实科学发展观、构建社会主义和谐社会、和谐世界具有一定的借鉴意义和启发作用,并提供了丰富的思想文化资源。可以这样说,当代中国所进行的构建社会主义和谐社会的伟大工程,是对康有为的大同思想的某种继承、深化和创新。由此可见,康有为大同思想的现实意义和时代价值。

(一)公平思想的继承

"天赋人权、独立平等"思想在康有为的大同世界中占有举足轻重的地位。"既无帝王君长,又无官爵、科第,人皆平等"。[①] 康有为强调平等乃天赋人权,"人人皆为天子"。他指出:人者,天之所生也,有是身体,即有其权利。从事组织管理的行政人员只是人民公仆,官即民也,本无大小之分。这些行政人员由民推举,为民办事。康有为认为实现平等的根本途径就是去"九界",而去"九界"达到平等最主要的表现就是:通过去级界平民族,废除政治等级的不平等;去种界同人类,消灭种族差别;去形界保独立,实现男女平等;去家界为天民,达到经济上的平等。虽然康有为的公平思想在当时起着振聋发聩的作用,但他企图通过消灭种族差异以达到大同世界,这本身就是对人人平等原则的背离。尽管康有为的公平思想有缺陷,但他天才般的美妙设想一直激励着后人为扫除世间的不平,追求真正的至公至平世界而不懈地奋斗着。在人民当家作主的今天,我们继承了康有为公平思想的合理内核。公平正义是社会主义和谐社会基本特征之一。公平正义,就是社会各方面的利益关系得到妥善协调,人民内部矛盾和其他社会矛盾得到正确处理,社会公平和正义得到切实维护和实

---

① 康有为:《大同书》,郑州:中州古籍出版社,1956年版,第275页。

现。坚持并实现公平正义，是人类社会发展的一种进步的价值取向，是和谐社会的关键环节和重要保证。只有维护和实现公平正义，各方面的社会关系才能协调，人们的主动性、积极性、创造性才能充分发挥出来。现阶段的公平正义应该从两处着手：一是形成以权利公平、机会公平、规则公平、分配公平为主要内容的社会公平保障体系；二是形成公平正义的政策环境和社会环境，使人与人之间、人与社会之间的关系协调有序的发展。

（二）人与自然和谐发展观念的深化

人与天地万物浑然一体的观念，是中国古代传统的思维方式，康有为在吸收了西方科学知识和哲学思想之后推陈出新，将古代道家"天人合一"思想建立在近代科学之上，并作了全新的诠释："人人皆当知天，然后能为天人，人人皆当知地为天上一星，然后知吾为天上人。"[1] 著名学者马洪林指出，"康有为的这段精辟论述……"从'天人合一'的观念出发"，告诉我们"人类社会与自然界是对立的统一体，社会与自然构成统一的物质世界……人属于自然的一部分，人应当认识自然，并可以按照自然规律适应自然，保护自然和改造自然"。[2] 人与自然和谐相处达到"天人合一"的境界。康有为"天人合一"思想，应该说，它还停留在初步认识的阶段。

今天，人们对人与自然和谐发展的认识远比百年前的康有为要深刻得多，生态文明建设是全面建设小康社会的重要目标。生态文明是人类在发展物质文明过程中保护和改善生态环境的成果，它表现为人与自然和谐程度的提高和人们生态文明观念的增强。因此，今天提出建设生态文明，不论对于实现以人为本，全面协调可持续发展，还是实现全面建设小康社会的目标，都是至关重要的。随着社会的进一步发展，人类逐步认识到：人与自然和谐发展、共生共荣，是人类可持续发展的根本要求。人与自然的和谐已经成为当代社会价值体系的核心概念。人与自然的和谐必然更好地促进人与人和谐，而人与人的和谐更能促进和谐社会的建设。

（三）理想社会保障体系的启示

康有为以心系天下苍生的博大胸怀对未来的社会保障体系进行了憧憬，虽是一种憧憬，但其中一些具体的措施对于当代我们完善社会保障体系仍具有一定的启示作用和时代价值。

以人为本的精神在《大同书》中有充分的体现。康有为所设计的这个

---

[1] 姜义华：《大同梦幻——康有为文选》，天津：百花文艺出版社，2002年版，第164页。
[2] 马洪林：《康有为评传》，南京：南京大学出版社，1998年版，第203页。

大同社会是人人共享的大同社会,是有完善保障的社会,是以人民为最高本位的社会。他提出应该打破传统的宗族保障体系,确立"公养"、"公教"、"公恤"的理想社会保障制度。医疗保障体系健全完备,"每月医生到各人家诊视一次,治之于未病之先……所有药费医费皆公家所出"。病残者,可入"养病院"、"医疾院",政府为老年人建有"养老院","公设此院,务极宽敞;起居饮食,务极精良","凡年六十以上者,许入此院养之"。① 由社会负责养老送终。可见,在这个社会里,人们的生活是和美的,丰衣足食的,没有贫穷饥饿,没有苛捐的重负。每个公民获得劳动报酬的权利,受教育的权利,生了病得到救治的权利,都能得到宪法与法律的保护。老年人得到很好赡养,安享天年;青、壮年人有机会为社会所用,施展自己的才能,实现自己的抱负;幼年人都能受到良好的教育,健康、快乐地成长。让每个社会成员都能有尊严地活着,其最基本的权益得到有效的保护。

这启示当今我们在构建社会主义和谐社会的过程中,要以社会保险、社会救助、社会福利为基础,以基本养老、基本医疗、最低生活保障制度为重点,以慈善事业、商业保险为补充,加快建立覆盖城乡居民的社会保障体系,保障人民的基本生活和建立覆盖城乡居民的公共卫生服务体系、医疗服务体系、医疗保健体系、药品供应保障体系,为群众提供安全、有效、方便、廉价的医疗卫生服务,提高全民健康水平,使全体人民病有所医、老有所养、住有所居,推动建设和谐社会。

(四) 构建和谐世界

在《大同书》中,康有为主张破除国界,实行天下为公,全球统一。他认为国界进化,自分而合,乃是人类历史发展的大趋势。康有为既吸取了孔子的遗教,又吸收了现代的无政府主义,提倡一种新型的"世界共同语",主张各国人民在学习本国的语言文字同时,必须有世界语为国际交流的工具,这样可以节省时间和脑力,以便集中精力创造人类奇迹,促进人类文明的进化。致力于构建"地球万音院"的计划,把各国民族语言的优秀汇集其中,他认为学习多种语言,既浪费人的精力,又有害于人的思维。康有为关于以世界共同语取代各民族语言的想法,构成了他统一的世界国家和全人类的和谐——"大同世界"。设立公议政府,由各国选派议员组成,公举一人为议长,类似今天的联合国。这个"大同世界"由民主的世界政府统治,它不再承认语言的分歧和国家的边界,那里不再存在阶级、种族和家庭,人类处于永恒的和平与纯净无瑕的幸福之中。

---

① 李似珍:《评注大同书》,郑州:中州古籍出版社,1998年版,第290页。

从上所述，康有为的大同思想无疑是有其不足之处的，虽然这样，但其丰富而深邃的思想内容，在我国思想史乃至世界思想史上都占有独特的历史地位。康有为大同思想中的精华之处，是我们今天构建社会主义和谐社会可以借鉴的重要思想资源。当然，时下我们提出的社会主义和谐社会，与当年康有为提出的"大同世界"不可同日而语，有着本质的区别。康有为的大同世界更多的是在精神上给人们以希望和鼓励；而今天我们倡导"和谐社会"建设，却是以强大的国力为基础的。社会主义和谐社会思想是当代人对康有为等前人"大同思想"的创造性发展和超越，也是传统的大同社会理想在当代的升华，是对当代科学社会主义发展的重大贡献。

二、变法维新之时代价值

康有为的变法意识，如同那个时代许多先进的中国人一样，是被西方入侵造成的数千年未有的"非常之变局"所唤醒的。面对两次鸦片战争失败的屈辱，数千年文明古国行将崩溃的局势，爱国志士无不为之震惊，继而思考，寻求一条拯救民族国家的光明之路。康有为无疑是他们中的杰出代表，他从爱国救亡的目的出发，为了民族的独立，顺应历史的潮流，继承和发展了早期改良派思想，形成了以君主立宪为核心的包括经济、文化、教育等领域内容的变法思想理论体系，提出了一套资产阶级改良主义的措施，并把它付诸实践。

要抵抗侵略，就必须变法，这是当时爱国志士们共同的认识。但康有为对为什么必须变法，有着自己独到的见解。1888年，他在《上清帝第一书》中力陈旧法之弊害，而大讲变法之利。他说："今天下非不稍变旧法也，洋差、商局、学堂之设，开矿公司之事，电线、机器、轮船、铁舰之用，不睹其利，反以薮奸。夫泰西行之而富强，中国行之而奸蠹，何哉？上体太尊而下情不达故也。"① 从政治制度的角度指出弊病所在。为此而提出"变成法、通下情、慎左右"的改革主张。虽然他这时还未超出早期改良派的思想，但把这一思想直言皇帝，说明新兴的资产阶级已经通过自己的政治代表向封建的最高统治者提出本阶级的政治要求了。

康有为于1891年写成《新学伪经考》，次年又写了《孔子改制考》，这两部著作可谓是他变法维新思想的理论基础。他把儒家思想中的三世说加以改造，提出了"君主专制—君主立宪—民主共和"的新三世说，以此

---

① 康有为：《上清帝第一书》，马洪林、卢正言编注：《康有为集》（政论卷·上册），珠海：珠海出版社，2006年版，第8页。

来论证实行变法的历史必然性。

1895年,在甲午战败后,他写了《上清帝第二书》,即著名的"公车上书",接着又写了第三书、第四书。在上清帝一至四书中,康有为不仅清醒地看到中国贫极、弱极的现象,而且在深究其原因后得出了"今国势贫弱,至于危迫者,盖法弊致然也"① 这一极为尖锐的结论。他将两千年来维系封建社会秩序的"治法"一概斥为"弊政",正是"弊极"的"治法"造成了中国极度贫弱的现状,以致于在外敌侵略面前遭到接连的失败,因而,惟有改变"弊法",才能抵御外伤,免受屈辱。这是必须变法内在依据。

同时,康有为认为法之所以不能不变,固然是中国内部的"积弊",而且更重要的原因在还于中国外部时势的逼迫。在中国近代思想史上,康有为第一次以西方的入侵为界限,将历史划分为两大时代,即"一统垂裳"的时代和"列国并立"的时代,前者"以守成之势治天下",后者"以开创之势治天下";前者"率由旧章"、"拱手无为",后者"更新百度"、"争雄角智"②。这表明,康有为已经深刻认识到,当时的中国如果仍然还是处在前一个时代,那么旧的治势治法也许千年不变尚可,但随着后一时代的到来,如果还固守旧法,让旧的治势治法的继续存在,这就像夏日穿厚衣裳一样不应该。这是因为,与中国"并立"的泰西诸国是与古代四夷绝然不同的。在各方面都处于优势的"强敌",它们恃强凌弱,环逼中国;中国如仍然守旧不变,势必在列强的逼迫下和争夺中四分五裂,因此,中国若要图存,就非变法维新不可。他在上第四书时曾经再次预言,中国如果不及时变法,势必由于内讧外患而导致"瓦解之患"。不过两三年,胶州湾事件的发生,列强"瓜分豆剖"式的劫掠,使这一预言很快变成了"分削已至,亡国在即","鱼烂瓦解,朝不保夕"③ 的现实。

透过外国的侵略和中国的失败,康有为清楚地看出资本主义和封建主义新旧两大时代的不同,他敏感地预见新时代到来的不可避免,明确地否定旧时代而顺应新时代,不留恋中国的过去而面向世界的未来,这无疑都表明康有为在思想上站到了一个新的高度。

继第一书至第四书划分新旧两大时代之后,在《应诏统筹全局折》

---

① 康有为:《上清帝第三书》,马洪林、卢正言编注:《康有为集》(政论卷·上册),珠海:珠海出版社,2006年版,第80页。
② 康有为:《上清帝第二书》,马洪林、卢正言编注:《康有为集》(政论卷·上册),珠海:珠海出版社,2006年版,第61页。
③ 康有为:《上清帝第四书》,马洪林、卢正言编注:《康有为集》(政论卷·上册),珠海:珠海出版社,2006年版,第104页。

（即《上清帝第六书》）中，康有为在对时代大势的认识上，更加全面具体。他把中国与泰西各国一一进行了比较，指出两者之间巨大的优劣差异："以地言，则英俄倍我；以新政言，则自英人倍根变法至今五百年，政艺日新，而我今始用之，其巧拙与彼有一与五百之比；以财富言，英人匀算人有二万七千镑，而吾民鸠形菜色，不及十金。今镑价值银十一圆，是英人人有三十万圆，是吾贫富较彼有一与三万之比，英美赋税皆七十万万两，而吾仅七千万；以兵言，则泰西强国皆数百万，铁舰百数，而吾无一劲兵，无一铁舰，则不在比数之列。"① 通过鲜明的比较，大大增加了其变法依据的力度。

以上这些独具眼光的见解，清楚地表明了康有为对旧的封建统治的日益背离和对新的资本主义世界的迫切向往，从而从根本方向上显示出他所要求的变法，已经不可能再是中国历史上曾有过的旧式变法。遗憾的是，康有为在变法出发点上的这种背离和向往，在当时历史条件下是有相当大的限度的。

在公车上书（即《上清帝第二书》）中，康有为比较全面地提出了他的改革纲领和变法的内容。从内容来看，它所设置的是一个针对封建"弊法"的新法方案，其基本目标是要解决中国贫弱落后的问题，使之在"列国并立"的时势下，能够"立国自强"② 于世界。这个方案是颇为详备的，它在内容上几乎包罗万象，在结构上有条有理、自成系统：

第一是富国之法。变通旧法，富国为先，以解决最为紧迫的"患贫"问题。其法有六：一是由国家以精制钞票换民间现银，将举国之财、利"归公"；二是集民款筑路，通过收铁路牌费和裁漕运、去驿铺而"可得巨款"；三是解除厉禁，鼓励和保护民间兴办制造业，而国家可得牌费巨款；四是通过研讲矿学、选才督办而广开矿务，使"官局"获取"大利"；五是令各行省开铸银局，"自铸银钱，以收利权"；六是设邮政局，"进坐收千余万之款，退可省三百万之驿，上之利国，下之便民。"③

第二是养民之法。"国以民为本"，养民国富才有保障，"内忧"才能解除。其法有四：一是务农。译农书，设农会，在国家的帮助和农官的督促之下，讲求农业及林牧副渔各业的振兴和改进。二是劝工。设考工院培

---

① 康有为：《上清帝第六书》，马洪林、卢正言编注：《康有为集》（政论卷·上册），珠海：珠海出版社，2006年版，第120页。

② 康有为：《上清帝第二书》，马洪林、卢正言编注：《康有为集》（政论卷·上册），珠海：珠海出版社，2006年版，第61页。

③ 康有为：《上清帝第二书》，马洪林、卢正言编注：《康有为集》（政论卷·上册），珠海：珠海出版社，2006年版，第62～65页。

养制造人才,立专利奖励发明创造,以求"枪炮之利,器用之精,必有以应国家之用者"。三是惠商。国家特设通商院,并在商务大臣统领下,设立商会、商学和"比较厂"(即博览会),进而"蠲厘金之害"、"减出口之税",以合商民之力,开商民之识,求商货之精,达到振兴商务,"以商立国",夺外国之利的目的。四是恤穷。其措施有移民垦荒,设警惰院、收养院等,以使"民心固结,国势系于苞桑矣"。①

第三是教民之法。"富而不教,非为善经,愚而不学,无以广才",因而需要"教民"。② 其法有四:一是改科举以开民智。二是设立矿学会、农学会、商学会、史学会等各种"民会","专门讲求"学问,以精学业,以新制造③。三是奖劝民办"新报",以"开拓心思"、"庶稗政教"。四是立道学讲明孔子之道,设孔庙独把孔子,并传"圣教"于外国,以"挽救"风俗人情。④

第四是变通"因政"之法。教民养民皆需依赖"国政",今国政多弊,"若不变通,无以为教养之本"。⑤ 其法有二条:一是除"内弊"。首先停止捐纳,进而改革官制——地方官按"汉世太守领令长之制,唐代节度兼观察之条",改为以道设巡抚,"上通章奏,下领知县"为主要环节的制度;京官各机构互相统并,裁汰冗官。然后,用减省的"冗废",增加"达官"和"小吏"的俸禄。二是讲"外交"。立使才馆培养外交人才,选令"亲藩世爵大臣"出外游历,并"分遣品官"、"激励士庶"出洋学习、游历,以"上之可以赞圣聪,下之可以开风气"。⑥

第五是整修兵备之法。军事力量强大,"国乃可立";今中国兵备"败坏","皆宜一变"。其法有六条:一是"汰冗兵而合营勇",二是"起民兵而立团练",三是"练旗兵而振满蒙",四是"募新制以精器械",五是"广学堂而练将才",六是"厚海军以威海外"。如此则"饮马南洋、秣兵

---

① 康有为:《上清帝第二书》,马洪林、卢正言编注:《康有为集》(政论卷·上册),珠海:珠海出版社,2006年版,第70页。
② 康有为:《上清帝第二书》,马洪林、卢正言编注:《康有为集》(政论卷·上册),珠海:珠海出版社,2006年版,第70页。
③ 康有为:《上清帝第四书》,马洪林、卢正言编注:《康有为集》(政论卷·上册),珠海:珠海出版社,2006年版,第97页。
④ 康有为:《上清帝第二书》,马洪林、卢正言编注:《康有为集》(政论卷·上册),珠海:珠海出版社,2006年版,第73页。
⑤ 《康有为:《上清帝第二书》,马洪林、卢正言编注:《康有为集》(政论卷·上册),珠海:珠海出版社,2006年版,第73页。
⑥ 康有为:《上清帝第二书》,马洪林、卢正言编注:《康有为集》(政论卷·上册),珠海:珠海出版社,2006年版,第75页。

欧土而有余，何日本之有哉"？①

可见，康有为在经济上要求发展资本主义，实行富国养民的政策；在政治上要求设"议郎"，以"君民同体"的君主立宪制度来代替封建制，争取资产阶级的参政权；在文化教育上要求兴办新式学校，出版报纸，实行资产阶级教育；……这标志着康有为变法思想体系基本形成。

这个方案要求在社会的各个领域中实行全面改革，对封建旧法弊政进行广泛的触动和剔除，是一个以"富强"为宗旨的中国社会近代化方案。它主要是仿照西方资本主义国家设计的，方案内容的每一方面，几乎都有西方国家现成的样板，对于守旧已久、贫弱不堪的中国来说，它无疑是个崭新的而富有价值的设计。可是，对于要改造中国这样一个古老的封建帝国来说，这个方案又是相当不完备的。比如，在关键的政治问题上，它虽然提出了改革官制等问题，但尚且只限于诸如增加俸津等枝节的问题，而且在方案中完全没有改变封建君主专制制度；在核心的经济问题上，它的设计大都限于各行各业一般性的变旧图新、除弊求良的主张，而很少触及生产关系这个层次。反映在新法方案中，他向西方学习还只是简单的、直观的仿照，是若干事项的分别移植，而不是社会模式的整体借鉴，结果是把许多西方的新鲜内容，塞进了一个中国式的陈旧框架。由此可见，康有为所提出的新法方案，是一个既有中国近代时代性而又有重大缺陷的方案。

可喜的是，在上第四书之后，列强瓜分的危亡之象使他对变法的认识开始发生了重要的变化。那就是，他把变法的注意力集中到了政治领域，变法思维也由以"富强"为宗旨的中国社会近代化方案，演变成以"变政"为中心的蓝图。如果说，在设计富强方案的时候，康有为还只是立志为皇上筹自强之策，计万世之安；而到了描绘变政蓝图的时候，他则决意要开一新国、成一新世。从其《日本变政考》及戊戌年间所上其他奏折和书籍来看，这个"新国、新世"，一是定三权以变政体，二是立宪法以改国宪，三是设议院以行民权。他所要重建的"新世"、"新国"，已经不再是封建王朝的继续，而是资产阶级君主立宪国的创立。它比起之前的以"富强"为宗旨的近代化方案，在变法内容上显然是一个质的飞跃。

此外，1895年后康有为还进行了一系列的政治活动，如办《中外纪闻》，成立强学会，出版书籍，大力宣传变法维新。1898年变法维新运动进入高潮，康有为连续写了上清帝的第五、第六、第七书，并不断上奏

---

① 康有为：《上清帝第三书》，马洪林、卢正言编注：《康有为集》（政论卷·上册），珠海：珠海出版社，2006年版，第84页。

折、进书敦请光绪皇帝定各项变法措施。特别是上清帝第六书,明确提出了变法三纲。在时局震荡、人心思变的局势下,光绪皇帝终于同意变法,实行新政,于是乃有百日维新。遗憾的是,这场变法失败了!

如果从内容的层面看康有为的变法,无论是之前的富强方案还是后来的变政蓝图,有一点是非常明显的,那就是希望由君主自上而下地加以实现。虽然他曾对君主的迟迟不肯变法,曾一度有过悲愤,但君主亲自召见,又使他得到巨大的精神补偿;虽然他曾广泛开展过许多"变于下"的宣传组织活动,但又从未忘记只有"变于上"才是关键。"君权变法",这就是他所选择的变法方式。他笃信君主对变法起决定作用,从要求变法开始,他就认为是否能够变法,关键在于君主有无"欲治之心",只要君主"赫然愿治","真欲自强",则可立即"纲举目张",见"治理之效"①;甚且称中国"皇上……居莫强之势,有独揽之权……盖为中国之势为然",此为"地球各国之所无,而泰西诸国之所羡慕者",将此视作变法极有利的条件②。对康有为来说,这种君权决定论,一直到政变发生的时候都没有发生根本的改变,也许这也是酿成维新运动失败悲剧的一个重要因素吧!

改善君权一直是康有为的"君权变法"的重要内容,他提出了一系列以改善君权为核心的主张,作为"君权变法"的基本纲领。

第一是"求人才而擢不次"。批评君主用人一贯以"年资"而不以"才能",其结果是大臣之中只有"庸谨"之人而无"异才",只可"循常守旧,苟且偷安"而不能"应变"。他指出要变法自强,就务必破除"循资格"、"用耆老"的惯例,做到"非才不任"、"惟才是用";不论是"翰林诸曹",还是"草泽"之人,只要具有才干,就应"悉令引见,询以时事,破除常格,不次擢用"。这样,"天下之士必踊跃奋发",帮助君主完成变法大业。③

第二是"慎左右而广其选"。认为选好与君主有密切关系的"左右之臣"比广求人才更为重要;指责皇上现今的左右之人,不是"壅塞聪明"的"宦官宫妾",便是"逸诡面谀"的"学士大夫",或是"畏懦保禄,不敢竭尽"的亲贵大臣,要求皇上辨"忠佞",识"正人憸人",从众多

---

① 康有为:《上清帝第一书》,马洪林、卢正言编注:《康有为集》(政论卷·上册),珠海:珠海出版社,2006年版,第5~6页。
② 康有为:《上清帝第四书》,马洪林、卢正言编注:《康有为集》(政论卷·上册),珠海:珠海出版社,2006年版,第95页。
③ 康有为:《上清帝第三书》,马洪林、卢正言编注:《康有为集》(政论卷·上册),珠海:珠海出版社,2006年版,第84~86页。

的人才中挑选出忠良的"左右之人",以"辅圣德",以"广圣聪"。①

第三是"通下情而合其力"。视"壅塞"为中国首要的"大病",描述其症状是:"君与臣隔绝,大臣小臣又相隔绝,如浮屠十级,级级难通,广厦千间,重重并隔",由此使得"天下事皆文具而无实,吏皆奸诈而营私。上有德意而不宣,下有呼号而莫达。同此兴作,并为至法,外夷行之而致效,中国行之而益弊"。②针对这种情况,康有为提出了去塞求通的主张,其具体措施是设"议郎"。他希望议郎制能改善君臣、君民关系,使君主能够集思广益,作出合乎民意的决断,但本身并不能议决政事、限制君主的权力。

第四是弃积习而新堂构。康有为指出朝廷的"变法"限于兴办洋务,只是"弥缝缺失",在中国已是"千疮百孔",同于"粪墙"、"朽木"的情况下,这种"变法"必然"顾此失彼,连类并败","徒縻巨款,无救危败";"今者廷议变法,积习难忘,仍是补漏缝缺之谋,非再立堂构之规,风雨既至,终必倾坠"。因此,要求皇上"召问群臣,讲明国是,反复辨难,显露事势,确知旧习之宜尽弃,补漏之无成功","尽弃旧习,再立堂构",以立变法之"大体",以定维新之"议论"。③

第五是抑君尊而净根本。这是康有为最为重视的一个问题。在他看来,君主"太尊"是中国的"宿弊",之所以人才难求,左右失慎,下情不通,堂构未新,原因都是由于君主"太尊";在上第四书时他集中、突出地强调了抑君尊的问题。书中尖锐地批评君主尊严过甚,忌讳太多,致使群臣无得亲近,枢臣无法议事,才贤不能竭尽;在君主面前,人人"匍匐拳跪","敬候颜色",同于奴隶。郑重地告诫君主:"若徒隔绝才贤,威临臣下,以不见不动为尊,以忌讳壅塞为乐,则近之有土地不守、人民不保之患,远之有徽钦蒙尘、二世瓦解之祸";若要除"祸败",就应"纡尊降贵,与臣民相亲,而以明季太尊为戒",如此则"根本既净,堂构自立,百度昭举,自强可致矣"。④

然而,越来越多的事实已经表明,仅有君权自身的改善,并不能使变法成为事实。这就促使康有为重新认识"君权变法",于改善君权之外,

---

① 康有为:《上清帝第三书》,马洪林、卢正言编注:《康有为集》(政论卷·上册),珠海:珠海出版社,2006年版,第84～87页。
② 康有为:《上清帝第二书》,马洪林、卢正言编注:《康有为集》(政论卷·上册),珠海:珠海出版社,2006年版,第75页。
③ 康有为:《上清帝第四书》,马洪林、卢正言编注:《康有为集》(政论卷·上册),珠海:珠海出版社,2006年版,第93～94页。
④ 康有为:《上清帝第四书》,马洪林、卢正言编注:《康有为集》(政论卷·上册),珠海:珠海出版社,2006年版,第100页。

对君权提出新的更高的要求,赋予"君权变法"以更加深刻的政治内容:第一,要求君主"开制度局",直接依靠维新派变法,并由维新派掌握新政的领导权;第二,要求君主坚决打击顽固守旧势力,扫除维新变法的障碍。

这些要求的提出,实际上是要把"君权变法"由君权自身的改善变成君主与维新派的结盟。它与其说是仍由君权进行变法,不如说是改由君主授权于维新派进行变法;与其说是请求君权对变法的支持,不如说是希望君主成为维新派的皇帝。与改善君权的主张相比,它是一个明显的重要的进步!君权自身的改善只是减轻了君主专制的程度,而与君主结盟势必改变君主专制的性质。不过,这种结盟又是有着很大弱点的。作为结盟的一方,维新派不是以党派组织的面目而是以杰出士人的身份出现的;他们更多的是对于君主的依赖性,"君权变法"是康有为在变法方式上的一种不可避免的选择。正是由于这种选择,康有为在历史的这一时期发挥了他所能起到的最大作用。这一点,从整个戊戌变法史中都可以得到证明。然而,在19世纪末的中国要真正由君权实行自上而下的全面改革封建专制制度的"变法",毕竟只是一个不切实际的空想。康有为将此空想认作现实,始终坚持"君权变法"的方式,与他所受的局限是分不开的。康有为的变法,是要求全面改变封建君主专制制度的变法。他虽然提出了这一要求,却找不到除了君权之外的其他力量。首先,康有为始终是作为进步的然而又是封建的下层士人代表从事变法活动的。无论如何,他都决不主张用暴力推翻清王朝,而是希望通过变法来挽救和革新这个王朝;因而他总是站在时刻威胁这个王朝的生存、力图改朝换代的农民阶级的对立面,不可能发动和借用这支中国最为广大深厚的社会力量。其次,康有为的变法虽然在很大程度上具有发展资本主义道路的意义,但是处于当时的状况下,中国资产阶级却没有也不可能对这一变法给予任何有力的支持。

从康有为个人来说,在中国当时极深的封建积习和极浓的守旧气氛中,他敢于冲破种种例禁,开举人上书、士人结社、办报兴学等的先河,不能不说是有着极大勇气的。可是,康有为始终不明白成熟的资本主义国家的共和社会,是有一套完整的国家机器运作保护的,其中军队在维护这种制度中起着重要作用。他不可能了解君权始终只是统治阶级的代表,是王朝的根本利益决定君主的作为;也不可能了解在自身毫无力量的情况下,无论是要求君权自身的改善还是要求与君权的结盟,都是非常不现实的。此外,更为重要的是,康有为作为下层的士人,书生论政,社会调查还不够深入,由于种种条件的限制,他对最高统治集团内部斗争的真相始终知之甚少。他不知道慈禧对光绪的限制有多大,光绪手中权力特别是对军队指挥权有多大,就推动变法,冲击旧势力,被旧势力利用军队反扑、镇压,教训是惨重的。

从康有为变法思想的形成过程来看,它是基于中国面临的民族危机和资本主义生产关系成长的实际而产生的,目的是"救国图强",这是由时代所决定的。它既是对中国传统的"经世致用"思想的继承与发扬,又吸收了西方资产阶级思想学说对其进行了质的改造。它既要向西方学习,进行资产阶级的改革,又要同其斗争,抵抗外国资本主义的侵略。康有为在阐述自己的变法思想时,不曾离开过这些问题。

综上所述,康有为的变法思想有一个渐进的认识和演变的过程。这种演变,作为对封建主义的严重背离,表明了康有为所代表的维新派思想上的日益觉醒;作为对资本主义的热烈向往,显示了他们向西方寻找真理的前进足迹;作为中国民族资产阶级立宪主张的先声,起到了前驱先路的作用。然而由于戊戌时期康有为始终只是进步的封建下层士人的代表,也由于正在产生的新的经济力量和阶级力量还不能给予有力的支持,所以他的变法思想又是有着严重缺陷的。他虽然清楚地预见到封建时代的必将结束,但又对一个垂死的王朝充满了眷念;他虽然搬来了一套西方式的变政模式,但往往又用中国传统的开明政治思想加以解释;他虽然提出了全面改变封建君主专制制度的任务,但又把君主的决定作用视为完成这一任务的前提。这些都反映了他思想上幼稚、肤浅和空想的一面。这一面与其积极意义的一面糅合在一起,就形成了康有为变法思想的基本特色。

今天,我们反观一百多年前康有为的变法思想以及由此演进的变法运动,它无疑是在传统秩序之下谋求现代转型的一次悲壮尝试,当年康有为的言与行都给后人留下了很多思考的空间:

第一,社会改革必须以解放思想为先行。

康有为发动的维新变法运动无疑是一场思想解放运动。为了传播变法思想,他著书立说、设会办报。希望通过这些破除守旧的思想,树立孔子改制的变法理论,指明变法图强的光明前景。但其时他的文章能够阅读的人甚少,未能在广大民众中产生共鸣,包括他自己撰写的反映其变法思想的《新学伪经考》、《孔子改制考》,他的学生梁启超所写的《论不变法之害》,还有谭嗣同的《君主之祸》,薛福成的《变法》、王韬的《变法自强》以及严复的《救亡决论》等文,及至后来康有为的上清帝书,以及密呈皇上的禀告,除上清帝第一书,有十六省六百余名士大夫签名外,其余的都与士大夫们关系不大。真正同意康有为要求清帝改革官制,仿效日本明治维新实行君民共治国家的人以及真正了解变法的原因和本意的人很少。因此当变法运动真正威胁到清廷的命运,要与清政府维护的封建专制统治较劲时，不仅清朝的保守官僚反对，就是一些原先表示同情和支持维新变法的官吏如奕䜣等人也会为自己留后路发生动摇。多数赞同维新的士大夫更是抱观望的态度。由于舆论准备不充分和发动面狭小，多数民众对于这次改革不知所以然，这样的变法运动要得到民众支持很难。因此，这样的一场思想解放运动可说是有头无尾，表面看来似有声势，但实质上未能形成改革的强势。

可见，凡是涉及社会重大的政治、经济、文化改革的大事，思想必须领先，舆论准备必须充分，只有人民大众了解改革的原因和真相，形成一种强势，改革才能顺利进行，在进行过程中才能调整各方关系，保持国家和民众的利益协调，才会得到广大民众的支持。凡是人民大多数不支持不拥护的改革都不会成功。社会改革，尤其是政治改革都是动摇根本的行为，广大民众的态度是检验改革正确与错误的试金石，民众不理解不支持的改革不能进行，凡是人民大众支持和拥护的改革都必须坚决地进行。这是维新变法给后人的一个重大的有益的启示。

第二，社会改革必须以国家民众的利益为依归。

康有为在维新时期的政治意向是通过保存皇权的前提下有限度地进行政治体制的改革，借以稳定社会，然后进行经济、文化各方面的改革。但对当时的中国来说，实行"君主立宪"，根本不可能突破过去几千年形成的专制体制，废除封建等级观念，也不可能突破中国政治上的"体用"分离。而且当时中国社会改革的问题非常复杂，中央要集权，地方督抚要分权，立宪派要民主要自由，而老百姓则要求民生解决生存问题。维新变法以君主立宪作为政治改革的中心，虽然它不是设立议会，实行民权，但它的变法必然会碰到各种政治势力较劲的焦点，牵一发而动全身。而对于千千万万的百姓来说，他们关心的重点则是民生问题，政治改革能否给他们带来实实在在的、看得到的利益和好处，是他们关注的重点。如果离开了这一点，再多改革的大道理，它们也不会发生兴趣，更加不会主动起来支持所谓的改革。康有为在《上清帝第二书》中，将"恤穷"与务农、劝工、惠商并列作为救国的四大要政，提出救国必须从"扶贫济弱"开始，他坚信只有国民走出"穷弱"，国家才能变得强大起来。这无疑是可喜的！这是康有为第一次接触到了近代中国民众的根本问题，说明他开始意识到民生问题的重要性，但他始终没有把民生问题与民权乃至民族的问题有机地紧密结合起来，将解决国家独立、社会民主与百姓的民生幸福问题作为社会改革的中心议题，也始终没有把那些爱国的和主张社会进步的各种人团结起来，获取广泛的支持。甚至冲动而为，在还没有向民众宣传让民众了解其改革的中心内容和本旨的情况下，就急着要光绪下诏维新变法，这样的变法，当权的保守派不以为然，广大的民众也只是在看热闹没有发生共鸣。所以，康有为的戊戌维新未能以民众的利益为依归，单从呼请清政府救亡图存着眼强调维新变法，势必将国民的爱国主义热情引向保大清的歧路，到头来只能让民众失望，让爱国革命的人士抓住维新派这个弱点掀起攻击维新派的大潮，从而又扰乱了民众的思维和转向支持革命。这也是维新变法运动给我们当今社会改革和建设提供的一条极为重要的经验教训。

三、政治筹谋之时代价值

如果从1888年上清帝第一书开始算起，康有为在中国近代政治舞台上活动达三十余年之久。他的西体中用的政治思想十分丰富，前期以启蒙、改革、爱国为主要特色，曾经对整整一代人产生了深刻的影响，无疑在中国近代思想史上以浓墨重彩写下了辉煌的一笔！戊戌变法失败后，他依然坚持君主立宪的政治立场，先后提出了保皇论、虚君共和论、答孔论等多种政治主张，这些主张由于在根本观点上明显地脱离了当时中国社会发展的实际，因而落后于时代潮流，难以起到积极的作用。但是，康有为后期政治思想又不同程度地深入触及中国近代政治领域中若干带有普遍性和根本性的问题，而且，他仍然保留了前期的那种爱国精神和谋求中国政治改革的态度，这些都是不能一笔抹杀的。

康有为的政治筹谋是"理想"与"现实"并存。既有客观上对人类总体趋势由"据乱世"到"升平世"的理想预测，又有对本民族命运即中国"若紊其序、则必大乱"的现实关切；既有对人类社会历史演进轨迹的独到、系统、西化的理解，同时又颇有顾盼、依恋、维护中国传统"保皇"、君权高于民权思想的因子。

（一）前期的政治谋求

康有为的政治筹谋充分地体现在其一系列的政治思想当中。从前期看，其政治思想主要包括在他的变法思想里，也是变法思想的核心内容。戊戌维新时期，他的政治思想主要是通过向皇帝上书、上折和进呈书籍来阐明。在他之前，从来没有一个思想家敢于像他那样把他们改革中国政治体制的建议和设想反复向皇帝提出。他首次倡导了政治体制上的中西结合，最早在中国提出了立宪政体，并提出了兴民权、设议会、进行选举和地方自治等具体的宪政方案。在坚持儒家传统和帝制的前提下，逐步学习西方的立宪经验。

康有为的君主立宪思想，集中地反映在戊戌时期他的上清帝书和奏稿中。他认为鸦片战争后中国社会的历史发展表明，必须改变旧的政治制度，尤其是甲午战后，如果不尽快改革，随时都有亡国的危险。因此他大声疾呼："若不惊不忧，不畏不修，不改厥谋也，哀的美敦书之来无穷也，不日不月皆可来也。"① "能变则全，不变则亡，全变则强，小变仍亡。"② 这反映了他强烈的爱国主义精神和要求实行改革的愿望与决心。但是他所主张的改革，并不是废除封建君主，而是实行君主立宪。他主张效法日本和俄国，并向皇帝进呈《日本明治变政考》和《俄罗斯大彼得变政考》等书，希望学习日、俄，实行自上而下的资本主义改革。如果做这样的改革，必须首先要否定封建君主至高无上的权威地位。他说："王者称为天子，不过取尊称云尔，实则凡人皆天之子也。"③ 这是对封建统治秩序的大胆突破。皇帝被从人神之际拉回到凡人百姓的地位，打破了几千年来君权神授的封建正统思想。他还提出："人君与千百万之国民合为一体，国安得不强？"④ 这表明此时的康有为已经对人民的力量有了一定的认识。当然，这些只是理论上的阐述而已，一旦落实到现实生活，却是另一番表现，他对光绪皇帝异常尊崇，丝毫不敢冒犯，一副诚惶诚恐的样子。他想依靠的仍是皇权，在此之下恩赐给人民一些权力，表明了他对封建势力的妥协，其思想的不彻底性。

康有为君主立宪思想的核心是建立资产阶级的议会制。他说："今天下之言变者，曰铁路、曰矿务、曰学堂、曰商务，非不然也。然若是者，变事而已，非变法也。"⑤ 要变法，就要进行政治制度上的改革。在公车上书中，他提出从地方各府县每十万户中选举出一名"议郎"，在北京武英殿"轮班入值，以备顾问。并准其随时请对，上驳诏书，下达民词。凡内外兴革大政，筹饷事宜，皆令会议于太和门外，三占从二，下施部行。所有人员，岁一更换，若民心推服，留者领班，著为定制"。⑥ 这是康有为最早提出的资产阶级式议会雏形。

在《上清帝第四书》中，康有为进一步明确提出要"设议院"，使"政皆出于一堂"，"事皆本于众议"，由议院来讨论和决定各种政事。他认为西方设议院，只是为了听取众议，"议院"被看作一个反映民意的咨询机构。这一见解与早期维新派的看法基本上吻合。但1895年《马关条约》

---

① 中国史学会编：《戊戌变法》第一册，上海：神州国光社，1953年版，第423页。
② 中国史学会编：《戊戌变法》第二册，上海：神州国光社，1953年版，第197页。
③ 中国史学会编：《戊戌变法》第二册，上海：神州国光社，1953年版，第233页。
④ 中国史学会编：《戊戌变法》第二册，上海：神州国光社，1953年版，第236页。
⑤ 中国史学会编：《戊戌变法》第二册，上海：神州国光社，1953年版，第216页。
⑥ 中国史学会编：《戊戌变法》第二册，上海：神州国光社，1953年版，第152页。

签订后，康有为出于寻求切实可行的变法维新之路的迫切需要，开始大量搜阅日本书籍，对日本明治维新的做法作了比较深入的考察研究。对于"议院"制度有了比较深入、全面的了解后，他对"议院"的认识逐渐发生了转变，这反映在《日本变政考》一书中。在此书中，康有为谈及了议院的三种关系：第一，"议院"与"民"之关系："人主之为治，以为民耳。以民所乐举乐选者，使之议国政，治人民，其事至公，其理至顺。"第二，"议院"与"君"之关系：君犹"脑"也，"议院"犹"心也"，"脑有所欲为，必经心，心斟酌合度，然后复于脑，发令于五官四肢也。苟脑欲为一事，不经心议决，而率然行之，未有不失过也"。君主应在"议院"的指挥下发号施令，"议院"显然比君主更重要。第三，"议院"与"政府"之关系："统而言之，主权在天皇，立法属议院，行政属内阁政府。议院不得权过政府，但政府不得夺议院之权。……此宪法之主义也。"① 议院掌握立法权，并受到宪法的保障。根据这些基本原则而建立起来的"议院"，显然已经不是作为"通下情"的咨询机构，而是成了"立法"机构和"民权"的政治代表。议院甚至有权根据具体情况，驳回皇帝的诏书，采纳资产阶级的建议，这是康有为对西方资产阶级三权分立学说的直接运用。这反映了已经登上历史舞台的中国资产阶级要求参与国家管理的迫切心情。

正是充分认识了议院的重要性，所以康有为把议院称为"泰西第一政"，并视作变政的起点和终点，从而将设议院作为变政的最高理想和他孜孜以求的政治目标。在当时中国这样一种社会背景下，对议院的认识能达到如此的高度实属可贵！

维新前夕，康有为第五次上清帝书，再次明确提出国事付国会议行，并请颁行宪法的要求。他所说的"宪法"，是与旧式典法根本不同的。就性质而言，"宪法为永远不黜之宝典"，这就是说，"宪法"至高无上，君主和人民都必须在宪法规定之内享受权利义务。就宗旨和基本内容而言，一是宪法维护君权，规定"主权在天皇"，"成立天皇之大权"。二是宪法保障"民权"，"成立臣民之权利"。主要表现在国家"政治之得失，付之众庶议决"；制定法律，"须询众谋之金允，无隔膜勉强"；国家财政收支，"予夺出于民心"，"决算报于众庶"。三是宪法确立"三权分立"的政体，规定"立法属议院，行政属内阁政府，议院不得权过政府，但政府不得夺议院之权。政府宜极力保护民人，不得侵刻，人民宜极力尽心国事，群合

---

① 黄彰健：《戊戌变法史研究》，上海：上海书店出版社，2007年版，第217～219页。

一心,以助国政",并另立"司法之权"。① 可见他所描绘的宪法,已经是比较正式的君主立宪的宪法,它从国法的角度否定了君主的专制,不过,它又带有日本式的浓厚的尊君色彩。在变法运动时,其主张要义有三:大誓群臣以定国是,立对策所以定贤才,开制度局而定宪法。这就是他的变法三纲。他认为西方各国富强的根本原因,不仅是经济技术发展所造成,更重要的是政治制度的改进。他说:"欲除壅蔽,莫如仿照泰西,设立议院,……拟请设立上下议院,无事讲求时务,有事集群会议,议妥由总理衙门代奏,外省由督抚代奏。"② 他的目的十分明确,就是要在中央设立议院,使资产阶级取得合法的地位,利用合法的机构来表达自己的政治要求,为此还想通过定宪法的形式来巩固政治权力,变法时期的许多举措,也都为此而提出。他认为这是使中国转衰为盛切实可行的办法。但是由于他的这一思想并不彻底,比如议院的议郎选举标准是"公举博古今、通中外、明政体、方正直言之士"③,这就并不能完全保证资产阶级的当选。事实上,议院始终没有设立起来,仅仅出现在纸上而已。这一方面反映出作为从地主阶级知识分子转化过来的资产阶级政治代表,对西方资本主义制度的本质认识还有待于深化,另一方面则又反映出当时资产阶级的力量还很弱小,没有足够的实力,只好寄希望于开明的皇帝,想通过光绪来实现其政治纲领,不得不向封建势力妥协。

为了推行他的政治纲领,康有为大力提倡改革中央机构。首先,要裁减、合并一批臃肿庞杂的官僚机构,所有多出的冗官一概裁汰。其次,要求君主设立"制度局"以推行新政。康有为认为,制度局是推行新法的执行机构,它是"变法之原"。以"开制度局"为中心内容的奏折,是康有为戊戌年所上最多亦最重要的奏折。主要有上于总理衙门大臣召见之后的《请大誓臣工开制度新政局折》和上于光绪帝亲自召见之后的《请御门誓众开制度局以统筹大局折》,还有代数人所拟的开制度局折等。康有为对"开制度局"看得很重,他认为,如果要变法,那就应该从开制度局下手。他还认为,日本所以能够一下子强大起来,其根本原因就是开制度",所以开制度局是存亡强弱第一关键。因此他根据西方三权鼎立,仿照日本变政模式,以"制度局"为核心建立了一套新的政治体制。在康有为那里,"制度局"就是"三权"中的"立法官",它的主要职能是议决政事,制

---

① 黄明同等:《康有为早期遗稿述评》之《日本变政考》卷十一,广州:中山大学出版社,1988年版,第168页。
② 转引自赵洪刚《论戊戌时代康有为的君主立宪思想》,《辽宁师范大学学报》(社会科学版)1993年第4期。
③ 中国史学会编:《戊戌变法》第二册,上海:神州国光社,1953年版,第153页。

定宪法。他所说的"宪法",虽然还不能完全划清与中国旧式"典法"的界限,但与君主立宪的"宪法"是一致的。

按照康有为的设计,"制度局"已经是一个立法权力机构,"具有某些资产阶级议院的性质和作用"①。它虽设于内廷,并以王大臣为总裁,但妙选通才入直,人员多由维新派所组成,很多事情是与皇帝一起共同讨论的。显然,开"制度局"是要取得维新派的参政权力,对清朝从中央到地方的旧式封建官僚政治机构全面加以取代,由维新派来掌握中央立法、行政权,无疑是维新派在最高层次上参政掌权、领导新政的一种形式;此外,按照康有为的设想,要设法律、学校、农业、铁路、邮政、矿务、游会、陆军、海军等十二个局负责各方面的事务。很明显,这是要建立起一个资产阶级的政权机构,具有行政中枢的地位,来推行各项变法措施。没有这样一个机构,变法维新只能是空谈,这一点康有为看得很清楚,他把制度局比作南书房和军机处,可见其重要地位。

开"制度局"建议的提出,表现了康有为所代表的维新派力图在中国政局中发挥主导作用的迫切愿望,也是维新派在政治纲领上的重要进步。正如康有为所说:"制度局不开……犹泛沧海而无航,经沙漠而无导,冥行乱驶而当风雨雾雪涛飓之交,而欲延登彼岸,不致沉弱,岂可得哉"②。如果"制度局不开,琐碎拾遗,终无当也"③。他不是把君主,而是把维新派当作拯救中国的舵手和向导。从上清帝第六书正式提出"开制度局"起,它就明确成为维新派的政治纲领,并作为变法维新的三大政策之一。正因为"开制度局"对于改革封建君主专制政治具有很大的尖锐性,所以在封建顽固派中引起了非常强烈的反响。康有为在自编年谱中记述当时情况时曾说到,"制度局"主张一出,"于是流言纷纭,……京朝震动,外省悚惊,谣谤不可听闻矣"④。顽固派不仅通过流言来阻挠变法,而且在慈禧支持下,通过他们把持的"部议"拼命抵制,对康有为的建议多次加以批驳。后来的结果是实际上否定了制度局的主张。

当然,"开制度局"也表现出康有为所代表的维新派对于君主的极大依赖性。制度局的成员不是经过选举产生的,而是由皇帝定的;它设于内廷,在讨论政事的时候,皇帝亲临,派王大臣为总裁,共同讨论。这样,它就势必不能成为一个真正代表民意的、独立的立法权力机构,并且仍然

---

① 房德邻:《浅析康有为开制度局的主张》,《光明日报》1983年12月14日。
② 转引自刘大年《戊戌变法的评价问题》,《近代史研究》1982年第4期。
③ 中国史学会编:《戊戌变法》第四册,上海:神州国光社,1953年版,第159页。
④ 康有为:《康南海自编年谱》,马洪林、卢正言编注:《康有为集》(年谱卷),珠海:珠海出版社,2006年版,第53页。

带有浓厚的咨询色彩。因此，它和设议院一样，都是对封建统治阶级实行严重妥协的、空幻的政治方案。

地方政权也同样加以改革。一方面对原有官吏进行考核，改变任官制度，取消捐纳，选拔新人，淘汰旧人。另一方面设立新的机构，于地方各道设民政局，县设民政分局，地位权力与原来的督抚、知县相同。这是与制度局相呼应的地方政权机构，他设想地方各事，"凡地图、户口、道路、山林、学校、农工、商务、卫生、警捕，皆次第举行"①，也就是说，逐步建立这些机构，把这些权力逐渐地从封建官僚手中转移过来。这样，中央有议院、制度局，地方有民政局、民政分局，自上而下地建立起资产阶级的政权体系。然而，康有为在采取这样的措施时，并不是要马上取消封建的政权机构，而是仍允许其继续存在，只不过各种具体事情逐步由新机构来办理，以缓和反对改革的压力。这种妥协，应该说是一种比较符合实际的措施。资产阶级的力量这时还很有限，无法与封建阶级做更坚决的斗争，采取这样一种和平转移政权的方式，在不推翻封建主义的基础上，逐步实行资产阶级性质的改良措施，来实现君主立宪式的资产阶级政体模式。

康有为提出以君主立宪政体来取代封建制度，是中国近代政治思想发展过程中的重要一环。他代表民族资产阶级上层的利益，向封建统治阶级提出自己的政治要求，并把这一要求付诸政治实践，指导了轰轰烈烈的变法维新运动，产生了重大的历史影响。

然而，由于认识的、阶级的和时代的限制，康有为的君主立宪思想还是很不成熟、很不彻底的，存在两个明显的问题：第一，君主立宪的前提和实质是限制乃至否定君权，对于这一点，康有为在力倡变政时，却认识不清或不敢承认；第二，康有为主要是从日本变政的文实中来认识资产阶级宪政制度的，他只有对于日本模式的宪政制度的具体了解，而对西方以资产阶级民主主义为精髓的宪政思想学说并无多少明确认识。因此，在他认为对宪政需要从理论上加以阐释的地方，他所运用的大多都不是西方资产阶级的理论，而是中国传统的开明政治思想观念或作为实例证明这种观念的传统史鉴。这样，在他的变政蓝图中就出现了一种奇特的现象：变政的体制建设是资产阶级民主式，而它的理论形态却是封建开明政治式的；他为理想的新政产儿塑造了一个西方近代资阶级形体的躯干，却又为之安上传统开明政治的精神头脑。此外，他的君主立宪思想还有不少的弱点，有的模糊不清，有的互相矛盾甚至不合时宜。比如，在对待封建国家的态

---

① 中国史学会编：《戊戌变法》第二册，上海：神州国光社，1953 年版，第 202 页。

度上,他反对根本的改革,不想废除封建的政权机构,只想增添新的机构,实际上二者不能并存;在对待封建最高统治者的态度上,他表示绝对的忠心,主张君主拥有广泛的实际权力,这一点为后来的清政府所利用,他本人也从这一立场出发反对革命,成为一名时代的落伍者、革命的敌人,这是他的可悲之处;在对待人民群众的态度上,他始终持敌对的态度,把人民群众反抗封建压迫的斗争看作内乱,想通过变法来扑灭人民反抗的烈火,与封建统治阶级完全站在了一起,这一点正是他思想后来倒退转变的重要基础,表明了作为一个从封建知识分子转变为民族资产阶级政治代表的不彻底性。

总的来说,康有为的君主立宪思想从未达到西方君主立宪思想的高度,是中国半殖民地半封建社会的产物,但又具有爱国、反对外来侵略的突出特点,是中国近代历史发展中不可缺少的一环。

(二) 后期政治谋求

以 19 世纪末的变法运动为界,康有为的政治思想发生剧烈转向,从革新的变法派到保守的保皇派,成为跟不上时代潮流的遗老人物。这种"两分法",长期以来成为研究康有为后期思想的主流视角。[①] "地方自治论"、"虚君共和论"、"孔教国教化"这三点构成了康有为后期政治思想的主干,对这三点的系统分析和重新梳理,并对之进行复合性思考,可以对康有为后期政治思想有一个更客观、更深层的认识。

1. 地方自治论

流亡后的康有为,开始反省戊戌变法时自上而下改革失败的教训,撰述了《官制议》等大量政论系列文章,继续探索中国政治改革方案。他主张革新中央与地方政府管理体制,增强政府管理效能,着手在地方层面上启动"地方自治",推进中国的政治文明。1902 年,他发表了《公民自治篇》,成为《官制议》系列文章之一,其内容可归结为三个方面:

第一,近代欧美和日本正是通过实行地方自治,才迅速推动了国家的强大。究其原因,是因为地方自治下国家事务不再是政府少数高官及地方官僚的专利。

康有为鉴于鸦片战争以来中国一败再败的历史情势,更加感愤于甲午之年中国败于东洋岛国日本的惨痛事实,通过深入观察欧美、日本各国的政教与历史,认识到日本、欧美各国之所以国家富强,根本原因在于:以

[①] 参见竹内弘行《后期康有为——亡命·辛亥·复辟·五四》,《京都大学人文科学研究所共同研究报告》,1987 年。

民为国。"人人有议政之权,人人有忧国之责,故命之曰公民。"① 他指出,欧美、日本各国实行公民制度,使人人视国为己之家,人人得以公议其利害,上有国会之议院,下有州、县、市、乡之议会,故其爱国之心独切,亲上之心甚挚。由此数千万人共同担负国家之责任,故弊无不克,利无不兴,事无不举,力无不入。这是已经得到广泛验证的国家富强之道。

海外游历使康有为对欧美、日本等发达国家的文明进步有着切身体验:"今欧美之日强,人民之日智,地利之日出,学校之日盛,技械之日精,宫室桥梁道路之日修,警察保卫之日安,赋税之日多,医病恤贫之日仁,铁路银行之日广,山林渔泽之日辟,因以整其兵备,精其航船,以横于大地,剪灭东方,此其本非在国政也,非在政府及疆吏令长之一二人也,乃由于举国之公民,各竭其力,尽其智,自治其乡邑,深固其国本故也。非惟欧美而然也,日本明治维新以来,行地方自治而骤强矣。又非惟日本为然也,专制威权无上之君权若俄者,亦已行地方自治矣。故自安于愚贱,而不与君国分其忧、共其任,此所以颓败而失其本也。故通地方自治之制,知古人之所以胜于今者,在有合乎封建之意;欧美之所以胜于中国者,在以民自治而不代治之也。"②

康有为在把中西方地方自治制度的优劣进行比较后,认为美国州县之自治,不能采用于中国。而法、德、英、日地方自治之法,有都市镇之治,有乡村之治,其制略同。"今中国举行地方自治,因乡邑之旧俗,而采英、德、法、日之制,可立推行矣。"③ 他还认为,今中国民智未开,虽未能遽立国会,而各省、府、州、县、乡、村之议会,则不可不立矣。

第二,地方自治制度并非欧美、日本各国所新创,实则中国三代、汉、晋、六朝以来古以行之。

康有为认为,古代乡遂、三老之制,都已经含有地方自治的意义。近代以来,中国工商百业善堂皆有行、有公所、有总理值理之人。如今上海之广帮、浙帮、苏帮、徽帮、闽帮,则以地聚众而自治;钱业、丝业及广东之七十二行,则以业聚众而自治之。皆在国家法律之下,而国家听其自立,未尝分毫挠之。此工商业所以盛也。但对这种传统自治体制,"国家不为定律,而乡官不入典章,无以增其荣而予其权,故治效不著。且无公民以担国事,则民自安于愚贱,而不与君国分其忧、共其任,此所以颓败而失其本也。故通地方自治之制,知古人之所以胜于今者,在有合乎封建

---

① 康有为:《公民自治篇》,《壬寅新民丛报汇编》,第215～218页。
② 康有为:《公民自治篇》,《壬寅新民丛报汇编》,第215～218页。
③ 康有为:《公民自治篇》,《壬寅新民丛报汇编》,第215～218页。

之意；欧美之所以胜于中国者，在以民自治而不代治之也。"①

康有为指出，中国古代乡官虽类似于近代地方自治，但其立法之意，但以为国，非以为民，但求不乱，非以求治。故自来地方政论，皆以清静无为、宽简不扰为主。此皆老子愚民之法，所谓常使民无知无欲，安其居，乐其业，美其服，老死不相往来。夫所求不过如是，乃与今竞争之理相反。地方自治之法，中国固已行之，而广东尤盛。以少数地方官任事，事必不给，故地方之事务，不能不民自为谋，不能不民自为理。即以南海同人局为例，其治下凡三十六乡，男女约五万，局有长二人，以进士、举人、诸生充之，乡人有讼断于是；局勇二十人，有武官充之，犹警察官也，有书记一人，司会一人。此类地方局制，广东几乎遍省有之。但国家未为定制，而议员局长不由民举，故时有世家巨绅盘踞武断之弊，而小民尚蒙压制愚抑之害而不得伸。此制之害，在于旧俗之源出于国治，而非出于民治，故虽美而未尽善。因而其"自治"仍只能称为是一种单纯的民俗自治。

康有为提出，以中国传统乡官之制为基础，由国家制定法律规则，地方自治可顺利施行。他说，今若就广东先行之，为定乡官议员之制，听令各乡斟酌其枝条细目，则可立为施行矣。"夫万国自治之效若彼，中国故事自治之善制如此，察之现时之民俗自治之制已具，故以势言之，中国不能不改地方自治，以俗言之，中国已行地方自治，在一转移间耳。"②

第三，康有为希冀从底层结集中国传统士大夫的政治能量，扩大其支持的基盘。

他认为，地方自治既可以赋予乡绅等地方实力者参与国政的特权，将他们编入体制之内，又可确保中央对基层末端的渗透和控制，达到国家的长治久安，是一种两全其美的选择。

随着清末西方议会制度等近代政治思想涌入中国，无形中激活了中国传统的自治思想，为康有为在一个新的层面上构筑其"地方自治论"，提供了强有力的理论依据。流亡中的他，认真考察了欧洲各国的自治制度和日本明治维新的地方自治后，认为日本的地方自治不仅改善了地方政治，而且又强化了中央政府对地方的渗透和宏观调控，最终实现了国会的开设，一举奠定了君主立宪制的近代国家体制。这一改革流程，非常值得中国仿效。由此，康有为推出了自己的地方自治改革方案，主张以乡绅主导下的乡村自治的民俗为基础，导入西洋近代的立宪议会制，给予乡绅等作

---

① 康有为：《公民自治篇》，《壬寅新民丛报汇编》，第215～218页。
② 康有为：《公民自治篇》，《壬寅新民丛报汇编》，第217页。

为议员参与国政的特权,以此为媒介,促进地方的活性化,并将地方的末端也归入国家权力的一元支配之下,从而最终构筑起强有力的统一的近代国家。

20世纪初,清王朝为挽回行将崩溃的命运,掀起了声势浩大的地方自治运动,其指导思想,有很大一部分可以从康有为那里找到源头。当然,日本明治政府的地方自治,是新政权在新的政治、社会的基盘上,改造原先自生发展起来的"自治"而成立的,是一种比较彻底的"推倒重来",而康有为构想的地方自治及其推动的实践,则是在温存现有社会秩序前提下的变革。这种变革,沿着康有为构思的相反方向急速展开,也在情理之中。

可以说康有为有关地方自治的思想是20世纪初年关于公民制度和地方自治问题最为系统而深刻的表述,是康有为官制思想和宪政思想的重要组成部分。

2. 虚君共和论

康有为构想的救国方略,是希望在温存清王朝支配体制的前提之下,通过颁布宪法和确立君主立宪制,逐步实现向大同社会的平稳过渡。但辛亥革命后共和体制的确立,康有为君主立宪的原初构想被打破了。在这种背景之下,康有为在日本接连写下《救亡论》和《共和政体论》,阐述其虚君共和的主张,迅速完成了从君主立宪到虚君共和的思想转换。他这样描述:"虚君者无可为比,只能比于冷庙之土偶而已。名之曰皇帝,不过尊土木偶为神而已。"①"盖立一无权之君主,人不争之,于是驱其国人,只以心力财力,运动政党,只以笔墨口舌,争总理大臣,而一国可长治久安矣,无复岁易总统以兵争乱之患,不陷于无政府之祸,则君主者无用之用至大矣。"②

按照康有为的意思,虚君共和制,是他独自的造语,虚君的存在,并不是出于他的"尊皇"之心,而是出于一种功利性的效用。他认为,辛亥革命带来的只不过是中心权威的空洞化,迈入共和的时代,导致的是军阀的割据对抗。在这种背景之下,康有为推出"虚君",是要树立一种让人产生敬畏感的神圣存在,并以此为基础重建国家的政治体制。除了这种现实政治的考虑之外,康有为如此拘泥于"虚君",也与他作为传统士大夫的思想文化背景有着密切的关联。日本学者野村浩一是这样分析的:对出生在清末、生活于以科举制度为象征性标志世界中的学者、官僚、士大夫

---

① 《救亡论》,见汤志钧《康有为政论集》(下册),北京:中华书局,1998年版,第677页。
② 《共和政体论》,见汤志钧《康有为政论集》(下),北京:中华书局,1998年版,第688页。

等来说，毫无疑问，"天下"的世界，已构成他们赖以存在基底的最根本条件。可是，当国家采用共和政体、确立总统制，在一瞬间，当人们明白在这个世界上除了赤裸裸的武力独裁之外其他一无所有时，时代揭示的课题，就不仅仅是单纯导入制度的是非问题，或者说是如何面对"世界"解体这一事实及如何采取各种措施应对的问题，而是必须要从正面去追问这种解体所蕴含的深层意味。①"天下"的世界，长期以来一直是中国传统知识阶层最为看重的东西。辛亥革命后，面对"天下"的解体，康有为必须直面这样一个问题，在"共和"的世界中，世界安定与安宁的最后保障究竟是什么？这或许是他执著于"虚君"的一个重要的思想根源。显然，在共和民主的潮流之下，康有为拘泥于皇帝意识、固执于"天下"观念，这自然成为革新派最好的攻击靶子。但在当时混乱、分裂的政治局面下，康有为希望借助体制内虚君的凝聚求心力，实现民国社会在帝国崩溃后的统合，并最大限度汇集有效的社会资源，实现国家的富强，这种价值取向，还是具有积极意义的。

3. 孔教国教化

清末政治改革运动掀起之际，正是康有为在广州长兴里万木草堂收徒讲学之时，他提出采用孔子纪年的主张。特别是 1898 年的《请尊孔圣为国教立教部教会以孔子纪年而废淫祀折》②，是康有为推动孔教国教化的一份明确宣言，是"进入民国之后成为中国思想界、政界大问题的孔教论的出发点和雏形"③。在变法运动时期启动的孔教国教化运动，随着戊戌政变而流产。辛亥革命的爆发，令康有为的"保皇"理想化为泡影，但同时也为康有为推行孔教国教化提供了新的契机。梁启超曾这样分析康有为复活孔教的动机：然以为生于中国，当先救中国，欲救中国不可不因中国人之历史习惯而利导之。又以为中国人公德缺乏，团体涣散，将不可以立于大地，欲从而统一之，非择一举国人所同戴而诚服者，则不足以结合其感情，而光大其本性，于是乎以孔教复原为第一着手④，康有为从传统思想中挖掘维系国家统一的精神纽带，这固然体现出他的保守气质，但这种重视历史传统连续性的价值取向，仍有借鉴性意义。

在康有为看来，孔教浓缩了中华文明的精华，它是全中国人唯一的正

---

① 参见野村浩一《中国 1910 年的思想世界——以〈新青年〉为中心》，《立教法学》1984 年第 23 期，第 30 页。
② 中国史学会编：《戊戌变法》第二册，上海：神州国光社，1953 年版，第 230～235 页。
③ 岛田虔次：《辛亥革命时期的孔子问题》，小野川秀美、岛田虔次编：《辛亥革命的研究》，1978 年版，第 9 页。
④ 参见中国史学会编《戊戌变法》第四册，上海：神州国光社，1953 年版，第 15 页。

统学问，中国社会的精神支柱。他还特别强调，孔教之所以能够成为"国教"，是因为它具有世界性和包容性，是建立在儒学普遍主义的基础之上的。为了力阻儒学沦为一种边缘化的意识形态，康有为从构建变法运动的理论框架开始，就拿出开放性的态度，将佛学、道学和西洋学问等统统包摄在儒学的庞大体系之中，并致力于在儒学与西洋之学之间寻找结合点。康有为的构想，在无形中催生了一种世界性的普遍公理的观念，也就是说，中华文明和西洋文明，可以在同一公理的支配之下、在同一价值参照系之下进行交流和沟通。他在这方面的理论贡献，是非常值得一提的。但是，孔教国教化运动，其保守的气质及理论的内在矛盾显而易见。而且，推动孔教国教化运动的绝大多数是清朝的遗臣及要求捍卫中国传统文化的乡绅等，他们的思想系谱，与康有为追求的带有民族主义色彩的国家统合及希望通过高扬"中国之魂"来强化国家凝聚力的初衷是背道而驰的。运动最终沦为对抗中央集权政治、维护乡村秩序的一种道具，这是康有为始料未及的。

在列国并争、朝贡体系崩溃的时代，面临严峻存续危机的中华帝国如何才能平稳地顺利过渡转换为一个近代文明国家，这是康有为一生始终所关注的最大课题。亡命之后的康有为，为中华帝国向近代文明国家的顺利转轨，开出了一个综合性的"药方"，那便是"教化"、"政治"、"物质"三头并进，平衡发展。首先，在"教化"方面，康有为在儒学普遍主义的基础上积极提倡以孔教国教化为中心的"国家认同"。这种"认同"，是建立在一种文明论的基础之上，这超越了王朝变迁、种族关系等取向，具有根本性的指标意义。康有为认为，君主立宪、三权分立、司法独立、责任政府等，这些东西各国通例具存，不难摹仿，唯有这精神支柱的确立，是事关能否形成举国认同之势的最关键要素，是最重要但也是最难以完成的一项伟业。康有为在辛亥革命之后醉心于孔教国教化运动，原因就在于此。

基于这种建立在儒学普遍主义基础之上的"国家认同"，康有为选择在传统"天下"的框架内、以皇权为中心来推进国家的变革。康有为提出的"虚君共和论"，可以说是这一构思的具体体现。康有为构想的这位"虚君"无论是宣统帝或其他相应的人物，他首先是一种统括民意的象征性存在，同时也是孔教在现实政治生活中的代表。可以说，康有为主张政治上的虚君共和与思想上的孔教国教化并用，力图打开民国初年的政治混乱局面。

康有为"地方自治论"的核心，是传统的共同体秩序以怎样的方式再编和统合的问题。清末以来不断恶化的统治机构的分裂与社会规范的崩溃,引发的是国家统治能力的极端弱化,康有为的"地方自治论"的目标是要通过改善地方政治,最终实现国家权力的一元支配,这与"孔教国教化"和"虚君共和论"的构想有着异曲同工之妙。

综上所述,围绕着专制体制向近代文明国家的转换,康有为在"教化"、"政治"等诸领域都展开了颇具特色的探索。如果对之进行复合性思考,我们当会发现,虽然在他身上不时体现出作为传统士大夫的历史重荷和思想局限,但其前后的整个政治思维以及思考的核心问题,是没有出现明显的断层的,他提出的一整套改造中国的政治纲领,无疑是一束闪亮的思想火花。

四、经济伦理之时代价值

康有为在揭起维新变法的旗帜、力主政治体制变革的同时,对中国的经济发展问题也给予了诸多关注,形成了独具特色的近代化经济伦理思想。他一生从事政治、学术,同时也亲身参与了许多经济的活动,算得上是一个经济人物和文化商人。

康有为从外国资本主义商品倾销的经济侵略中,体会到商业在国家经济中必不可少的地位,确立了以商立国的思想体系。"以商立国",并非康有为所发明,他并没有专利权,因为明中叶以后的中国早期资本主义萌芽,"重本抑末"的传统经济伦理观已经被动摇,王阳明提出"士农工商"、"四民异业而同道"的思想,何心隐把商贾从四民的末位提到第二位,郑板桥把工商列为第二、三位,把"士"摆在最末。明末清初黄宗羲已经提出"工商皆本"的主张。可见,步入近代的中国在经济伦理方面也有了较大变化,发展工商业和兼顾富国利民抵御外侮的整体利益,成为当时经济伦理的重要特征。魏源提出"使商获利",但仍留有"重农抑商"的痕迹。洋务派人物提出学习西方重视工商,引进船坚炮利的军工,逐步发展出其他民族实业。郑观应写下《盛世危言》,提出"决胜于商战"、"国以商为本"的著名论断。然而,把"以商立国"做为经济改革的目标,把重商主义思潮推向顶点,当属康有为。他明确提出"以商立国"这一极具近代资本主义意识的口号,表明他把工商业提到了前所未有的高度,使中国传统的经济伦理实现了向近代化的转变。

早在1895年的公车上书中他就尖锐地指出:"凡一统之世,必以农立国,可靖民心;并争之世,必以商立国,可侔敌利,易之则困敝矣。""且夫古之灭国以兵,人皆知之,今之灭国以商,人皆忽之。以兵灭人,国亡而民犹存，以商灭人，民亡而国随之。中国之受弊，盖在此也。"① 他认为，在国际商业贸易竞争激烈的时代背景下，盛行于中国达数千年之久的"以农立国"的传统经济发展模式已远远落后于历史发展的潮流，它不仅无法抵御外来的商业攻势与经济侵略，而且还会招致亡国亡种的惨祸。他一再指出，西方列强以商灭亡弱国、尽收"辟地殖民之利"的先例比比皆是，诸如"英之得美洲、澳洲，荷兰之得南洋，皆以商会之故；英人之举印度万里之地，乃十二万金之商会为之，即其来犯广州，亦皆出于其商会所为"②。因此，中国必须大力振兴商务，刺激国内消费，繁荣国内市场。唯有如此，才能与洋商及洋货比较争雄，抵制列强"以商灭国"的经济侵略，保国卫民，从而避免中国沦为外国资本主义的商品销售地与殖民地。

　　康有为反复强调了处在当今列国并立之世，仍然闭关自守，轻视工商实在是不识时务之举。他在《列国政要比较表》一书中首先针锋相对地指出："一统之富不外泄，其利在农；列国之富在竞争，其富在商。国之贫富视其商务之多寡而可见矣。"③ 接着，他又着重分析了商业在国家经济中的地位，不仅是各种工矿企业联系的纽带，而且还是社会经济繁荣的标志。为了实现以工商立国的目标，康有为认为，首要问题是改变过去重农抑商的陈旧观念，国家提倡经商，提高商人的社会地位。凡有到海外考求商务者，政府要大开绿灯，给予扶持、资助。要从制度上规范商务市场，扩大流通渠道，禁止假冒伪劣，力争造成重商、经商的社会风气。西方各国都设有商务大臣，有商会、商学、商律，又有"商务比较场"、"赛珍会"，并专有"领事以查万国之货，有兵轮以护商旅之行"。④ 因此，才会出现商务繁荣、百业兴旺的局面。为此，他主张在国内设立商部，统一管理全国的商业事务。在各省设立商务局，具体扶持本地的商业进展，如设商会、办商报、成立保险公司等。他满怀真诚地希望，这些管理商业的专门机构，应当多方面地听取广大商人的意见，甚至由商人来直接主管，以保障商人的正当权益，切实起到繁荣经济的作用。

　　除了对外国发展资本主义的举措怀有欣赏和向往之意外，康有为亲自践行，实属文化商人。1898 年戊戌维新惨败后，他逃亡海外，并开始经营出版、报社、文化企业以至于房地产。之后，又陆续在国外华侨区和上海租界等地创办实业。1898 年秋冬之交，康有为和梁启超以"保皇会"的名

---

① 翦伯赞、郑天挺主编：《中国通史参考资料》（近代部分）下册，中华书局，1965 年版，第 16 页。
② 中国史学会编：《戊戌变法》第二册，上海：神州国光社，1953 年版，第 246 页。
③ 转引自孔祥吉《戊戌维新运动新探》，长沙：湖南人民出版社，1988 年版，第 212 页。
④ 中国史学会编：《戊戌变法》第二册，上海：神州国光社，1953 年版，第 265 页。

义，用入股的方式，向港澳华人、大洋洲和北美华侨集资，创办广智书局（位于上海外滩租界）和后来的新民丛报社。康有为利用华侨捐款进行政治活动的同时，把其中的相当部分用来投资实业，经商营利，又在海外做地产生意，以保障活动经费。一个典型的例子就是：1906年的春节，康有为访问墨西哥，受到隆重接待。当时墨西哥城正筹款修筑有轨电车，康有为利用各地华侨提供的捐款，购置电车轨道经过之处的地产。不久以后，这些地价上扬了好几倍，得到十多万银圆（墨洋）的赢利。

1914年康有为定居上海后，变卖了广东的房产，在上海买入地皮。转眼上海地皮飞涨，康有为从中获利很多。康有为平时还通过出售他的书法作品赚钱。从现在找到的康有为三件"书法润格"，可以看出"卖文售字"成了他晚年的重要活动之一。第一件是设在上海三马路（今汉口路）和北京竹斜街两地的"长兴书局"在1917年《不忍》杂志上刊登的卖字文告；第二件是1919年设在上海三马路山东路口的北京厂甸海王村公园的长兴书局在图书《物质救国论》末页的卖字广告；第三件是康府于1924年自印的《康南海先生鬻书例》。康有为书写各种墨迹，得心应手，游笔有余，人称"康体"。当时的官僚、地主、军阀、富商，附庸风雅，趋之若鹜，纷纷收藏康有为的墨宝，据说此项收入每月都有一千银圆左右，约等于今天四五万元人民币。

我们不难发现，康有为的经济伦理思想是他出于挽救民族危亡的爱国信念，是在向西方资本主义国家学习的过程中形成的。他一生对海外各国多有了解，并曾对多国进行考察，深受启益，同时批判地吸收了洋务派人物的思想，提出了发展民族资本主义经济的一些具体措施，并对这些做法给予了高度的道德评价。

康有为非常强调发展工农业及交通运输业，并把生产的进步视作商业繁荣的基础。他认为，西方的强国富民在于工商业。西方资本主义国家商务之所以兴旺发达，"其源则在农以出之，工以作之"。中国要富强起来，就应向西方学习，在努力发展农业的基础上，尽快发展民族工业和商业。此外，他对世界各国的进出口贸易额进行了分析比较后很有感慨地说："法、德、美民数仅当吾十一，而出入口货乃十倍于我，是富百倍于我也。"甚至像暹罗这样的小国，人民五百万，"不能当吾一大郡"，而出入口货却比中国还多数百万，"暹罗少变法，其富盛如此"，中国何以不能呢？他尖锐地指出："举大地最贫之国，以民数匀计之，无有若吾中国之贫者。"① 这种状况如不迅速改观，势必有一天被列强吞没。因此康有为主

---

① 转引自孔祥吉《戊戌维新运动新探》，长沙：湖南人民出版社，1988年版，第212页。

张中国只有尽快发展商业，与列强展开竞争，方能摆脱当前的困境及被灭亡的危险。

修建铁路对于促进国民经济的发展起着巨大作用，康有为对此认识是很深刻的。他说："觇国者不觇其智愚、富贫、强弱，但觇其铁路之多寡而知之。"康有为对各国兴修铁路的情况，在《列国政要比较表》中作了详细的比较，指出：比利时仅相当于中国一府之地，而铁路修筑了万余里，难怪"其富亦冠大地哉"；美国铁路有五十六万里，"故其民极智极富"。自同治十三年后，光绪即位以来的二十四年中，英、俄、德、法的铁路增长了一倍有余，意大利、秘鲁等国增长了三倍，智利、加拿大、土耳其增长五倍，澳洲、科仑比亚（哥伦比亚）增长二十倍。中国在同一时期，号称"中兴"，举办了数十年的洋务新政，而铁路的修筑却少得可怜，他说："我中国既在万国之末，又数年不能一举事，可异矣！"①

康有为认为要发展对外贸易是离不开轮船的。"国力之能加于外者惟轮舰，英最盛以此横绝大地矣。"② 西方资本主义国家很早就开始注意发展造船业。在二十多年中，希腊这样的小国，由八艘骤增至千余艘，发展特别快；而德国由二百艘骤增至二千六百艘，名列第三，真可谓泱泱雄风！中国却没有一船出洋，这与一个万里大国的地位实在太不相称了。

康有为还认为应当发展邮政事业。他说："通邮寄书生人所一日不能废者。""太古之世，民足迹不出乡里，老死不相往来"，因此无所用邮政。现在情况已大不相同，"万国交通，轮泊萦驰，出游者日多，则邮政日要"。国家只有尽快发展邮政事业，方可"上下交便"。③

康有为还从外国发达的经济中，充分认识到金融业在促进经济发展中的重要性。他主张中国应当改货币，设立银行，完善金融机构，为工矿企业的资金筹措服务。他猛烈抨击了咸丰以来的厘金制度。由于它的实行，导致"积弊日深，害民日甚，卡厂日增，密如织网，吏役日多，讬为巢穴。每省厘卡百数，吏役数千，吏则以溢额比较其劳，故争剥民以取盈，役则寝馈于是，争以刻商为能事"④。他十分羡慕外国具有完善的商业管理体系，合理的税收政策。而中国则不但没有护商之法，反而有害商之政。因此必须坚决取缔厘金制，以振兴国内商业。

---

① 转引自孔祥吉《戊戌维新运动新探》，长沙：湖南人民出版社，1988年版，第212～213页。
② 转引自孔祥吉《戊戌维新运动新探》，长沙：湖南人民出版社，1988年版，第213页。
③ 康有为：《各国比较邮政进款表》按语，转引自孔祥吉《戊戌维新运动新探》，长沙：湖南人民出版社，1988年版，第213～214。
④ 《奏请裁撤厘金片》，中国史学会编：《戊戌变法》第二册，第265页。

此外康有为特别重视造就技术力量和人才。他主张在发展民族资本主义经济中，必须努力培养、造就本国的技术力量和人才，认为这是"富强至计"。他多次上书，要求设立学堂，广开风气，造就国民经济所需要的各类人才。他指出："今万国之势，竞智不竞力，竞生徒不竞兵伍"[①]，"欧洲各国莫不竞励学校。其学校疏而生徒少者，弱且亡之国也。"他希望清统治者多方劝励人才，奖募创新，以便与列国比较，竞而胜之。他曾举例说过，要把美锦做成衣服，必须选择裁缝而为之，庖人虽精不能使用；即使泛舟小溪，也必须择榜人为之，舆夫虽捷不能使用。他将变法维新，建立和发展资本主义的经济基础，比喻为"泛万里大航"，经常会遇到狂风恶浪，没有专门人才如何驾驭得了？他曾分析了人才与富国强兵的关系：不开学校培育之，"无以为士农工商之本，不注意士农工商，无以为富国之本；不富国，无以为用兵之本"。[②]

由此可见，康有为是站在国家、民族的立场上，对有利于强国富民的事，给予肯定，极力推崇，进行伦理论证和辩护，藉以推动中国资本主义经济和民族实业的发展。

康有为在他的经济伦理思想中还表达了这样一个观点，那就是，经济方面的改革不能单独实行，必须与社会整体的改革同时并举，二者相辅相成，不可偏废。他十分重视从政治制度和意识形态的维度，为民族资本主义经济提供社会支撑，反映了他的经济伦理观的系统性和社会整体观。

他在《列国政要比较表》一书中，虽然是以分析比较各国的经济状况为主，但也有不少地方或直接或隐晦地将抨击矛头直接指向封建专制政体，为民族资产阶级上层人士直接参与清政府的中央决策机构制造舆论。他声泪俱下地告诉光绪，当前事势之急，间不容发，胶旅既弃，门户尽失，哪里能够再迟疑呢？他希望光绪以日本明治维新为图样，模仿日本的做法，对传统的祖宗之法实行大胆改革。其具体措施则是开制度局于宫中，拔通才以济时艰，百废庶政，一切更始。

康有为在《列国政要比较表》的许多按语中，表露出对西方资本主义政治制度的向往之情。他认为资本主义国家之所以有土地、财赋、学校、商货、兵卒、铁舰、铁路、电线等，并非只是因为那里的统治者诱之有方，励之有法，根本原因在于那里的政治制度比中国优越，"若夫美英国债之重，而国民不苦之者，彼皆民债，上下相亲、相信，与其寄资它所，

[①] 康有为：《各国比较学校生徒人数表》按语。转引自孔祥吉《戊戌维新运动新探》，长沙：湖南人民出版社，1988年版，第214页。
[②] 康有为：《各国比较铁甲、快船表》按语，转引自孔祥吉《戊戌维新运动新探》，长沙：湖南人民出版社，1988年版，第214～215页。

不若寄之国也……故有国者，务在爱民而教养保护之，与其农工商矿之政，国欲不富，不可得矣"①。

康有为在《列国政要比较表》中的这些按语，反映了刚刚由地主阶级转化而来的上层资产阶级分子，和一部分具有资产阶级倾向的地主阶级知识分子要求摆脱封建生产关系的束缚，尽快把西方资本主义生产方式引进我国的迫切要求。

基于这些认识，康有为力主建立君主立宪制，力图从政治的维度为经济的发展提供依据。即便是在后来与革命派的辩论中，甚至是在历史的潮流已经证明保皇就是开倒车时，他还是坚持走英国、日本的君主立宪之路，避免法国式的暴力革命，认为这样才有利于国家不发生动乱和割据，有利于国民经济的恢复和民族实业的发展。诚然，他的出发点是好的，注意到了政治制度对经济和社会发展的制约，吸收了西方的历史经验和教训，但他没有考虑到中国的具体国情，对早就不足以支撑江山的封建皇权存在幻想和愚忠。中国最后推翻了君主的专制，走上了共和的道路，并未如他所愿。

如果说，力主建立君主立宪制是与康有为的经济伦理相关的话，那么，提倡孔教儒学则是他从宗教意识形态来为民族资本主义发展提供理论依据的构想。他一方面看出了西方宗教的入侵中国，造成了中国人信仰的混乱，"保教"的任务与"保国"、"保种"一样艰巨和迫在眉睫。另一方面，他又看到了宗教意识形态对经济和整个社会的重要作用，认为中国要发展民族资本主义经济、要民富国强就要提倡孔教，就是以孔孟儒家思想为核心，倡导儒家文化，来促进民族资本主义经济的发展，实现国家的富强兴旺之目的。孔教对人生来说提供的是信仰，对经济来说提供的就是经济伦理精神。对于宗教经济伦理的这种作用，与康有为几乎同时代的德国著名学者马克斯·韦伯已经注意到了，并出版了其名著《新教伦理与资本主义精神》，论证了基督教新教伦理是西方资本主义兴起的思想文化基础。然而，韦伯在随后的著作《儒教与道教》中，却将中国迟迟产生不了近代资本主义的原因归于儒家文化。不知康有为是否知道韦伯，是否受韦伯观点的刺激，他的态度与韦伯比较，显然是反其道而行之。他大力提倡孔教，认为一个民族必须有他的民族信仰，不能由他族宗教所取代，这种出发点是好的。他重视经济伦理对经济和社会发展的推动作用，其观点也是正确的，在这一点上又与韦伯是一致的。但他在中国当时的历史条件下提

---

① 康有为：《各国比较国债、钱粮，并以钱粮抵还国债表》按语，转引自孔祥吉《戊戌维新运动新探》，长沙：湖南人民出版社，1988年版，第211页。

倡孔教，却是不合时宜的，尤其是将孔子的儒家思想变为"国教"，陷于神秘、附于权贵，更是错误的。

从康有为的经济伦理思想来看，其价值与局限并存，对改革开放的理论和实践具有借鉴的意义。

首先，康有为的经济伦理观起到了较大的历史作用。康有为通过学会、学堂、报纸、奏折等不同形式宣传了自己的近代经济伦理观，从而也促进了当时中国经济观念和经济伦理的大转变，促进了价值观念的更新，为初步确定资本主义工商业在国民经济中的主导地位，奠定了一定的思想基础，确实有助于在意识形态上重新确立商人在中国社会中的地位。在政治上，不同程度地争得了民间资本主义自下而上的合法权，为中国引进新的经济机制，培育了新生的阶级力量，从而也在不同程度上推动了中国资本主义近代化的进程。新的经济伦理的出现，也促使了部分社会成员对职业进行新的选择。一些官员、商人、绅士、地主开始接受新的本末观，毅然投身实业救国的热潮。正像商人捐纳官衔那样，投资办实业也成了近代商人能获得利益的一条新的道路，并使经商办厂的活动变成除仕途以外另一个受人尊敬的选择了，其中知名的先后有张謇、周学熙、穆藕初、聂云台、荣宗敬、刘鸿生等进入企业家的行列。

其次，康有为有关发展资本主义的具体经济措施，对深化改革开放仍有借鉴意义。他提出的发展资本主义的具体措施，有的已经变为现实，有的至今还需要大力发展和培育。例如，银行、金融业就是我国发展现代市场经济的一块短板；对于资本市场、对于税收改革，都是问题多多。从康有为对这些问题的论述中，我们可以得到一定的教益。

再次，他明确提出"以商立国"这一极具近代资本主义意识的口号，把工商业提到了前所未有的高度，提出了一系列发展民族资本主义经济的措施，实现了中国传统经济伦理向近代经济伦理的转变，促进了价值观念的更新，形成了独具特色的近代化经济伦理思想，从政治和意识形态的层面为经济的发展搭桥铺路。这些对改革开放的理论和实践都具有借鉴的价值和方法论的现实意义。

最后，康有为推崇孔教可以启发人们对现代市场经济理论的思考。这一点，对于当今中国社会经济发展中出现的问题不无启迪意义。康有为的经济伦理思想深深印有儒家思想的烙印，蕴含着儒家思想的内容，当然，在当代中国不必要建立或崇奉儒教，但却可以大力提倡儒家文化。儒家的思想内涵反映在经济领域实质上就是一种儒商文化，就是市场内在的伦理，即"儒"与"商"的有机结合。儒商文化的诸多内容在今天的经济发展中仍有十分积极的作用。现实的市场经济秩序较为混乱，从假冒伪劣商品的泛滥成灾，到上市公司的集体造假，再到各种经济案件、腐败大案等，无不在昭示着重振道德的儒家经济伦理的必要。可以说，市场经济的伦理道德是市场经济列车的铁轨，脱离了道德之轨，市场之车就会翻车或寸步难行。今日中国市场化改革呼唤加强个人修养、回到道德之心的自觉行为的回归，构建经济伦理化的儒学，亦即使个人道德修养与经济秩序、法制建设结合在一起的儒学，如果有了这样的儒学，它就可能对今日中国的社会转型发挥更大的积极作用。故此，我们时下提倡经济伦理化的儒学，提倡儒商文化可谓切中时弊，恰逢其时。

  不容否定，康有为的经济伦理观及其经济管理行为也是有着局限、缺陷，许多方面值得反思：第一，康有为不善于管理，性格有缺陷，不能与人为善，难以团结共事。第二，经济上不够清廉，导致其事业不能如其所愿。一个很典型的例子就是：戊戌变法失败后，康有为于1899年7月20日联合一批加拿大爱国华侨创立保皇会。广大华侨身居异乡，心系祖国，在人员、财源、精神上对"专以救皇上，以变法救中国救黄种为主"[①]的保皇会给予了很大支持，尤其对保皇会的经费的支持更是竭尽所能，大掏腰包。康有为在利用华侨捐款进行政治活动的同时，也把其中的相当部分用来投资实业，经商营利。根据掌握的确切资料，其举办的实业项目，在香港有中国商务公司、中华酒店、华益公司，在中国内地有广智书局、振华公司，在美国有华美银行、琼彩楼，在墨西哥有地产、华墨银行、电车、铁路、轮船公司，等等。他的初衷是借经商为保皇会提供更充裕的活动经费，赢利发财向来为他所不齿；但是，商场如战场，随着生意一桩接一桩上马，他亦渐为利欲所迷，钱财纠纷接二连三发生。在内讧外患困扰之下，各项实业项目开办之初，经营情况虽好坏不一，但最后结果却是一致的：满盘皆倒，无一幸免。经商活动的失败，使政治方向错误的康有为在海内外华人心目中的声望江河日下，逐渐由时代的弄潮儿落后于时代潮流，最后蜕变为时代的落伍者、中国社会前进的绊脚石。

  仔细分析，康有为的商务行为存在两个致命的错误：一是公私不分，公私混淆；二是远离现场。公私不分在各项实业投资中不同程度地存在，对保皇会的负面影响大小不一。令人瞩目的是康有为的家属康同璧、康同荷等人进出账目之公私混淆，这在经营美国琼彩楼的过程中最为突出。公私不分，带来了腐败、混乱。远离现场，即是康有为对每项实业经营并不是自始至终地参与，而是一般在开办前指示要点，选拔人员，派定资金，

[①] 上海市文物保管委员会编：《康有为与保皇会》，上海：上海人民出版社，1982年版，第258页。

随即离去，然后遥控操纵，指手划脚，任意干涉。其恶果是使总办人在市场原则和指令之间进退维谷，以致贻误时机。这两个致命的错误与经商规条完全背离，故其生意的失败是不可避免的。这一点不能不说从反面为后人提供了可资借鉴和警醒的地方。

总的来说，康有为变法维新运动最终失败使他的经济伦理思想也没有能够实现，中国并没有出现一个像他设计的那样国富民强的工业化国家，这是康有为及其所处社会和时代的悲剧。但他对中国近代经济发展模式的理性思考，启迪后世，影响深远，值得我们很好地总结和借鉴。他的经济伦理思想开创了一个近代化的新时代，并且对于我们今天的改革开放、社会主义市场经济体制的建立和完善有着重要的启迪和警醒作用。在不断推进经济政治体制以及社会整体改革的今天，用康有为经济伦理中的积极元素指导我们的经济实践和其他改革实践，同时克服其经济伦理中的负面成分势在必行。

五、女权意识之时代价值

站在今天反思一百年前开始的那场女性解放运动，其意义与深刻影响，即使是再高的评价也不为过，可以说，它是20世纪中国取得的最伟大的社会革命成就之一，使千千万万的女性在受尽男性社会歧视数千年后，终于从传统桎梏中被解放出来，争取到与男性平等的权利，社会地位得到前所未有的提高。这显然是与当时国内妇女界、思想界以及政府的不懈的共同努力分不开的，但也必须承认，这与康有为这位女权运动的先驱和最杰出的代表更加是密切相关，他不仅是女权思想最早的倡导者，同时也是女权理论的集大成者和女权运动的推动者。他的许多富有远见的见解，直至今日依然不显过时，在与之同时代的思想家中，可以说他的女权思想是最有体系性，也是最深刻的，但这一点却常常因为他的其他方面成就而被掩盖。

女权思想是康有为整个思想体系中的重要组成部分，主要集中体现在《大同书》中的"去形界保独立"部分，他用了不少的笔墨论述有关女性解放的观点，仅这一部分约占全书七分之一的篇幅。而在其他地方，康有为也时有论述女子权利的文字。综观康有为女权思想的发展，绝非无源之流，究其现实根基：一则来自于他对女性悲惨和痛苦生活的深切感受，强烈的道德责任感促使他无法对女性这一弱势群体无动于衷，从而发愿为女性能脱离苦海而奋斗；一则来自于他吸收西方天赋天权的观念，并揉杂中国孔子的仁学而形成的大同学说，从而以高屋建瓴的姿态，横扫一切导致女性不平等的传统思想。

早年,几件事情让康有为真切感受到女性的悲苦生活:一是 11 岁那年,父亲的去世,使母亲只得挑起了家庭的重担,从母亲身上,少年康有为看到了女性的坚毅,他被母亲在逆境中表现出来的坚强所感动,这使康有为对以母亲为代表的妇女有着一种难言的敬重,其幼小的心灵已经意识到妇女在任何方面并不逊色于男子;同时从母亲身上,少年康有为看到女性受苦受难的缩影,意识到女人在一个家庭中比男子付出的代价要多得多,根本原因在于妇女在社会上难于自立,处于边缘人的位置。二是后来发生在姐姐和妹妹身上的悲剧,使康有为更加强烈地体察到了女子生活在何等的苦海之中。姐姐康逸红出嫁时,她的未婚夫已经是重病在身,奄奄一息,处于生命垂危阶段,只当了十九天的新娘,丈夫就撒手西归,因"烈女不事二夫"的封建贞节观念的束缚,守寡四十三年,而且备受亡夫家兄弟的欺凌,一生沧桑痛苦,过着悲惨的生活。妹妹康琼琚中年丧夫,终身守寡,度日艰辛,于穷困交加中死去。环视周围乡间,不少妇女也因封建伦理道德的束缚而遭受到同样的命运与痛苦。三是他自幼目睹了摧残女性身心的缠足陋习,对此康有为深恶痛绝:"日夕迫胁,痛彻心骨,呼号艰楚,夜不能寐","古今大地之毒害,孰有如此事者哉!"他痛心地说:"数岁弱女,即为缠足,七尺之布,三寸之鞋,强为折屈以求纤小,使五指折卷而行地,足骨弯窿而指天,以六寸之肤圆,为掌上之掌握。"中国女子缠足,据说始于南唐著名亡国皇帝李煜之时,而从宋代开始,缠足成为一种社会普遍现象,所谓"三寸金莲"的说法,便从此而来,为了满足男权社会变态荒淫的审美眼光,千百年来,中国女子陷入无以伦比的痛苦之中,女子从三四岁开始,便要开始缠足,以人工抑制脚的天然生长,靠长年累月的缠足,使脚变形,这期间,女子不知要忍受多少非人的痛苦!康有为沉痛地批判了男子变态的淫欲,"既有美否之心,则其淫心恶念即从而起"。对缠足的女子他抱以无限的同情,指出:"古今大地之毒害,孰有如此事者哉!且中国号称教化之国,而大贤世出,不加禁止,致为人笑,尤为耻矣。"这不仅影响其平日生活,使其背负沉重家务而极其不便,更何况如遇兵荒马乱之年,"奔走不及,缒悬林木,颠倒沟壑,不可胜算"。① 也许是自幼目睹了女性所受到种种不平等待遇和悲惨遭遇,他深刻地感受到妇女命运的多舛和受压制之酷毒,有此他对女性寄予深切的同情和由衷的怜悯,他说:"吾自少至长,游行里巷,每见妇女之事,念妇女之

---

① 康有为:《大同书》,上海:上海古籍出版社,2005 年版,第 136 页。

苦，恻然痛心，怒焉不安。"① 正是基于对妇女的深切同情，他一生从未放弃过对女性的关注，他认为这是性别的不平等使她们最终成为社会牺牲品。

　　正当康有为对广大女性的悲惨生活、卑贱地位深表同情和怜悯之时，恰逢晚清中国社会巨变，国门被西洋的坚船利炮打开，"平等"、"民主"、"天赋人权"、"宪政"等西洋思想如潮水般涌向这片古老的国度，面对与封建文化完全不同的西洋文化，康有为在惊愕中欣喜地从西方思潮中汲取养分，并渐渐使之成为他构造"大同社会观"的强有力武器。在社会改造构想中，康有为并未忘记解放女性的决心，有关女性地位、女性作用、女性解放、女性权利的思想，成了他政治理想中不可忽略的重要组成部分，因为他敏锐地觉察到，如果把占人口一半的女性排斥于政治之外而高谈大同社会，无异于痴人说梦。这是康有为高于同时代其他女权学者之处，从一开始，他就把女子权利纳入社会改造的范畴中，把女性发展和社会进步联系在一起，而不仅仅停留在批判徒具表面的不缠足、节烈观等层面。

　　康有为通过对中外各国的观察，发现全球的妇女，不仅在政治上、经济上、教育上没有任何自由平等权利可言，甚至沦落"为囚、为刑、为奴、为私、为玩具"的悲惨境地。对受苦于男权社会的女子，康有为寄予无限的同情，并对男权社会给予猛烈的批判："同为人之形体，同为人之聪明，且人人皆有至亲至爱之人，而忍心害理，抑之，制之，愚之，闭之，囚之，系之，使不得自立，不得任公事，不得为仕宦，不得为国民，不得预议会，甚且不得事学问，不得发言论，不得达名字，不得通交接，不得预享宴，不得出观游，不得出室门，甚且斫束其腰，蒙盖其面，刖削其足，雕刻其身，遍屈无辜，遍刑无罪，斯尤无道之至甚者矣。"② 数千年来，何止中国，全世界的女子都处于社会黑暗的角落，她们被囚禁于无声的牢笼，本同是上天所赐，父母所生的身躯，却只能深居闺阁，足不出户，于社会不过一囚徒，于家族不过一奴仆，于男子不过一件私物，要之则来，挥之则去，不过为男子的玩物。可见，康有为一开始就不仅关注妇女的生存状况，而且更是从天赋人权的角度，批判旧社会里女子缺乏政治参与权、受教育权、经济自主权等种种社会权利。

　　天下男女同是为人，但为什么女子却受尽社会种种歧视与凌辱，古今的君子仁人、大师学者却充耳不闻，古往今来，能有几人敢起来为女子权利辩护？康有为认为世界上最不平等的事，莫过于男女不平等，于是乎他将批评的矛头指向男权社会精英："举大地古今数千年号称仁人义士，熟

---

① 康有为：《大同书》，上海：上海古籍出版社，2005年版，第141页。
② 康有为：《大同书》，上海：上海古籍出版社，2005年版，第121页。

视坐睹，以为当然，无为之讼直者，无为之援救者，此天下最奇骇、不公、不平之事，不可解之理矣。""甚怪此大地之内，于千万年贤豪接踵，圣哲比肩，立法如云，创说如雨，而不加恤察，偏谬相承，尽此千万年圣哲所经营，仁悯者不过人类之一半而已，其一半得向隅而泣，受难无穷。"①古代的圣哲学者，无一不受康有为狂风暴雨般的扫荡，在这一点上，他没有为任何一圣贤解辩，即便是以平等思想为核心的宗教，也难逃其锐利的笔锋。

女子世界所受到种种不平等待遇，并非其他男子所未见到，但康有为以自身的良知与道义，对自身所处的男权社会提出强烈无情的批判与谴责，他的伟大之处，在于不以习惯为自然，不以习俗为法则，不以往哲的言论为是非标准，不因循苟且，从"人人生而平等"的原则出发，以人的权利平等为指归，凭借道义与良知，在《大同书》中发下宏愿，为争取女子之权利而奋斗："吾今有一事为过去无量数女子呼弥天之冤，吾今有一大愿为同时八万万女子拯沉溺之苦，吾今有一大欲为未来无量数不可思议女子致之平等大同自立之乐焉。"②

康有为认为男女首先在人权上是平等的。他从西方的理论宝库里找到了"天赋人权"这把人类公理的钥匙，进而找到了他立论的依据和支撑点，并运用于追求男女平等的女性解放活动中，开创了男女平等之思想启蒙的先河。他认为，"夫凡人之生，皆出于天，故人无贵贱"，"使知天民人权之理，人人独立，人人相敬"，"凡人皆天生，不论男女，人人皆有天与之体，即有自立之权，上隶于天，人尽平等，无形体之异也。""男与女虽异形，其为天民而共受天权一也。人之男身，既知天与人权所在，而求与闻国政，亦何抑女子攘其权哉……以公共平等论，则君与民且当平，况男子之与女子乎？"③他认为任何违背其人权公理的人为男女不平等，都是谬误的。在康有为之前，虽然也有一些开明学者对妇女的社会现状很是同情，但从来没有像康有为一样，从人权公理为出发点来阐述，仅从这点看，康有为便可在中国女权思想史上占重要的位置了。

康有为承认任何事物都有奇偶、阴阳、雌雄之分，人自然也有男女之别。女子在生理上与男子相比，无疑有着一些弱点与差异，比如身体形态上的差别，女子体格比较弱小，大脑容量也小于男子。但他指出，生理上的差异，决不能成为男贵女贱论的理由。身材体格大的人，就不一定当贵为帝王，而身材短小者，也不应该就当为贱民。他列举古代的公孙吕、晏

---

① 康有为：《大同书》，上海：上海古籍出版社，2005年版，第121页。
② 康有为：《大同书》，上海：上海古籍出版社，2005年版，第121页。
③ 康有为：《大同书》，上海：上海古籍出版社，2005年版，第125页。

婴等，都是身材短小之人，但不妨碍其成就事业；从民族、国家的角度来看，日本人的体格可以说逊色于印度人，但日本人因明治维新而强大，印度人却在英国人殖民统治下数百年，这大概不是由于体格上的原因。

康有为认为，男女之间，虽然身体形态上有差别，但在生理欲求、言行举止、德性、智慧方面是完全相同的："既得为人，其聪明睿智同，其性情气质同，其德义嗜欲同，其身手足同，其耳目口鼻同，其能行坐执持同，其能视听语默同，其能饮食衣服同，其能游观作止同，其能执事穷理同，女子未有异于男子也，男子未有异于女子也。"① 比如，从智力上看，女子并不逊于男子。虽然女子的大脑容量小于男子，但不能证明女子智力就低于男子。康有为对男女智力有差异的说法嗤之以鼻："况于无量女子，其才智绝伦，学识超妙，过于寻常男子殆不可道里计，此不待繁征而尽人易见也。"康有为举了李清照的例子，且不说李清照在词学领域的伟大贡献，单说博学强记，李清照也不亚于任何男子，"李易安之过目能记，检书若某书、某卷、某页、某行不差一字"。康有为进而指出，在男权社会里，埋没了许许多多像李清照这样有才气的女子，假如能给予女子更多的求学机会，则"试核其实，又公考其才，恐女子之胜于男子者乃无量数，即不得界划鸿沟，剖半为数，必不止十得三四也"。②

康有为认为男女在功劳上也是平等的。在人类进化过程中，男子在获取使人类得以生存的基本的物质资料方面，出力多，贡献大；而女子在人道文明方面的成就是巨大的，对人类文明的影响是极深远的，在一些对人类生活有重大影响的发明上，女子实在是功不可没，甚至功劳是大于男子的，因为"盖自男女相依以来，女任室中事"，男子主要从事打猎活动，所以"司中馈"、"火化熟食之事"，必由女子创之。女子"家居暇豫，心思静逸，踵事增华，日思益进"，"即论文字创自结绳，而画圆画方，谐声尚象，亦必居室暇逸者乃能创之"，"至于记数出于手指，渐加千万，更为乘除，亦非逐兽无暇者所能，亦必女子创为之也。"及"其他萁桴土鼓，渐进而截竹裁，编丝穿孔，分析音节"，"又若图写禽兽，抚造草木，描象人物，模范山水，……必非逐兽血涌之人所能创造"。因此烹饪、制作器具、制作衣裳帽履、染衣、养蚕等织缝之事，乃至建筑、文字、算术、音乐、美术，都是女子所创造的，没有一个不是女子的功劳，所以康有为慨叹道："凡此皆世化至要之需，人道至文之具，而其创始皆自女子为之，此

---

① 康有为：《大同书》，上海：上海古籍出版社，2005年版，第121～122页。
② 康有为：《大同书》，上海：上海古籍出版社，2005年版，第128页。

则女子之功德孰有量哉，岂有涯哉！"① 康有为言下之意，女子自身及其创造所带来的美与优雅，冲刷着人类从野蛮世界带来的原始习性，使人类渐从野兽群中脱颖而出，而步入文明的时代。康有为的这些观点，高度评价了妇女的才能，也许分析有失偏颇，也许有些过于武断，但显然他的目的是出于对根深蒂固的封建传统思想的有力冲击，提高女性的社会地位。

通过对男女各方面的分析比较，康有为得出了这样的结论：男女应该是平等的，这种平等应该体现在权利上的平等，女子应同男子一样享有政治、经济、教育等各种权利。对此康有为有广泛的论述，综合起来说，大致有以下四个方面：受教育的权利、参与政治活动的权利、经济上独立的权利、自由婚约的权利。

（1）受教育的权利。康有为认为人通过教育可以扩充才识，增加见闻，修身养性。既然女子在智力方面并不逊于男子，那就应该像男子一样有接受教育的权利。从某种意义来说，女子比男子更需要教育，原因有三点：

第一，女子教育有助于优生优育和后代成长。孩子从出生到成长接触最多的是女子，他们受母亲的影响特别大，母亲是孩童的第一位启蒙老师。在《大同书》中，康有为提到女子在人本院、育婴院和小学院都要承担抚养和教育孩子的工作，女子素质的高低将关系到孩子能否健康成长。"夫少成为性，长学则难，而人生童幼，全在母教：母既蠢愚不学，是使全国之民失童幼数年之教也。"② 女子如果不接受教育，就不能陶冶性情，开拓胸襟，容易成为嫉妒偏狭、乖庚愚蠢的人，这样对于胎教和人种改良是极为不利的。只有女子接受教育，有了文化和适当的教育方法，才有利于胎教和儿童的健康成长。

第二，女子教育能够促进国家富强。康有为从日本重视女子教育中受到启发，意识到女子教育与国家富强有着千丝万缕的联系，他说："日本变法，注重女学。女生徒至二百馀万。女教习可至千馀员。女学校至千馀所。其教法与西法略同，盖恐其民之多愚而寡智，故广为教台，使男女皆有用。"③ 所以他指出："人之国，男女并得其用，国多人，仅得半数，有女子数万万而必弃之，以此而求富强，犹邵行而求及前也。"④ 为了改变中国落后的状况，康有为认为有必要学习日本，创办女学，大量培养女性人

---

① 康有为：《大同书》，上海：上海古籍出版社，2005年版，第142～143页。
② 康有为：《大同书》，上海：上海古籍出版社，2005年版，第156页。
③ 转引自（日）白柴田斡大《从〈日本变政考〉看康有为重视教育的思想》，《上海师范大学学报》（社会科学版）1993年第2期。
④ 康有为：《大同书》，上海：上海古籍出版社，2005年版，第156页。

才，让她们参与世界竞争，为国家和民族的振兴作出自己的贡献。

第三，女子教育有利于自主自立，促进社会发展。中国封建社会对女子抑制过深、过重，女子没人身独立自由的权利，她们不能随便抛头露面。在家庭和社会中，女子始终扮演妻子和母亲的单调角色，不能像男子一样从事社会各种行业，扮演多重丰富的角色。正因如此，她们的生活来源要依赖于男子。这种现象的存在，不但阻碍了女子独立自主，而且也加重了社会的责任。康有为认为要求女子自立，必须推行女子教育，因为"人求独立，非学不成。无专门之学，何从自营而养生；无普通之学，何从通力而济众；无与男子平等之学，何从成各誉而合大群，何以充职业而任师长。故为人类自立计，女不可无学"①。在促进女子自立时，女子教育还可以使社会"人才骤增其半而公用亦骤增其半，化坐食闲外而为公望之才，士农工商皆增其半"②，从而极大地推动社会良性协调，持续发展。

这三点足以说明女子接受教育的理由，但是由于历史因素造成女子长期缺乏正规学校的教育。封建旧俗认为"女子无才便是德"，女子只是男子的私有之物，被剥夺了接受教育的权利，极大约束了女子智力的发展。所以当务之急，是"宜先设女学，章程皆与男子学校同"；女子在大学与专门学校毕业后，则授予学位，"如中国举人进士、外国学士博士之例，终身带之"。③ 康有为的这些设想现在都成为普通的事实，而在当时真是极富创见性，可以说是振聋发聩之声了。

难能可贵的是，他除了著书立说之外，还身体力行兴办女学。1897年他携长女康同薇到上海筹办女学堂。在其得意门生梁启超和郑观应、汪康年、张謇、谭嗣同、黄遵宪、文廷式等学界和绅商界人士的慷慨相助下，1898年5月31日，中国历史上第一所中国人自办的女学堂——经正女学堂在上海城南正式创办。梁启超为女学堂起草《女学堂试办略章》和《倡设女学堂启》。这所学校的教育方针是实施贤妻良母主义的教育，以达到"上可相夫、下可教子、近可宜家、远可善种"的目的，采取的是日本和西方国家的课程设置和教学方法，其课程设置内容除了算术、地理、图画、医学、英语等西学外。还开设《女四书》、《女孝经》、《幼学须知》等中国传统课程。强调德育、智育、体育的平衡发展，以培养有文化、有妇德、身体健康的现代女性。

经正女学堂的创办，开通了社会风气，起到了榜样的作用。在它之后，各界人士对自办女学表现了极大的热情，掀起创办女学的热潮，上海

---

① 康有为：《大同书》，上海，上海古籍出版社，2005年版，第128页。
② 康有为：《大同书》，上海，上海古籍出版社，2005年版，第156页。
③ 康有为：《大同书》，上海，上海古籍出版社，2005年版，第156页。

成为全国女子教育中心。从此兴女学不仅成为先进人士的共同要求，甚至清政府也迫于形势，不得不考虑这个问题，最终在1907年3月由学部颁布了《女子小学堂章程》二十六条和《女子师范学堂章程》二十九条，正式将中国女子教育列入教育制度，承认了女子教育的合法地位。此后兴女学的呼声越来越高，中国人自办的私立、公立女校从无到有，从少到多，终形成为一不可逆转的历史潮流。康有为等维新派人士大力提倡兴女学的首创和先导作用是不可低估的。

（2）参与政治活动的权利。首先是做公民的权利。国家由人民组成，而人民不分男女。国家的存亡、强盛、衰弱不仅与男子有关，也与女子休戚相关。康有为说："即在大地统一之世，尚有天赋人权之义，女子亦当在天民之列，平等并立，以其才选共预公议，岂况国乎？""天下为公之世，凡属人身，皆为公民。而有国合众，女子亦在众民之列。"女子在德行、才识、缴税、军事等方面也不亚于男子，让女子成为公民，对男子也不会有什么损害，而且"既顺公理，又得厚力，为何背天心而多人权哉"！他还说："将欲为太平世钦，以女子为公民，太平第一义也。"① 只有让女子成为公民，才能实现太平之世。

其次，女子应有参加科举的权利。康有为认为科举是"兴学选才，设科拔秀"，应该惟能是与，而不在性别形骸。"汉世创之，有孝廉、秀才、贤良、有道诸科，隋唐以降进士、明经之目"，然而经历朝历代延续，参加科举考试只是男子的权利。他指出："夫以孝而论，孰若救父之缇萦；以廉而论，孰若挥金之柳氏母；以秀才而论，孰若郑后、班昭、谢道蕴；以贤良有道而论，孰若仪法钟、郝；以进士而论，诗词孰若李易安；以明经而论，经学孰若宋若荀。"② 尽管这些人都属于至德通才，都遗憾地因为是女子之身而不许参加预试，这显然是对女子科举方面的不公。

再次，女子应享有做官的权利。康有为不仅目睹"万国卿相尽是男儿，举朝职官未见女子"官场现状，而且他在考察二十四史和国内外的人文地理时，发现历来都没有选举女子做官的，这显然是对女子的不公。而古今中外德才兼备的女子者多不胜数，有如班昭、季孟、秦良玉、冼夫人等，又有如罗兰、索菲亚等女子也很有名。康有为认为在当今时代，国家的强弱取决于人才的多寡。国家用人应该选用才识通达之人，不应以男女而定弃取，而如今"吾有人民而先绝其半"，置许多人才无用武之地，真是愚蠢的决策，"暴珍天物之罪，岂有伦哉！"③

---

① 康有为：《大同书》，上海：上海古籍出版社，2005年版，第126～127页。
② 康有为：《大同书》，上海：上海古籍出版社，2005年版，第124页。
③ 康有为：《大同书》，上海：上海古籍出版社，2005年版，第124页。

再有，女子应有充当议员和参与公事的权利。康有为痛斥将女子排斥于国家公事之外的陈陋观念，因为将女子视为一家一姓传宗接代的工具，致使古今多少有才智的女子被埋没，无法为国为民尽一技之长，实在使人为之扼腕叹息。他认为，既然男女皆为天民，有身体也就有其权利，"侵权者谓之侵天权，让权者谓之失天职"。他从"天赋人权"的观念中推衍出"天职"的概念，人人各有权利，人人各有职责所在，应当使女子有参与政治活动的权利，与男子一样，参选议员，"其才能学识足为议员者，听其选举。一切公议之事，皆听充公员，预公议，与男子无别"。既然女子的才智并不稍逊男子，如果女子有治理国家的能力，也不能有所偏见，"但问才能，不加禁限，其有举大统领之国，亦许选举之，与男子无别"。而在当今社会女子之所以不被选举，不能成为议员，并非没有才华，"盖男子自私其同形党而不举之"[1]。这是极不公平的，侵犯了女子的人权。康有为以敏锐的洞察力，为女子参政议政作了理论上的铺垫，并预见女子参政议政将会对国家和社会产生极其深刻的影响。在康有为之后约一百年的时间里，女子参政议政的权利得到极大的提升，为国家与社会发展做出了卓越的贡献。当然，我们得承认，由于诸多因素的影响，若要使女子在参政议政上能完全与男子平分秋色，则尚有待时日。

康有为认为男子能参与讨论修筑道路建坛庙、水旱饥荒、祭祀等公共活动，而女子却不能，也不能出现在都邑会馆、乡曲公所等场所。这是崇尚男权、抑塞人才、剥夺人权的表现，白白浪费了天下的精英，再也没有比这更不合公理的了。

（3）经济上独立的权利。康有为很重视女子经济上的独立，在他看来，女子倘若没有经济上的独立，就只得依赖于男子，这样实现与男子之完全平等是没有根基的。古代女子陷入艰苦的生活境界，很大程度上是因为经济上的不独立。宋代理学家程颐在回答别人"或有孤孀贫穷无托者，可再嫁"之问时，答："只是后世怕寒饿死，故有是说。然饿死事极小，失节事极大。"明显，女子经济上的不独立，生活上对男子的严重依赖，一旦落寞，就只有两条路：一是贫穷乃至饿死；一是改嫁他人。前者以悲惨告终，后者又要受到社会的不耻与唾弃，其苦真是无法以言语来表达。所以康有为认为，女子应该有自己的职业，解决经济上的独立，这样才能在社会上实现自立，"以女子执工商贾之业，其胜任与男子同……以女子为文学仕宦之业，其胜任亦与男子同"，[2] 只有自谋其生，才能摆脱成为男

---

[1] 康有为：《大同书》，上海：上海古籍出版社，2005年版，第125页。
[2] 康有为：《大同书》，上海：上海古籍出版社，2005年版，第122页。

性的附属。

（4）自由婚约的权利。一直以来，封建社会，"男女授受不亲"，"叔嫂不通问"，"男女之间，非行媒不相识"，女子被紧紧束缚在家庭中，失去了学习、发言、郊游、宴会、婚姻等自由，"终身深居闺阁，不出中庭"。由于禁止游观等，致使女子："虽有良辰美景、赏心乐事，皆不得予；虽有名山大川、胜地名迹，禁不得赏；虽有大会、盛事、奇人、异物，禁不得见；虽有名师硕学、专门绝业，禁不得从。"① 所以学问无从长进，见识也无法开阔。康有为则认为既然每个人都有上天赋予的身体，每个人就有上天赋予的自由权利，只要是人，就可以自由的学习、发言、观游、出行等，尤其是可以享有婚姻自由的权利。

康有为认为女子在婚姻中应享有自立之权利。封建社会女子在婚姻中无法享有自立之权。比如，女子"嫁鸡随鸡，嫁狗随狗"，嫁到夫家以后就成了丈夫的私有之物，永远归夫家所有，一辈子不离开夫家。夫贵则随之享受荣华富贵，夫贫则随之一起过贫贱的生活；女子嫁到夫家后，就要改为夫姓；女子成为人妇后，只认夫家的亲人，而娘家的亲人，则成了路人。不能侍候自己的父母，只能侍候夫家的父母；女子"夫死从子"等等。康有为认为这些弊俗既违天理又背人权，剥夺了人的自立之权，是没有道理的。

康有为女权思想的彻底性，很重要的一点是体现在他的自由婚约思想。他在《大同书》中将婚姻视为一种契约的行为，认为在未来的大同社会里，"去家界为国界"，人类没有家庭的羁绊和私有财产的限制，男女平等，各自独立，所以男女的婚姻可以在自由选择的情况下，只要情投意合，就可以立下"交好之约"。这个交好之约就如同两国之间的合约，夫妻双方没有轻重高低之分。女子要脱离对男子的依附。如果一方仍然从属于另一方，则违背了天赋人权平等独立之义，仍趋同于尊男抑女之风，所以政府对此要严厉禁止。显然康有为的婚约，决非成家的意义，而是属于"交好之约"，并不成立家庭，那么，如果没有家庭，妇女怀孕怎么办？孩子怎么办？因此康有为在他的《大同书》里就设计了接待孕妇的人本院、公立育婴院、公立怀幼院等，以这些公共机构来解决这些问题。

那么这个契约的时间为多长？康有为认为"男女合约当有期限，不得为终身之约"②。久的不许超过一年，短的必须满一个月，欢好者许其续约，但不能制定终身之约。首先因为每个人的气质、性格、才智等诸方面

---

① 康有为：《大同书》，上海：上海古籍出版社，2005年版，第134页。
② 康有为：《大同书》，上海：上海古籍出版社，2005年版，第159页。

都会有所不同，在爱好乐趣、生活方式等方面是不会完全等同。如果有不合适的地方，便会发生冲突。暂时和解忍让也许是可能的，但持久的和解忍让却是很难做到的。如果强迫他们在一起，势必反目。古今往来因强迫终身在一起而终身茹苦或者是丧身名者，不可尽数。其次，作为人之常情，都有见异思迁之心，都喜欢新的、美好的人或事物。虽然已经成婚，娶得佳人，但再遇到漂亮、有才华、家里又极富的女子时，也会产生爱慕之心。而且随岁月变换，喜欢的人也就会有所不同，所以男女婚姻需要制定契约。他说："亚洲旧俗，一男得兼数女，而女子被制于男，故虽极苦而勉强守之；然于人道自由、人权天赋之义，已逆背而不乐矣。""两人永好，固可终身；若有新交，听其更订；旧欢重续，亦可寻盟；一切自由，乃顺人性而合天理。"① 康有为设计的"和约婚姻制"，目的在于从婚姻上使女性摆脱对男性的依赖，走向自由解放的乐土，使男女基于生理欲求的要求得到充分的满足、男女各得其所，享受天人之乐，而并非伤风败俗的臆想。人类的婚姻制度受时代的政治、经济、文化等条件制约，经历了群婚制、对偶婚制、一夫一妻制。康有为适应当时经济、政治、文化等条件的变化和时代的需要，创设"和约婚姻制"，有其不足之处，然而他肯定男女双方都有自由选择的权利和独立自主的人格，肯定婚姻是一种契约关系，是他基于"天赋人权论"而提出的具有近代色彩的女性解放的新见解，具有时代的进步意义。

婚约思想，作为康有为女权理论中不可忽略的部分，其合理与否，在此我们暂且不论，但至少其洞察了传统婚姻的种种弱点，可谓极具创见性的。从某种意义上说，康有为的婚约思想属于乌托邦幻想的产物，这与意大利著名思想家康帕内拉在《太阳城》中共夫共妻制的思想相类似，与萨特的婚姻思想虽然有别，但其精神实质是相通的，几位思想家的出发点，都是从人性的角度出发，发扬了人道主义精神，对传统的婚姻制度发起质疑和强有力的挑战，传统的婚姻观念重在"节"字，以婚姻作为一种节制手段，而康帕内拉与康有为则重在"顺"字，认为婚姻应顺应人的本性。但康有为的婚姻观念比康帕内拉的要合理得多，在于他认为"契约"仍然十分重要，但却一改原先那种永久性契约而成为阶段性契约。

纵观康有为的一生，他始终在激进与保守之间徘徊，尤其是他的政治思想，到了晚期后，甚至开了历史的倒车。但在女性解放和争取自由权利方面，他却自始至终地热衷着、关注着、行动着。虽然他还只是从理论上而不是在实际斗争中为女性彻底斩断奴役的枷锁，但他所作的充满人道主

---

① 康有为：《大同书》，上海：上海古籍出版社，2005 年版，第 160 页。

义精神的论述和批判，不仅在当时具有重大的社会意义，而且对于日后女性争取解放、平等、自由、独立起了舆论先导作用：

第一，康有为是近代妇女解放运动的奠基者。女性解放运动是中国历史上最伟大、最深刻的社会变革之一，其对中国社会的影响是极其深远的。中国古代女子的悲惨遭遇与古代印度女子差不多，但在20世纪，中国女权运动却远远超过印度。本来，印度受西方文明的影响比中国更早、更深，为什么反而在此却落后于中国？这是值得深思的问题。这与妇女自身为争取权利而奋斗的精神及政府在这方面无以取代的作用是分不开的；但另一方面，个人的历史作用也不容否定，是康有为等一些启蒙学者对封建、传统、不平等观念的摧荡，使传统的陋习失去存在的根基。他1883年在家乡开创的不缠足会，是中国第一个不缠足会，可以说是近代女权运动的发端。1895年又成立粤中不缠足会，使不缠足运动成为中国最早的女权运动，到戊戌变法时，不缠足会在全国已经拥有三十万成员，这不能不说是个了不起的女权运动成就。虽然同时期提及妇女问题的人也大有人在，但像康有为这样深入与系统并敢于身体力行却绝无仅有。他不仅利用西方的自由、平等等民主思想和天赋人权论作为武器，猛烈地抨击种种阻碍女性解放的陈规陋习，强烈地表达了广大女性要求解放、渴望自由独立的心声，不仅提出了婚姻自主、男女平等、平权等实现妇女解放的基本原则，而且还在社会生活中积极践行男女平等思想；不仅关注女子的人身权利，更广泛地涉及教育权利、政治权利、经济权利、自由婚约等，而且将其实现与民族存亡、国家强弱、社会发展紧密联系在一起。所有这些，都是值得充分肯定的，他勇于追求、敢于探索、标新立异的精神是值得后人学习的。他在《大同书》中所阐述的有关女权的一些思想与主张，即便在今天看来也是颇为中肯、合理的，有力地推动了男女的平等和女性的解放，都为女权运动打下坚实的基础。

第二，康有为女权思想对思想界的影响。受康有为女权思想影响最直接的，当数其弟子梁启超。梁启超步其师之后，成为又一个积极鼓吹女权的思想家，关于女权的专述文章就有十数篇：《戒缠足会叙》《论女学》《倡设女学堂启》《禁早婚议》《人权与女权》等，还不包括散见于其他文章的言论，他以其深邃的思想成为清末民初思想界的领袖人物。他对女权特别重视，不遗余力地推进女学的发展，这些对于正兴起的女权运动无疑起了推波助澜的巨大作用。另一位深受康有为影响的思想家是谭嗣同，虽然谭嗣同未师从于康有为，但却自称为康有为的"私淑弟子"，谭嗣同的女权思想集中体现于其代表作《仁学》中，其核心主要是倡导女学，以及鼓吹家庭伦理革命。谭嗣同同时也是行动健将，于1897年与梁启超在上海创不缠足会,1898年与黄遵宪在长沙设不缠足总会,使湖南的不缠足运动成为全国最有特色和规模最大的。而康有为的两个女儿康同璧和康同薇,也深受父亲的影响,成为中国妇女界倡导女权的先驱,康同璧是中国较早赴美的留学生之一,1902年遵父命赴美演说国事,实为提倡女权之先声。康有为写了十首诗赠别女儿,并以"女权发新韧,大事汝经营"① 为勉励。次女康同薇则参与了梁启超等人主办的第一所中国自办女子学堂,并写了《女学利弊说》,文章富于雄辩,实有乃父之风。

第三,康有为的女权思想与当代女权主义。20世纪女权运动在中国与西方国家蓬勃发展,但直至今天,女性仍未能完全与男性取得完全平等的社会地位。康正果在《女权主义与文学》一书中提到当代女性主义的困境:"在妇女已充分就业的表面现象下掩盖着她们大都从事低等工作的事实;妇女虽享有与男子同等的公民权利,但社会上的一切大权仍操在男人手中;妇女在家庭中的地位显著地提高了,但照看孩子和做家务的重担仍压在她们的身上。所有这些事实都说明,妇女在社会上和家庭今至今仍处于从属的地位。"英国女权主义作家Susan Alice Watkins在《女性主义》一书中,也提到大量当代女子权利存在的问题,如在身体形象方面受男子观念的左右:"年轻妇女,尤其是少女,一直处在美貌竞赛的巨大压力下,也就是以男人观点从外在判断,批评她们的身体,而否定她们身体内在的感觉。"在经济上也处于不平等状态,如美国妇女的工资是男性的三分之二,而在英国,管理阶层的女性仅占约十分之一,女性无论在经济或政治上的事业,都在为安排如何带小孩而煎熬。对于当代女性存在的问题,在许多地方,康有为在一百年前就有所预见,如现代西方与中国都颇有市场的女子瘦身束腰,康有为就批判过这种有损健康的行为,认为这不过是附和男性的"美否之心";而康有为关于成立社会性抚养婴幼的机构公立育婴院、公立怀幼院等,不失为一种解决养育孩子的方案,将孩子的抚育变家庭化为社会化,尽量淡化家庭色彩,最后消灭家庭。在女子政治权利与职业上,康有为也一直强调与男子的完全平等,但直至今日,其实仍由于种种因素,尚不能实现,但是这个基本原则,却是不能丧失的。

康有为作为那个时代亦新亦旧的一人,他的思想常天游于大同之世界,而双脚却仍立足于新旧之交的大地,这使他的一生充满矛盾。但这一切并不能抹杀其思想上耀眼的光辉,在女权运动方面,康有为是思想的斗士,所以当我们回顾百年来女权运动发展的时候,便不能绕过康有为不

---

① 康有为:《十一月十二日送同璧还港省亲,兼往欧美演说国事,并召薇女来》,马洪林、卢正言编注:《康有为集》(诗赋卷·上册),珠海:珠海出版社,2006年版,第282页。

谈。而且，康有为并不孤立地谈论女子解放问题，而是将其纳入整个社会变革的范畴来考察，并且对女权的未来予以设计，无论其设计的蓝图有着怎样的不足和怎么样的局限性，其胆识是值得欣赏的，其敏锐的前瞻性对后世有重大的启示价值：

第一，要充分认识女子教育的重要性。康有为在一百多年前已经认识到女子教育的重要性，角度站得很高，不仅把女子教育看作女子独立的前提和基础，还把女子教育提升到关系民族存亡、国家盛衰的高度来看待，把女子教育同人类文明进步联系在一起，认为要想实现国家的繁荣富强和社会的进步，占人口一半的女性是一支不可忽视的力量。今天，我们应当意识到女性教育对其自身发展的积极意义，也应当充分认识女性教育对国家富强、民族的昌盛以及社会发展的促进作用，充分发挥女性的聪明才智和"半边天"的作用。

第二，要彻底清除封建传统思想陋习。"男优女劣"、"男主外，女主内"等封建思想、社会偏见仍根深蒂固地遗留在人的脑海中，积习难改，自觉不自觉影响着人的心理、观念与行为。所以时至今日，歧视女性的现象还时有发生，女性在实际生活中并未完全享有与男子同等的受教育机会。一些地方的农村家长认为女儿长大了要嫁到别人家里，给别人家干活挣钱，或是女孩上不上学一个样，只要做好贤妻良母，会持家过日子就行，所以不重视女儿的教育。要彻底根除女性传统价值观念、教育观念，不仅是对社会进行的改造，还是对中国长达几千年的民族文化的转换，其范围之广，难度之大是显而易见的，所以从康有为女权思想那儿吸取养分，努力营造整个社会男女平等的文化氛围，从意识形态领域扫除制约女性解放的思想障碍，时代价值重大。

第三，女性自我意识要觉醒。中国有着几千年的封建历史，女性从小就被灌输"女子无才便是德"、"三从四德"等封建伦理文化，结果长此以往，无形在意识中形成一种错觉，认为"男尊女卑"是合理的，争取各种权利和解放自己的意识不强。在逐步迈入文明、民主、法治新时代的今天，女子应该在思想意识上先解放自己，摆脱那些封建陈规陋俗的束缚，才能成为自立自主的人。而使女性具有独立人格的最根本途径就是接受教育。只有接受教育，获取知识和技能，实现经济上的独立，才能真正成为一个有独立人格、能够自立的女性。当代我国提倡男女平等，并从法律上保障女性和男性一样享有受教育权等各种权利，给女性提供上学就业的机会，所以现代女性要珍惜这来之不易的机会，抛弃那种女子不如男子的旧观念，摆脱顺从的、卑下的、愚蠢的传统女性形象，认真学习科学文化知识，努力提高自身的素质和竞争力，以走出家庭，适应瞬息万变的市场需求，自立自强，发挥自己的聪明才智，创造出一片自己的天地。

第四，女性要争取经济上的独立。康有为认为女子要与男子平等，必须首先获得经济上的独立，否则就永远摆脱不了依赖男子。而要实现经济上的独立，就必须走出家庭，在社会中从事某种职业。在目前我国就业市场上，却存在许多职业歧视女性的情况。同等学历、同等条件的毕业生，男生的受欢迎程度远高于女生，甚至有些招聘单位明目张胆地打起只招男士的招牌。现阶段由于高校的扩招，出现了就业难的情况，与男生相比，女生就业就会更加困难。女子找不到工作，只好重新回到家庭中，这样便失去了自立自主的机会。而且女子上学后如仍找不到工作，就会给人上学也没什么用的感觉，将会加剧女童失学。所以需要国家社会对女子就业给予关注，做好就业指导，疏通就业渠道，打击歧视女性的单位，以保障女子的顺利就业。总之，大力提高女子受教育程度，有待于社会政治进步和经济、文化的发展，需要全社会的共同努力。

六、文化保护之时代价值

因康有为在思想、文化等领域上的众多独到的见解，在推进近代文化的层面上，其历史地位是不容置辩的。作为具有重大历史影响并富于远见卓识的文化先驱，他十分注重从历史中吸取教益，亦十分注重历史与现实的关联；同时，他又是以西学改造传统国学的成功实践者，这就注定了他的文化观具有熔铸今古、贯通中西的基本特点，这就具有了显著的文化比较的可能性，这从其文化保护的言行中，可略见一斑。

维新变法失败后，康有为被迫逃往国外，经历了长达十六年之久的海外流亡岁月。如吴昌硕为其篆刻的印章所言"维新百日，出亡十六年，经三十一国，游遍四洲，行六十万里"，一位思想者筚路蓝缕的精神风貌跃然而出。漂泊海外九洲的日子，虽然道路坎坷，境遇艰难，饱尝流亡异域之苦，但他无忘国忧，时刻在怀念着自己的祖国，经常饱含热泪，回望"神州"，为国家命运担忧，始终未忘为祖国的文化教育事业尽力。正如他自己所说"身旅外洋"而"心忧中夏"。为寻求救国救民的答案，他立志做一个走遍世界"尝百草"的神农，要为祖国寻找一剂医国医民的良药，他试图通过全面考察各国的政治、经济和文化，找出华夏复兴的真谛与路径。因而在海外每到一处，他都必口问笔录，把自己在异国他乡的所闻所见，撰写成游记。他还曾形象地把自己比喻为厨师、画工，他要烹调世界各国的名点佳肴，请同胞坐而食之；要描绘世界各地的奇观绝胜，请同胞游而览之。康有为周游列国的经历，为我们提供了一个全面认识其思想与情感的宝贵视角，其中蕴含着极为丰富的思想资源。

（一）保护文物古迹思想

先知先觉的康有为，早在一百多年前就意识到保护历史文化名城和文物古迹这一问题。在他看来，文物古迹是社会历史的遗产与见证，是其所处时代人类活动的客观记载和灿烂文明的结晶，是历史文化传承的载体。因此他认为，人们应当重视保护历代文物古迹，尽量延续其存在的寿命，尽可能持久地发挥其作用。

他从中西方保护文物的差异中感到保护古代文物的重要，认识到保护文物是为了保存祖辈遗留下来的文物珍宝，"可以感起后人之志，可以观感后人之美，可以著耀中国之文明而发扬光美之"①。

为此，康有为呼吁保护古迹文物，爱护祖国文物，让人们从文物的观赏和审美活动中陶冶性情，接受传统的文化教育，以提高民族的自尊心和爱国自豪感。他认为，保护文物就是保护历史积淀下来的文化，是给后代留下丰厚的文化遗产。他指出，一些看似"故家旧物"的古物看似无用，实为有用，它凝聚了先人的智慧和美的创造力。关键在于如何保护和利用这些文物，将文物保护和修复，使它变精美，让人们在观赏文物的过程中得到美的享受，则无用之古物会变得有用。可见，康有为文物保护观念具有远见卓识，后来多被采用。

因此，他在流亡期间购买了大量中外文物。康有为之所以尽其财力所能搜集国内外文物，不仅在于他对文物保护的作用有深刻的认识，还在于其启蒙与救亡的一贯理想。他认为，当时中国人对外国文化缺乏认识，是因为国内缺少可作中外文化对比的感性资料。所以遇到古器物和艺术品时，只要觉得好他就要买来，准备回国开博物院，借以开国人眼界。

他还认为，不重视历史文化的保护，只注重经济的发展，将导致祖国宝贵文化遗产的破坏和损失，也破坏了旅游经济的资源。文物古迹是极好的旅游资源，加以开发利用，可以发展旅游事业，增加国民收入，推动经济发展。康有为认为文物古迹"既增文明，又添游屐，所得金钱，以资国民"，"盖今之新法，以饰名迹盛游历，亦为国民生计之一道"②。康有为从可供游览观光与经济效益的相互联系中，进一步论述了保护与修复名胜古迹的意义。可见，康有为的文物保护思想不是单一的，而是在审视古迹古物的文明价值的同时，还顾及发展旅游事业，利用文物古迹开发旅游业，

---

① 康有为：《保存中国名迹古器说》，转引自楼宇烈《康有为与儒学的现代转化》，《孔子诞辰2540周年纪念与学术讨论会论文集》，上海：三联书店上海分店，1992年版。
② 康有为：《不忍》，《杂志汇编初集》卷二，《保存中国名胜古迹古器说》，第49～52页。

增加国民收入。康有为超前的文物保护意识，对今天坚持文物保护和经济建设"两重两利"的原则，既重视文物保护，又有利于经济建设，以及对今天全国各地掀起文化旅游热，促进和带动地区旅游发展具有良好的启示作用，值得人们去借鉴。

（二）开设图书馆、博物院思想

康有为在流亡海外的日子里，看到西方资本主义国家的大城市都有大藏书楼，甚至还收藏有不少中国的书籍。"近年西政西学，日新不已"，所以图书馆不仅要收藏中国四库全书这类典籍，而"西人政教及各种学术图书，皆旁搜购采，以广考镜而备研求"①，倡议中国应向西方国家学习，开设图书馆，让国人有机会看到本国的典籍和西方的各种学术图书。

康有为长期以来不能放弃的计划与梦想，就是能够在自己的国土上创办一所中国人自己的博物馆，他强烈感受到民智未开之时，博物馆可以用来作为开启民智的工具。为此，他建议学习先进国家的经验，"凡吾国省府县镇皆宜设博物院图书馆，皆宣设保全古迹古器会"②。他最早觉察到利用博物馆的文物资源，可以发挥博物馆的社会教育职能。他认为，假若在穷乡读书十年，不如一日游博物院的感触深。因为博物馆所特有的那种珍奇实物，能直观地、形象地展示在观众面前，这是任何书本或戏剧电影等艺术形式都做不到的。因此，康有为认为读书之所得，不如在剧院看戏剧让人受感动。人们对文物的观赏如同观戏一样，在于通过文物所展示的形象和业绩，在形象直观中感发人性，催人觉醒，使人在不知不觉中受到传统文化的熏陶。因此他积极倡言中国人应当创办自己的博物馆，用以启迪国人的智慧，并身体力行。早在"百日维新"期间，他就把创办博物馆作为新政的一项内容提了出来。光绪皇帝接受了维新派的这一主张，以奖励官职来提倡民间办博物馆。他在青岛居住期间，曾数度把自己收藏的国内外文物珍品以博物馆方式进行公开展示，展品辅以文字说明，他的住处天游园俨然是一家私立博物院，慕名前来观看者络绎不绝，甚至还有人巨资索购，包括一些外国人。虽然迫于财力所限，康有为办博物馆的夙愿未能实现，但他仍尽其可能，按近代博物馆的展览方式把自己的部分藏品置于天游园展出，以期观者能对中西方文化有些直观的认识和感受。可见，康有为堪称中国近代博物馆事业的先知先觉者，他较早意识到博物馆在传承文化、启发民智方面的作用。他希望通过办博物馆和开发民智，达到救亡

---

① 康有为：《上海强学会章程》，《康有为全集》（第二卷），上海：上海古籍出版社，1990年版，第197页。

② 康有为：《不忍》，《杂志汇编初集》卷二，《保存中国名胜古迹古器说》，第49～52页。

图存的目的。遗憾的是,后来维新失败,引进西方博物馆的高潮迟至20世纪二三十年代才到来。但其有关博物馆的理论,对我们今天利用博物馆阵地开展爱国主义教育工作仍有很大的启示作用。

(三) 文化保护思想之时代价值

综合考察康有为有关文化保护的思想与行动,明显可见,他极为清晰地把握到物质与精神的双重功效。一方面,他提出了"中国救急之方在兴物质"的主张,提倡实业救国。同时,他充分注重精神因素与文化资源的作用。在他拟定的国家发展方案中,有关文化资源的保护乃至开拓的论述可圈可点,特别是开办博物馆和开设学校是他的理想,孜孜不倦,身体力行。他关于文物保护的论述,为我国文物保护工作奠定了理论基础。他对西方博物馆收藏保管文物、研究文物和展示文物的收藏价值、教育价值和审美价值有深刻的阐述,接触到了西方博物馆理论的若干问题[①]。

文物古迹不仅是灿烂悠久的华夏文明的历史见证,也是中华民族劳动智慧的结晶,而且是弘扬优秀传统文化,发展旅游经济不可或缺的重要物质资源。保护历史文化遗产是体现国家、民族乃至城市个性的重要内容和手段,是建设现代文化城市的根基和前提,博物馆是培养审美情趣,提高人民文化品位的重要场所。而博物馆的每件藏品不仅蕴含着历史人文信息,同时也是审美的对象,能给人们带来美的愉悦。对博物馆的功能和作用,很多中外哲人都曾有论述,正如美国著名盲人学者海伦·凯勒在她那闻名世界的散文《假如给我三天光明》中所言,这三天中的一天,她将这样利用:"我要把这一天用来对整个世界,从古到今作匆匆一瞥。我想看看人类进步所走过的艰难曲折的道路,看看历代兴衰和沧桑之变。那么多东西怎么能压缩在一天之内看完呢?当然只能通过参观博物馆。"这方面,康有为堪称中国现代博物馆事业的先知先觉者,他极早意识到博物馆在传承文化、启迪民智方面的作用,在其充满空想社会主义思想闪光的著作《大同书》之中,有对博物馆的关注。他认为,博物馆与大学一样重要,是文明与进步的重要象征,是人类理想社会之中不可或缺的文化设施。中国几千年的文明史的丰富遗存一旦与完善的文物保护体系有效连接起来,则完全可以成就世上最灿烂的博物院。这是历史赋予现实的财富,但在康有为的那个时代,这只能是一个梦想。今天,中国的文物保护事业及博物馆事业已经取得了巨大进步,尤其是改革开放以来,博物馆事业空前壮大,前景广阔。在这样的时期,回首百年前这位先驱者走遍世界的情景,令人感奋不已。康有为的探索,为中国文博事业的发展,为东西方文化的

---

① 参见苏东海《博物馆的沉思》,文物出版社,1998年版,第24页。

对话提供了一个重要的参证,值得我们永远记取。

从保护与开拓文化的角度看,康有为始终关注文物及相关文化遗产的独特作用,指出它们见证历史、启迪未来以及作为教育启迪人们思想的社会作用,这种特殊价值是难以估量的。首先他是从民族荣辱和国家盛衰的角度来认识文物的作用的,他的文物观是整体的而不是琐碎的。其次,不应当忘记康有为周游世界之时中国的状况,当时苦难深重的中国根本谈不上有效的文物保护,所以康有为的文物思想具有相当程度的预见性。最后,他注重从大文化背景下考察文物,这是康有为的高明之处。因此,康有为的文物观具有相当深刻的比较文化的意义。不同民族、不同国家的文化遗产既具有独特性,亦具有某种程度上的一致性,内在的精神关联耐人寻味,而透视这种关联需要一双充满思想魅力和思想深刻性的慧眼。康有为具有这样的慧眼。他看到了世界各国文化遗产的丰盛与壮丽,灿若星辰,共同点染了人类文明的历史长河。

综观康有为这位近代博物馆事业的先行者,他始终关注文物及古遗迹。他的文物保护思想对我们今后开展文物保护工作仍有很大的启示和借鉴作用。我们必须以"保护为主,抢救第一"和"有效保护、合理利用、加强管理"作为新时期做好文物工作的方针和政策。做好文物保护工作,以促进精神文明的建设。

七、书学艺术之时代价值

翻开中国书法史,康有为的名字也是赫然醒目的。

他不仅是中国近代史上的政治改革家、社会活动家、学贯中西的学者,而且还是一位卓有建树的书学大家(书法理论家和书法艺术家)。他的一生除了政治经历跌宕起伏、曲折坎坷以外,在文化领域亦皆有惊人建树,成就颇丰。其书法艺术和书学理论对中国书坛的影响非常大,并在中国书法史上占有重要地位。

和那个年代的所有知识分子一样,康有为幼读诗书,并跟随祖父习字。直到那一年,他的书法艺术思想和创作都发生了很大的变化。这一年正是1888年,他三十一岁,可以说是他一生中的一个重要转折点。这一年,他进京应顺天乡试,但却未能如愿。恰逢马江一战,中国败绩。他深感国势日危,于是奋笔第一次上书光绪皇帝,极言时危,请求革新变法,表达了其改革的决心。但无奈言路被阻,无人有言变法,上书自然落空。应试不第加上达无效,给康有为打击不小。在这种情况下,为避祸起见,他退而论书,听从沈曾植等学儒劝言,暂且勿言国事,不得不以金石陶遣消难,"闭门隐城南。洗石为僮课,摊碑与客谭。著书销日月,忧国自江潭。日步回廊曲，应从面壁参"①。"时徙居馆之汗漫舫，老树蔽天，日以读碑为事，尽观京师藏家之金石凡数千种，自光绪十三年以前者，略尽睹矣。拟著一金石书，以人多为之者，乃续包慎伯为《广艺舟双楫》焉。"②书法成了他直抒胸臆、寄托传志的最切近、最便捷的形式。正是在此期间，他接触到了大量的"汉魏六朝唐宋碑版"，大大地开阔了眼界，以至于"多游厂肆，日购碑版"。经过与名家交流及大量地临摹，康有为对书法的认识有了质的变化，他从此放弃"帖学"，成为一个"碑学"的倡导者和实践者。③ 所谓"碑学"，就是研究、学习碑刻的书法艺术。这里所说的"碑"，包括石碑、山崖刻石、石经、墓碑、墓志等。历史上以南北朝时期的碑刻成就最高，尤其是北朝，所以后世有"北碑"之称，这一时期碑的形制更加规范，碑文书体也完成了由隶书向楷书的过渡。中国书法这一传统艺术能够不断地继承和发展，古代碑刻所起的作用不可低估。为了探索、研究"碑学"书法艺术，康有为遍临历代名碑，如《石门铭》、《经石峪》、《六十人造像》、《云峰石刻》等。正是这段时间的努力，使得其在书法艺术方面所作的贡献，绝不比他在政治舞台上的作为逊色，成为继阮元、包世臣后又一书论大家。前后两年的时间（1888年和1889年），他写出了《广艺舟双楫》这部书法理论巨著，成为中国书学史上体系较为完整、见解深刻独到、方法新颖实际的巨著。它的问世奏响了清代"碑学中兴"的最强音，直接导致了晚清书学的革命。

假如没有这样的人生失意和郁闷彷徨，或许康有为不会把自己对于书法的理解写出来，即使写也可能不会表达得这么全面和深入透彻，因为早年在康有为眼里书法乃是末技，不值得在上面耗费大量精力。然而，康有为是个十足的政治家，他的心中以政治改革为人生第一大事，大概也只有碰上1888年这样的人生最低谷他才会暂且放下政治，转而研究书法以排遣胸中的不快与郁闷。上书失败成了康有为碑学理论诞生的导火索，而前六年的丰厚积累则成为炸药包，其书学思想在这样的氛围和环境中全面爆发出来，终于完成了历史赋予他的神圣使命。应该说，《广艺舟双楫》是康有为在最有朝气的年龄、最为愤慨苦闷的时刻、研究和积累最为雄厚最为丰富的时候完成的，所以，其理论有振聋发聩的声势，在帖学占据统治地位的时候这样的振聋发聩也起到了敲山震虎的作用，帖学的理论在一小段

---

① 康有为：《南海先生诗集·汗漫舫诗集》，上海：上海商务印书馆，1937年版。
② 康有为：《康南海自编年谱》，北京：中华书局，1991年版，第16页。
③ 中国书法发展到清代，由于帝王的爱好与提倡，仍有相当成就。清代书法发展大致可以分为两个时期：一是帖学期，一是碑学期。清初仍沿用明习，盛行帖学。嘉庆、道光之后，帖学由盛转衰，碑学逐渐兴起，所以晚清书法可称为北碑期。

时间里被瓦解得支离破碎，这在中国书法史上也是独一无二的个案。

（一）康有为书法美学思想之价值

康有为的《广艺舟双楫》是一部在中国书法美学史上极有理论特色的著作。

这部著作在中国书法美学史上具有划时代的意义和特点。他以新的思想和新的方法去对待传统的中国书法艺术并把相对衰微的书法艺术带入勃兴，影响了整整几代人。当代学者澄清曾经说过，《广艺舟双楫》与孙过庭的《书谱》同视为双璧。

康有为的书法美学思想的一大特点，就是卑视帖学优雅、纤柔、和婉、靡弱的艺术风格，鼓吹、倡导碑学以粗拙、雄强、浑朴为尚的审美理想，用艺术审美风尚的变革来为他政治上的"维新"主张服务。

他从尊碑抑帖的立场出发，认为书法艺术审美理想的由尚强到趋弱的转化和演变，是伴随着唐代帖学的兴起而开始的。他指出，以唐为界，书法艺术风尚便有了密与疏、茂与凋、舒与迫、和与争、厚与薄、涩与滑、曲与直、纵与敛的差别。中唐前后，由于社会政治经济、哲学文化思想的历史变革，艺术审美理想发生了重大的变化。如果说中唐以前，书法艺术更注重形质、再现，以阳刚为尚，那么中唐以后，书法艺术则向着更注重神意、表现，以阴柔为美的方向发展。无论是宋代的"意趣"，还是元代的"平和"，文人士大夫们在这种艺术形式中，所表现和抒发的往往不是"达则兼济天下"的社会抱负，而是"穷则独善其身"的雅逸情怀，更注重内向自守，回避和淡化与外界的矛盾。其艺术风格，也更加趋向静逸、淡雅和娇柔。直至清代，由于受皇帝偏崇因素的影响，书法风格更趋向保守，对优美书风的偏好变为一种时俗和模式。书风的柔弱，在一定程度上是人们社会心理卑弱的反映。对于一心立志在政治上变法维新、治国图强的康有为来说，在艺术审美理想上，他也崇尚刚强，卑视柔弱。他曾一针见血地指出，元、明两朝的书风，皆为赵孟頫、董其昌所囿，"率姿媚多而刚健少"，阴盛而阳衰，韵多而力弱。他批评董其昌的书风"局束如辕下驹，塞怯如三日新妇"[1]，"如休粮道士，神气寒俭，若遇大将，整军厉武，壁垒摩天，旌旗变色者，必裹足不敢下山矣。"[2] 他提醒初学书者，切"勿误学赵、董，荡为软滑流靡一路。若一入迷津，便堕阿鼻牛犁地狱，无复超度飞升之日矣。"[3] 康有为认为，书法要革新求变，获得"超度飞

---

[1] 《广艺舟双楫·变体第四》，北京：中国书店，1983年版，第15页。
[2] 《广艺舟双楫·行草第二十五》，北京：中国书店，1983年版，第60页。
[3] 《广艺舟双楫·学叙第二十二》，北京：中国书店，1983年版，第55页。

升",必须摆脱和超越赵、董帖学软滑、流靡书风的局限,崇尚碑学,直取汉、魏晋南北朝,进入壮阔雄强、浑厚博大、以壮美为尚的艺术天地。

与对帖学及赵孟頫、董其昌书风的极力贬斥和卑视不同,康有为对碑学以"壮"为美的书法风格极力褒扬。他将南碑与魏碑的书风特征概括为"十美":"一曰魄力雄强;二曰气象浑穆;三曰笔法跳越;四曰点画峻厚;五曰意态雄逸;六曰精神飞动;七曰兴趣酣足;八曰骨法洞达;九曰结构天成;十曰血肉丰美。①"这"十美"可以看作康有为对古代碑学以阳刚为美的典型概括。同时,他在对碑的品评中,将《爨龙颜碑》、《灵庙碑阴》、《石门铭》三碑尊为最高等级——神品,也是以能否体现"体庄茂而宕以逸气,力沉著而出以涩笔"的壮美特质作为品评标准的。康有为所处的时代,正是中华民族遭受异族欺凌,国势衰弱,仁人志士寻找强国之路的时代。作为维新变法的领袖人物,康有为的书法审美理想和维新变法思想具有相同的取向,即重振雄强之力。他把北碑概括为"十美",以"魄力雄强"、"气象浑穆"为第一。足见他的"尊碑"思想不仅是为了推扬一种新的学书方式,同时也是为了推扬人文精神。

但是,康有为推崇碑学的壮美,并不是倡导清代的书坛以向古代的壮美复归为目标,随着时代的发展,康有为的审美理想也表现出了时代的特质。一方面,这表现在康有为所推崇和肯定的具有壮美特征的古碑,往往不是高官大臣、文人学士所书写的,而多数是文化素质不高、毫无社会地位的"野民"所书,其书艺具有较多的原始野逸、拙悍、粗犷,具有一种非文化、非理性的特质。另一方面,他在批评清代帖学柔弱书风的同时,肯定了以碑学为根基的郑板桥、金冬心等人的书法创造,而这些书法创造则带有较多的不合古法的"丑"的因素。从我国古代审美理想的历史发展来看,虽有偏重阳刚之美和推崇阴柔之美的风格差异,虽有偏重理性再现与注重情感表现的差别,但无不以中和之美为标准。也即要求刚中有柔、柔中有刚、理中有情、情中有理。刚与柔、情与理始终处在一种矛盾统一中,虽有偏重,但决不导向对立、走向分裂,给人以痛感。而康有为所极力褒扬的出于古代"野民"所书的碑中,所带有的那种原始野性的"壮美",无疑是对以"中和"为审美理想的传统观念的突破。其次,康有为所肯定的郑板桥、金冬心等人书法创造中所具有的不合法度的"丑"的因素,则与美形成了对立。由此可见,康有为所倡导的壮美,在和谐中有了不和谐,于统一中显出了对立,给人以复杂的感受,这无疑为古代的壮美溶进了新的内涵,是一种具有近代崇高萌芽的"壮美"。而他自己的书法

---

① 《广艺舟双楫·十六宗第十六》,北京:中国书店,1983年版,第41页。

风格，完全可以看作这种审美理想的物化形式。正如熊秉明先生所说："清代碑派人物，在古代金石训诂中，发现了古朴、遒健的艺术形象。这些祖先遗留下来的痕迹，含藏着壮苗悍强的生命，成为被压制的民族自尊心的最好的支持者。""碑派书法家引篆入楷，把日常的字扭曲，古拙化，把生命提高到高一层次的紧张、凝聚状态，在做古文字的临摹、篆刻、再使用、再塑造的时候，他们能感到一种复杂的心理振奋……。这是一种对存在的肯定，是个人的，也是集体的。书法具有一种超纯美的魔力，具有煽动性，振聋发聩的鞭策作用，在当时是一种曲折隐晦的反抗的呼号。"①康有为正是在这样一种类似的心态下，将其政治主张寄志于艺术的审美理想的。他倡导碑学、推崇壮美，并非是引导人们向古代回归，而是借古开新，以古代的"壮美"为中介和跳板，向富有近代精神特质的境界挺进。他所倡导的壮美理想，有着鲜明的时代特色。可见，他不是一个复古主义者，而是开创近代书法美学的先驱。如果看不到这一点，可能就无法确立康有为书法美学的理论意义和价值。

康有为的书法美学思想在《广艺舟双楫》里被阐述得淋漓尽致，内涵是极为丰富和具体的。他以性情自由的表现心态为方法，而以促成新的审美理想和艺术风格的实现为目的，批评了唐人及帖学中的以理抑情、以工巧害意，弱化艺术表现力的弊端；以粗拙、雄强、具有崇高意识特征的书法风格，作为自己的审美理想，卑视帖学纤柔、和婉、甜俗、靡弱的艺术风尚。今天，我们审视康有为的书法美学思想，不难看出它凸显的鲜明的近代理论特质和意义。尽管他个人的审美观点有失偏颇，在书法美学思想体系的建构与描述中，仍然存在着主观偏激甚至矛盾，但对革除清末书法萎靡、徘徊的状态，丰富和完善书法艺术的表现语言，还是大有裨益的。我们也并不能因此而抹杀其重要的理论价值和时代特色。认真对其进行研究，对于把握书法美学由古代向近代、现代的历史转换历程，总结古代和近、现代书法美学的发展规律，促进书法艺术的繁荣和书法美学的深化，都是极具时代意义和价值的。

(二) 康有为书法理论和实践之价值

康有为作为一代书法大家，其书法作品的艺术价值和历史作用逐渐为愈来愈多的人所认识，特别是他在书法理论研究和实践中体现的探索精神和倡变、革新意识，不仅是他在传统宝库中的广泛发掘和科学继承，而且是他在创新道路上的不懈追求和成功开拓，也是他为后人所留下取之不竭的精神价值。

---

① 傅合远：《康有为〈广艺舟双楫〉的美学思想》，《文史哲》1997年第1期。

康有为在书法理论研究领域上的重大贡献突出表现在《广艺舟双楫》这一书学理论专著的问世上。清代有两部影响较大的书法理论著作：一部是包世臣的《艺舟双楫》，另一部是康有为的《广艺舟双楫》。康有为的这部著作是他根据自己的心得，并且为批驳包世臣的《艺舟双楫》而写的，它成于 1889 年。不少书法评论家认为，包世臣、康有为这两书是"我国书学上的总结性的著作，而康氏的著作，实为后来居上"。这部论著全书分六卷，共二十七篇，分别从书体源流、用笔技巧、碑品评论、学书经验等几个方面阐述了他的书学理论，其中的核心思想便是"法古"与"尚变"。可谓晚清最为重要的一部书法理论专著，它从理论上全面地、系统地总结碑学，提出"尊碑"之说，大力推崇汉魏六朝碑学，对碑派书法的兴盛有着极其深远的影响，曾影响了一代书风，并流行于日本。这部著作的一个重要价值是康有为在书中针对当时僵化的馆阁体字，鲜明地提出书法要"变"的思想，强调以"变"来求得事物包括书法的进步。当然，这一点与康有为的政治情怀与抱负不无关系，他一生致力于变法图强，因此当其壮志未酬，政治上的苦闷郁结于心时，在这本书学理论著作中，政治上的"尚变"思想便会很自然地融入其书学理论，进而成为其书学理论的主导思想。

综观全书，人们不难发现，一个贯穿全书的思想便是"求变"。他在本书的第一章中就明确指出："变者，天也。"① 康有为认为变化是自然、社会等一切事物发展的普遍规律。如同天不能有白昼而无夜晚，有冬冷而无夏暑一样，白天与黑夜交替、冬冷与夏暑往复，故"天以善变而能久"。也如同人由童幼变为壮老，其形体、容颜、气貌也无不随之改变一样，书法作为一门艺术形式，在自然和社会生活中，虽是"至小者"，但它的历史，也符合这种不断变化、发展、丰富的延续规律。"以人之灵而能创为文字，则不独一创已也，其灵不能自已，则必数变焉。"② 就书体而论，书法由汉字初创时期的虫篆变为籀文，又由籀文变为秦篆，由秦篆而变为汉隶，自汉隶又变为真楷，由真楷又变为行书及草书，皆为人之灵创新不已的结果。康有为认为书法艺术的历史，就是不断的因时而易，变法、创新的历史。他在《广艺舟双楫》中说道："前以周为一体势，汉为一体势，魏晋至今为一体势，皆千数百年一变。后之必有变也，可以前事验之也。"③ "盖天下世变既成，人心趋变，以变为主，则变者必胜，不变者必

---

① 康有为：《广艺舟双楫·原书第一》，北京：中国书店，1983 年版，第 3 页。
② 康有为：《广艺舟双楫·原书第一》，北京：中国书店，1983 年版，第 1 页。
③ 康有为：《广艺舟双楫·原书第一》，北京：中国书店，1983 年版，第 1 页。

败，而书亦其一端也。"① 只有变，才有创造，才有新意，才有价值，才能传之久远，留之后人，确立自己在书法史上的地位。他还直言不讳地说道："书学与治法，势变略同。"② 也就是书法与政治上的变法有相同的规律。在政治上，往往"有守旧、开新二党，然时尚开新，其党繁胜，守旧党率为所灭。盖天下世变既成，人心趋变，以变为主，则变者必胜，不变者必败。而书亦其一端也"③。只有开新创造，才有希望，而保守僵化，泥古不变，永固旧历，不求更新，是没有出路的。

在这种"变"的思想指导下，他以汉魏用笔，行书结体，熔冶诸家，酿成一体。并把政治上的变革思想与书法艺术上的变革精神统一了起来，使"倡变求新"成为贯穿《广艺舟双楫》一书的总纲，后人不难见其以变法、新意为美的价值取向。

"尚变"，我们也可以理解为康有为书学理论的目标。目标的明确，势必要求有相关的实施措施的出现，于是康有为将"法古"的思想提出，作为"尚变"的门路和途径。使"法古"与"尚变"有机统一，既求新求变又效法古人。这里的"新"与"古"是相对的。康有为要人们学习"古"中的奇趣，进而求得"古风"下的变革与创新。他将书法的发展过程作了时代的划分，认为在唐以前的书法为古体，唐以后的书法为今体。古体书法的巅峰时期在魏晋南北朝时期，因为这段时期篆、隶、真、草诸体已备，而唐以后的今体在字体上已经鲜有建树，其书法成就只是个人风格的开创，比如颜体、柳体等。他曾说："至于有唐，虽设书学，士大夫讲之尤甚。然缵承陈、隋之余，缀其遗绪之一二，不能复变，专讲结构，几若算子。截鹤续凫，整齐过甚。欧、虞、褚、薛，笔法虽未尽亡，然浇淳散朴，古意已漓；而颜、柳迭奏，澌灭尽矣！"④ 故此，他认为，今体书法既是如此，那么摒之弃之亦不过分。

康有为还指出："吾闻人能书者，辄言写欧写颜，不则言写某朝某碑，此真谬说。令天下人终身学书，而无所就者，此说误之也。至写欧则专写一本，写颜亦专写一本，欲以终身，此尤谬之尤谬，误天下学者在此也。"⑤ 他认为，书法绝对不是单单临习一个人的风格就能学好的，即使是临习得再相像，也终究不是自己的风格。因此要"所见博，所临多，熟古今之体变，通源流之分合，尽得于目，尽存于心，尽应于手，如蜂采花，

---

① 康有为：《广艺舟双楫·卑唐第十二》，北京：中国书店，1983年版，第34页。
② 康有为：《广艺舟双楫·原书第一》，北京：中国书店，1983年版，第4页。
③ 傅合远：《康有为〈广艺舟双楫〉的美学思想》，《文史哲》1997年第1期。
④ 黎传绪：《简论康有为"尊碑唐卑"说》，《江西科技师范学院学报》2003年第6期。
⑤ 康有为：《广艺舟双楫·购碑第三》，北京：中国书店，1983年版，第6页。

酝酿久之，变化纵横，自有成效。断非枯守一二佳本《兰亭》、《醴泉》所能知也。"① 而要做到这一点，无疑就要"法古"，取法南北朝古碑和学习古人的笔法和其他技法，然后在深入学习古人的基础上，加以个人的发挥创新，就能写出质朴、古趣盎然、雄强的新书法，"法古"只是"尚变"的形式和途径。"法古"的主要措施具体来说就是"抑帖扬碑"和"卑唐尊魏"。当然，这并非康有为的首倡。阮元、包世臣早就有相关的"扬碑抑帖"之论的提出。不管是"抑帖扬碑"还是"卑唐尊魏"都是为其碑学理论服务的。

　　正是基于这样一种尚变法古、倡变求新的书学理论与价值取向，康有为旗帜鲜明地力主"卑帖崇碑"的观点，并身体力行。他之所以卑帖崇碑，那是因为他认为帖学在自身发展的过程中，会不断地滋生一种保守、僵化、封闭的倾向。他说，帖学"昧于学古"，取法浅近，迎合时好，"徒取一二春风得意者，以为随时"，"陈陈相因，涂涂如附"②。这种批评虽然尖锐，但并非毫无根据。自晋代王羲之裁古铸今、变法"出新意"取得成功后，唐人便将其尊为"尽善尽美"的典型。王羲之的书法不仅成了唐人评价书法艺术价值高低的标准，也成了书法创造的起点。习书者不学"王书"，便无立身之本。宋人则将颜真卿视为学王能变的楷模，苏轼、黄庭坚、米芾等无不以学颜作根基。而元明两朝则更以崇王复古为旗帜，赵孟頫、董其昌两位亦因学王书有所成，而交替走红并成为时尚。然而，在康有为看来，帖学书风的这种迎合时俗的做法，已经失去了古代书法风气纵向开拓的力度和深刻，变为一种横向移植、缺少个性和创造的承袭与复归，陷入一代不如一代的困境，以至于使"今人日习院体"，而"不复自知"，弱化了艺术的表现力和创造性，甚至将书法艺术堕化为经世致用谋取功利的工具和手段，导致了千人一面、万人同体。以方正光洁为美的"馆阁体"，因缺少新理异态而拘谨刻板，愈来愈趋于保守、封闭、僵化而难以自拔。为此，康有为对兴起于清代咸丰、同治之际的碑学不仅表现出极大的兴趣与热情，而且对碑学的成就大加褒扬。他极力倡导书法要以汉代为根本，源于汉代的书法不但气体高古，而且变化最多。同时要博涉魏、晋、南北朝诸碑，观这些碑，使人"若游群玉之山，若行山阴道上"，凡后世之所有之体势无不备，凡后之所有意态无不有。若能"随取一家，皆足成体，尽合诸家，则为具美"。二王之不可及处，不仅是因为其书法自身的雄奇超妙，而更在于他们取法古人，并能博涉诸家，等等。康有为

---

① 康有为：《广艺舟双楫·购碑第三》，北京：中国书店，1983年版，第6页。
② 康有为：《广艺舟双楫·干禄第二十六》，马洪林、卢正言编注：《康有为集》（文论卷），珠海：珠海出版社，2006年版，第140页。

对碑学的赞美和倡导，达到了无以复加的地步。①

从康有为的个人书法创作实践来看，他确实独辟蹊径，秉承着"学书贵有新意妙理"的主张，在总结前代书法家成就的基础上，十分注重从碑刻中汲取营养，从中求意趣，把帖与碑结合起来，并以碑为主，进行了大胆的实践创新。他融会贯通，独创魏碑行楷书"康体"。有的书法评论家认为，康南海的书法是兼北碑南帖的，在他以前，书家不宗碑则崇帖，到了南海才把它融合起来。对此，康有为晚年自己也说："千年来，无人能集北碑南帖之成者，况兼篆隶钟鼎哉！吾不自量，欲孕南帖，胎北碑，熔汉隶，陶钟鼎，合一炉而治之。"② 他从《石门铭》、《泰山经石峪金刚经》诸碑中获得结字造型和用笔方法，其书法凸显其大气磅礴、纵肆奇逸的独特艺术风格，不仅有纵横奇宕之气，而且笔力矫健，局势宽博，朴拙不凡。他特别擅长书写对联，具有静穆大气的阳刚之美，所以他的书作历来深受藏家们的青睐。康有为的文章天下称道，而书法则大气磅礴，笔下生波澜，文风书风相得益彰。符铸评价其书法说："盖纯从朴取镜者，故能洗涤凡庸，独称风格，然肆而不蓄，矜而益张，不如其言之善也。"③

康有为大胆在书法艺术实践上创新，其意义不言而喻：明清两朝科举制度盛行，文人为了求取功名，以毕生的精力去研究和书写那些端正死板、一丝不苟、缺乏生气的院体字，没有变化和创新，导致书法的日趋僵死，失去了应有的艺术价值。但随着碑学的振兴和康有为的倡导，诚然是改变了晚清书法一统馆阁体的旧面貌，对传统帖学构成了强有力的冲击，打破了几千年来帖学一统天下的局面，形成了近现代书坛碑派书法创作的主流形态，将碑学在晚清推向高潮，并使一大批书法家异军突起，有力地推动了书法艺术的发展，从而也为他本人赢得了书坛领袖的地位。对于一个当时刚三十出头的年轻人，他不但敢于从理论上大胆提出自己的观点，更敢于从实践中创写出了独特风格的"康体"，这一点是十分可贵的。

值得一提的是，康有为如此尊碑抑帖，倡导"法古"，并非是为了"复古"，或以古为美。马克思曾经说："希腊神话，不只是希腊艺术的武库，而是它的土壤。"④ 康有为倡导碑学与"学古"，正是基于这样一种立场和心态。他要使帖学披枝而见本，因流而溯源，寻找书法艺术发展的"武库"和"土壤"，并以此为根基、为前提，广开视野，探讨和寻找医治

---

① 参见傅合远《康有为〈广艺舟双楫〉的美学思想》，《文史哲》1997年第1期。
② 转引自吕明灼《康有为对中国近代思想文化的贡献》，《东方论坛》2004年第4期。
③ 转引自谷万里《康有为书法理论价值探析》，《艺术理论》2009年第9期。
④ 《马克思恩格斯选集》第2卷，北京：人民出版社，1972年版，第113页。

帖学保守、僵化、停滞、缺少新意的药方，开拓艺术创造的新境界。"上通篆分而知其源，中用隶意以厚其气，旁涉行草以得其变，下观诸碑以备其法，流观汉瓦晋砖而得其奇。浸而淫之，酿而酝之，神而明之，能如是十年，……"①"如此复古，虽导源于古实为别开新体；犹唐代人的律诗，虽源于古体，但音韵与其迥异；亦犹宋代人的四、六诗句，虽出于骈文，而引缀绝珠。"② 由此可见，康有为所极力倡导的碑学，"复古"只不过是一种手段和中介，而变革、创新，才是其根本要求和目的。

他始终为书法的倡变、求新而鼓吹、呼吁；为超越帖学的束缚，批判帖学的保守、停滞、弱化的弊端寻找理论根据；以"变"和"新"，作为自己的价值取向。他倾注在书学上的变革与创新的精神，为当代书法艺术的发展提供了最有力的思想支持。我们也正是在这种意义上，充分肯定他抑帖倡碑的理论意义和精神价值的。

康有为的书法艺术思想为后世的书法创作与书学批评提供了新的准则依据；偏于阳刚的书法美学观，为后世走以碑为主、碑帖结合之路者，提供了坚实的理论基础；书法的生命哲学观，更为书法加强真实性、原创性指出了道路。

可以肯定地说，当代的书法审美层次在不断提高，创作方法日益多样，艺术风格日渐丰富。古典书法、现代书法、学院派、流行书风等相继涌现，并且都在寻找自己的发展空间力争大有作为。

在书法艺术日益发展和繁荣的今天，我们应该从康有为的书学思想中汲取养分。首先，加强开放意识，打开胸襟。书法创作实践必须求变求新，这是书法传统延伸的活力所在，是一个永恒的主题。在求变求新的过程中，会出现各种各样的文艺思潮和创作流派。我们应该具备更宽广的襟怀去善待一切为书法而不息奋斗的人们，当然包括那些在艺术上勇于探索、大胆实践的"第一个吃螃蟹的人"。多元、多样、多流派的书法格局之间的相互确认、相互推动，将成为书法发展的主流形态。其次，提倡求变求新，但要遵循其内在的发展规律，不要忘记康有为艺术"变法"所存在的片面性。张岱年先生曾经说过，传统的文化艺术文本是历史的，产生于特定的历史机遇，但传统的文本一旦产生，进入历史流程的链条，它本身又是历史的，在不同的历史时代，它不断地被解读，释放出新的文化艺术能量来。经验证明，中国书法无论是书体的创新，还是新的书风的确立，都是以渐变形式获得成功的，没有"突然死亡"的成功案例。因为突

---

① 《广艺舟双楫·学叙第二十二》，北京：中国书店，1983年版，第54～55页。
② 转引自傅合远《康有为〈广艺舟双楫〉的美学思想》，《文史哲》1997年第1期。

变的东西缺乏承接性和历史性,任何事物的发展演变、包括人的接受都有一个必然的过程。

"康有为这种巨星式的人物出现,这不仅是岭南书史上从未有的事,就是在中国书法史上也光辉耀眼。仅此一人,岭南也足以傲视中原了。"① 康有为不再是一个个体性、区域性的书法标志,而是一个秉承传统、立意创新、向读者展开了一个真情实感与原创思维的生命体,是我们当代书法创作的坐标系。

---

① 侯开嘉:《抗衡中原,实无多让》,见侯开嘉著《中国书法史新论》,上海:上海古籍出版社,2003年版。

第六章　康有为思想的精神价值

对康有为思想及其形成的社会背景进行考察和研究，有一点是非常值得我们注意的，那就是：在中国近代社会环境中，康有为是怎样超越于其他人，站在历史的前沿，以其昂扬的爱国激情和敢为天下先创新精神，怎样做出了无愧于那个时代的业绩。这位近代大儒的思想和实践，在华夏民族复兴的远征中，突破了近代半个世纪以来思想界只学西学皮毛、不学其根本的局限，提出了改造国民深层文化土壤的启蒙主张，达到了体制变革的高度，充分显示了民族资产阶级及其知识分子的"政治朝气"，他那种心系天下，忧国忧民，奔走呼号，勇于为先的伟大情怀以及巨大勇气和伟大精神，感召着其后的改革者们为中华民族的振兴继续奋斗！

一、敢为天下先的创新精神

曾经，康有为上下求索，思考中国的变革之路，七次上书，领导百日维新。为拯救危亡中的民族和国家，他提出了包括政治、经济、文化、教育等领域内容的全面社会改革方案，奏响了中国近代化的第一乐章，其中蕴含着敢为天下先的创新精神。可以说，从思维方式创新，到体制的创新、国策的创新，再到思想观念的创新，无不充分体出这一精神内涵。

审视康有为的整个思想体系和社会改革方案，我们不难发现：他以"扫除更张，再立堂构"的思维方式否定了中国传统的"天不变，道亦不变"的旧思维方式，倡导富于质变意义的彻底的改革，实现新质取代旧质；他把"体制"的变革，置于根本的位置，以"变官制"行君主立宪为变法之根本，期望变"君主专制"为"君主立宪"，实现从"补天"到"变天"的飞跃；他以"以商立国"和"以工立国"的经济主张，大胆地挑战了中国两千年的"重农抑商"的基本国策，希望变"以农立国"为"以商立国"，以建立新政体的经济基础；他大力倡导变革几千年的传统观念，开启近代新的价值理念，谱写新时代的思想风貌……所有这些，无不以创新为支撑点，充分体现了康有为在社会改革中那种敢为天下先、大胆创新的精神。

正因为康有为身上蕴含着这种精神特质，所以其整个思想体系及社会改革方案呈现的是一种全方位的创新，具有很大的超前性，并使其本人成为了很多思想的最早提出者。这种创新性及其精神在政治思想和教育改革思想方面表现得尤为突出明显。

（一）政治思想中凸显的创新精神

作为清末民初最具影响的思想家，在19世纪的最后几年，康有为领导了中国知识界的启蒙运动。继1895年"公车上书"之后，他以上书和进谏的方式掀起了一场自上而下的政治体制改革，对国家政治体制进行根本创新，成为了中国最早探索宪政的人。在康有为之前，从来没有一个思想家敢于像他那样，把改革中国政治体制的建议和设想反复向皇帝提出，他是第一人。其创新精神体现为：抓住了社会改革的最根本处，而进行最为彻底的改革——国家政治制度的根本变革，不再是修修补补地去补旧制度的"天"，立意走出中国社会改革的新路子，实现"于大东中开一新国，于二千年成一新世"的理想。

1. 首次引入依宪治国观念

到戊戌变法以前，中国的封建制度存留长达4000余年，不可谓没有法，也不可谓没有"依法治国"，但是当西方自由、平等、博爱、人权等概念在19世纪末传入中国之时，中国仍然是一个皇帝"口含天宪"、皇帝出口为法、下笔为律，君权至上的社会。法自君出，权尊于法；法律作为一种统治工具，只拘束臣民而不拘束君主。康有为第一次提出了"宪法"这样一个包含限制君权意义的法律概念。他认为国家的政体可以分为专制、立宪和共和三种。在专制政体下，"一君"与"大臣数人共治其国"；而立宪政体则是"人君与千百万国民和为一体"。因此，在他看来，"宪法"就是一条维新之路。虽然在他之前出使海外或出国留学的中国人，也曾经提出过应当改革内政、学习西方的政治体制的主张，但往往是简单的制度引介，并没有意识到宪法限制君权、对抗封建专制的作用。自从康有为提倡"君主立宪"以来，直至清末立宪，虽然历经共和制、帝制以及民主、专制政体之反复，历任政府无不以立宪为立国之开端，无不以宪法记载一国政治的基本原则，这未尝不应归功于像康有为这样的第一代倡导依宪治国者。

2. 首倡实行君主立宪制

在康有为时代以前，中国只有朝代更替，从未有政体之变。从康有为始,君主专制作为一种政体受到挑战。在中国历史上,康有为反对君主专制政体,首倡政治体制上的中西结合,最早在中国提出了立宪政体。他认为君主权威无限"大背几何公理",主张"立一议院以行政,并民主亦不立","君臣一伦,亦全从人立之法而出,有人立之法,然后有君臣。今此立法权归于众,所谓以平等之意用人立之法者也,最有益于人道矣"。① 由此,康有为在中国明确提出了作为资产阶级民主立宪理论基础的身份平等观。

对君主立宪模式的选择,康有为前后是有所变化的。戊戌变法以前,他提倡实行类似于日本和德国的集权制的君主立宪;戊戌变法时期,他认为"变法"应"以俄国大彼得之心为心法,以日本明治之政为政法"。② 前者意在强调其自上而下的改革方式,后者则指日本明治维新后所确立的君主立宪制。戊戌变法之后,他提倡类似于英国虚位君主。所谓虚位君主,就是"名是皇帝,实非皇帝",君主的权限由宪法规定,"宪法全由资政院起草决议,则全由民权共和至明",并且宪法是"一国最上法、最高权"。在这一设计当中,专制政体下皇帝的立法权、行政权、人事权和军权都已有名无实,与戊戌变法时期康有为所提倡的君主立宪相比,发生了质的变化。虽然他反对革命派的共和政体,称民主共和制不适合中国国情,但这种君主立宪制对于封建专制而言无疑是一次历史性的超越。

3. 首提民权思想

在康有为之前,中国虽然有"民本"思想,但是却没有民权思想。康有为吸收了西方自由主义的民权观,强调公民自治。在《万身公法书籍目录提要及实理公法全书》中,康有为较为系统地提出了自己的民权观。他认为,人生来平等,同时又充满差异性,这些充满差异性的人是独立的,有自主权,应当"以平等之意,用人立之法",对此进行规范。他不但主张长幼平等、朋友平等,甚至认为君民之间也是平等的。他论述道:"民之立君者,以为己之保卫者也。盖又如两人有相交之事,而另觅一人以作中保也。故凡民皆臣,而一命之士以上,皆可统称为君。"把君主比作契约关系中的见证人,而不是以往以君主为一切社会关系的合法性来源,这在当时是一大思想进步。③

4. 首倡以"民治"为目标的地方自治

康有为以公民自治理论为基础,主张实行地方自治。他认为:"中国

---

① 程洁:《康有为宪法思想述评》,《法商研究》1999 年第 2 期。
② 程洁:《康有为宪法思想述评》,《法商研究》1999 年第 2 期。
③ 程洁:《康有为宪法思想述评》,《法商研究》1999 年第 2 期。

地方之大病在于官代民治，而不听民自治"，"立法之意但以为国，非以为民，但求不乱，非以求治。……有大官而无小官，有国官而无乡官，有国政而无民政，有代治而无自治"。康有为所主张的地方自治，类似于"古者之封建也"，"但古者，乱世封建其一人，则有世及自私争战之患，此所以不可行也。今者升平封建其众人，听民自治，听众公议，人人自谋其公益，则地利大辟，人工大进"。他还提出了具体的参照系，即"因乡邑之旧俗而采英德法日之制"，以"万人以上地十里者为一局，……"等具体设计。① 在当时，地方自治的提出无疑是与中国传统的大一统国家结构形式相对立的，它有利于充分调动地方的积极性、减轻中央负担，并且在促进地方政治清明的同时形成对中央行政的牵制力量。地方自治的意义不仅仅在于此，而且因其基础是民治，这与中国历代的割据式自治或绅权和族权维持下的地方自治具有质的区别。从中国的法律和行政管理的传统看，维持国家秩序的规范当中不乏"治官之法"和地方规范，然而其出发点乃是"治民"而非"民治"。以"民治"为目标的地方自治思想应该始自康有为。

需要指出的是，康有为虽然提倡地方自治，却始终反对联省自治，维护单一制的国家结构形式。1920年，军阀混战，各地方纷纷独立，有人以美国、德国实行联邦制而富强，提出联省自治的理论。对此，康有为十分清醒地认识到，美国、德国之所以实行联邦制在于其建国之前，本为"久远分立之邦"，实行联邦制恰恰是为了统一。而中国自汉以后两千年，皆以统一立国，采联省自治，实则分邦裂土，"非自治而冒名自治"，实则军阀专制，"只有割据之军治，而民治无自而生，故军阀未除，自治二字不必假用"。康有为的这一论点的正确性后来为中国历史的发展所证实。②

（二）教育改革思想中凸显的创新精神

康有为的一生，培养了梁启超、陈千秋、麦孟华、徐勤、韩文举、区榘甲、伍宪子、陈焕章等一大批国内声名显赫的学者、政治家，在文化传承、阐扬与教育实践方面做出了巨大的贡献。从思想层面看，他是维新教育改革思想的启蒙者和总结者。与前人相比，其教育改革理论丰富多彩、博大精深、系统完整；与时人相比，又自成体系、独树一帜和影响深远。从实践层面看，他是一位具有丰富实践经验的教育家，先后亲自创办或参与创办了万木草堂、广仁学堂、天游学院等一系列学校，并且一贯重视实践教育。其教育思想和教育实践在近代中国教育史是占有重要地位，有着

---

① 程洁：《康有为宪法思想述评》，《法商研究》1999年第2期。
② 程洁：《康有为宪法思想述评》，《法商研究》1999年第2期。

承前启后的重大影响。

1. 学制思想的改革与创新

戊戌维新时期，对教育改革问题康有为虽未进行过系统的阐述，但其力主彻底改革封建旧式教育的思想却是新颖而又明确的。仅1898年6月到9月这三个月，他本人或代其他官员起草的变法奏折有五十多件，提出了政治、经济、文教、军事等一系列的新政建议，其中在教育方面，他要求废八股、改书院、兴学校、派留学、废淫祠、办报馆……由此可见康有为教育改革思想的丰富内涵。

废科举八股，兴新式学校，是康有为教育改革思想的核心内容，也是他推行教育改革的总纲领。众所周知，科举制度是自隋唐到近代以来中国封建教育制度的核心，从隋朝至晚清间的千余年封建教育，皆是科举教育；读书人无一不以科考及第、入仕做官为目的。科举制度在其建立之初，对于沟通朝野上下、巩固封建统治，发挥了不小的作用。但明清时期渐渐失去昔日的辉煌，它的形式僵化，内容死板，其弊端层出不穷，严重影响了人才的培养。广大士子皆以工词章掇科名为急务，只会恭习研读四书五经，及做那空洞不实用的八股文。八股应予唾弃，这几乎成晚清社会人士的共识。康有为作为从封建士大夫阵营中出来的、向西方学习的先进中国人之一，对清代科举教育的腐败情状及其危害性更有着深刻的认识，他深刻揭露科举制度的弊病，尖锐指出它是"驱天下有用之才而入无用之地"，"徒令其不识不知，无才无用，盲聋老死，是比白起之坑长平赵卒四十万，尚十倍之"，"八股之文，实为亡国亡教之大者也"。①

他在上光绪帝的《请废八股试帖楷法试士改用策论折》中，曾一针见血地指出科举八股出身的人，往往是不学无术之辈。那些"八股清通、楷法图美"的"巍科进士、翰苑清才，而竟有不知司马迁、范仲淹为何代人，汉祖、唐宗为何朝帝者！若问以亚非之舆地，欧美之政学，则张口瞠目，不知何语矣"。他认为八股取士，导致读书人不研究现实，不研究世界各国情形，也放弃了真正的中国传统学问。这样选拔的官吏不能应变，不能做实事。他在其他文章中还进而指出："国之弱，民之贫，皆由八股害之"；我华夏"人才之盲瞽不足用"，盖由封建社会"数千年闭关自足使然也"。自世界进入近代以来，欧美各国兵挟其汽船、电线、轮航、铁路诸异器，"横行宇内，……遂破吾数千年久闭之重关，惊吾久睡之大梦；入吾之门，登吾之堂，处吾之室矣。自尔之后，吾中国为列国竞争之世，

---

① 胡绳武：《戊戌维新运动史论集》，长沙：湖南人民出版社，1983年版，第184页、第185页、第189页。

而非一统闭关之时矣。列国竞争者，政治、工艺、文学、知识，一切相通相比，始能并立，稍有不若，即在淘汰败亡之列"。因此他专门向皇上递交了《请废八股试帖楷法试士改用策论折》，建议光绪帝立即下诏废八股，改试策论，认为策论这种体裁，"能通古证今，会文切理，本经原史，明中通外，犹可救空疏之宿弊，专有用之问学"。"然后宏开校舍，教以科学，俟学校尽开，徐废科举。"① 并指出清政府在军事上失利实源于八股："中国之割地败兵也，非他为之，而八股致之也。"1898 年 5 月，康有为还上呈了《请停弓刀石武试改设学校折》，极力主张停止传统无用的弓矢之武试，代之以广设武备学校，来培养兵学人才。在晋见光绪帝时，康有为又痛陈八股之害，将割地、赔款、轮船铁路矿务商务之输与人、国弱、民贫，都归结为八股所致，促使光绪帝当即同意废除八股。同年 6 月 23 日，光绪帝下诏："自下科为始，乡会试及生童岁科各试，向用四书文者，一律改试策论。"康有为废八股、停武试的主张，对改革科举制度起了很大促进作用。

兴办新式学校、提倡实用之学以培养变法维新人才，是康有为孜孜以求之事。他曾先后向皇上递交了《请开学校折》和《请饬省改书院淫祠为学堂折》，专门陈述兴办新式学校的主张。根据他的学生梁启超说，康有为当时认为："欲任天下之事，开中国之新世界，莫急于教育"，而教育之兴又首在学校的设立。康有为曾多次向光绪帝陈述进言，劝他应尊重知识，多办学校以育人才。在《请开学校折》中，他以甲午中日战争为教训指出："近者日本胜我，亦非其将相兵士能胜我也。其国遍设各学（校），才艺足用，实能胜我也。"在这里，他力图说明一国之败亡，往往就败在亡在其科技知识水平与人才方面不如敌国这一点上，以此来争取皇上对其开办新式学堂和发展新式教育主张的全力支持。

"废科举"的目的在于反对封建主义的教育制度；而"兴学校"的目的则在于发展资本主义的教育制度。这一废一兴的内容是改革教育、救国图存的两个基本的和互相联系的思想和政策。封建的教育制度不改，不广设学校以培养人才，不开民智，国家要富起来，那是不可能的。同样，如果不改革科举，不兴学校以育人才，国家要强大起来，也是不可能的。创新必除旧，所以破除以八股文为支柱的科举考试制度和封建主义教育，使广大的知识分子从传统的封建主义文化的束缚中解放出来，这是救国图存的重要前提。由此，在废八股、变科举的基础上，康有为提倡普及教育。

---

① 康有为：《请废八股试帖楷法试士改用策论》，见璩鑫圭、童富勇编《中国近代教育史资料汇编》，上海：上海教育出版社，2007 年版，第 136～139 页。

他认为一个国家的强弱是以文化教育是否发达作为衡量标准的，而且一个国家教育发达程度和培养人才的多少，不仅是一个国家强弱的标志，也是强弱的重要原因。他说："近者洋人智学之兴，器艺之奇，地利之辟，日新月异。""泰西之所以富强，不在炮械军兵，而在穷理劝学。彼自七八岁皆入学，有不学者责其父母，故乡塾甚多。其国读书识字者，百人中率有七十人。其学塾经费，美国乃至八千万，其大学生徒，英国乃至一万余。其每岁著书，美国乃至万余种。其属郡县，各有书藏，英国乃至百余万册。"① 正是因为如此，所以美国"立国百年，而著书立说多于希腊、罗马三千年，故兵仅二万，而万国莫敢谁何，此以智强也。"② "人皆惊洋人气象之强、制造之奇，而推所自来，皆由立爵赏以劝智学为之"。③ 而反观中国，"我中国文物之邦，读书识字仅百之二十，学塾经费少于兵饷数十倍，士人能通古今达中外者，郡县乃或无人焉。"所以，中国现在是"其下既无周人虞衡牧稻之官，又无汉人三老啬夫之化，而求其教养吾民，何可得哉？"由此，康有为得出结论说："夫才智之民多则国强，才智之士少则国弱。……今日之教，宜先开其智。"④ 因此，康有为极力主张破除腐朽的教育体制，开展教育改革，提高教育质量。

他认为普及教育对一个国家发展物质技术和提高精神文化有着重要的作用。中国自古以来，只有富人才读得起书，广大的人民群众被剥夺了读书受教育的权利，导致"天下民多而士少，小民不学，则农工商贾无才"⑤。正因为无才，国家在政治、经济、军事、文化等各方面都落后。因此，要救国，就必须改变科举制度，广开学校，翻译西书，造就人才。他说："一人独学，不如群人共学；群人共学，不如合什百亿兆人共学。学则强，群则强，累万亿兆皆智人，则强莫与京。"⑥ 为了创立各级各类学校，培养新式人才，挽求国家和民族危机，康有为在论及开办学校问题时，突出地强调了以下两点：

一是主张学习和借鉴西方先进的资本主义学校教育制度，广设学堂，普及教育，并应加大对教育事业的经费投入。他在《请开学校折》中提议："请远法德国。近采日本，以定学制，乞下明诏，遍令省府县、乡兴学，乡立小学，令民七岁以上皆入学，县立中学，其省府能立专门高等学

---

① 汤志钧：《康有为政论集》（上册），北京：中华书局，1981年版，第130页。
② 汤志钧：《康有为政论集》（上册），北京：中华书局，1981年版，第171页。
③ 汤志钧：《康有为政论集》（上册），北京：中华书局，1981年版，第150页。
④ 汤志钧：《康有为政论集》（上册），北京：中华书局，1981年版，第130～131页。
⑤ 汤志钧：《康有为政论集》（上册），北京：中华书局，1981年版，第130页。
⑥ 汤志钧：《康有为政论集》（上册），北京：中华书局，1981年版，第172页。

大学，各量其力皆立图书仪器馆，京师议立大学数年矣，宜督促早成之。"他强调指出，我国应效法泰西各国，遍立学校于各地乡间："泰西各国尤崇乡学，其中等学校、小学校遍地，学校以数十万，生徒数万万。举国男女，无不知书识字，解图会、通算学、知历史、粗谙天文地理之人，中学以上，县有天文地舆、光化电重、公法律例、农工商矿、各国语言文字、师范之学，故非独其为士者知学也。我中国民四万万，冠于全球，倍于全欧十六国，地当温带，人民智慧，徒以学校不设，愚而无学，坐受凌辱。是遵何故哉？盖泰西户口小而才智之民多，吾户口多而才智之民少故也。故欲富强之自立，教学之见效，不当仅及于士，而当下逮于民，不当仅立于国，而当遍立于乡。"①。这些建议，在"百日维新"期间得到了部分实现，对于以后的学制也有一定的影响。

在这份奏折中，康有为不但要兴办中小学，还要设立大学，构划了一个相对门类齐全的学制雏形。在此学制中，他主张小学要像西方一样实行强制性义务教育，如果儿童有"其不入者，罪其父母，严课地方官以为殿最"②。他希望借此使学校向基层下移，普及国民教育，提高国民的文化素质，以资富国。

在《上清帝第二书》中，康有为将中外的教育情况进行对比之后得出结论说：英美等国因其教育经费充足，图书馆之藏书以百万册计，故"各国读书识字者，百人中率有七十人，……所以开民之智者亦广矣。而我中国文物之邦，读书识字者仅百之二十，学塾经费少于兵饷数十倍，士人能通古今达中外者，郡县乃或无人焉"。若要改变这种状况，唯一的办法是大办教育、广设学校，而要想办学"速收成效，非大增学费，不能奏功"。在如何增加教育经费的问题上，康有为对此提出了两点建议：第一，政府应该控制国家经费的滥费无数，"清查善后局及电报、招商局各溢款、陋规、滥费，尽拨为学堂经费"，如此则"除贵州等极瘠苦省份外，必可每省得数十万金，以为养士之用"。第二，政府应提倡并奖励社会力量参与办学，"鼓动绅民捐创学堂。其能自捐万金，广募地方经费者，赏御书匾额，给予学衔，以资鼓励"。

康有为的这种学制主张，与1902年张百熙制定的我国历史上第一个系统完备的"壬寅学制"相比，有着某些惊人的相似之处。这两种学制都吸取了西方教育制度的经验，将教育分为初等教育、中等教育和高等教育三阶段来设学，只不过后者比前者更为具体完善。但康有为的这种学制无疑

---

① 康有为：《请开学校折》，周德昌编：《康南海教育文选》，广州：广东高等教育出版社，1989年版。
② 胡绳武：《戊戌维新运动史论集》，长沙：湖南人民出版社，1983年版，第189页。

是着眼于中国教育的长远未来,在当时来说是非常新颖和现实的,"这是中国人提出的第一个完整的学习西方近代资本主义的学制,也是康有为对中国教育事业最大的贡献"①。

但令人遗憾的是,由于戊戌变法的失败,这种学制暂时不得不被束之高阁,打入冷宫。

二是广派留学生以造就紧缺的高级新式人才。广派留学生是戊戌维新时期教育改革的一项重要内容,也是康有为的教育改革主张之一,他曾为此向皇上递交过《请广译日本书派留学折》,建议政府应该急派人分赴日本和欧美各国留学,让他们分别学习哲学、海陆军、化电、光重、农工、商矿、工程、机器等各科,每科为二三百人;等到国家财政好转之后,留学生还应再"增派无数,六年之后,立国之才,庶几有恃"②。在康有为的劝说鼓动下,光绪帝也认定并表示:现在讲求新学,风气大开。他因此对派留学生一事大力扶助,马上令各省督抚广派青年学生出洋留学。一时间,各省学子相继留学日本者颇多。这就确立了我国近代开办留学教育的方针,并为20世纪初大批学子赴东西洋留学奠定了基础。日后的留学教育对清廷而言,是一把双刃剑——它既为朝廷造就了一批批各式各样的有用人才,同时又促使广大留学生在中西文化交流的过程中接受了民主革命思想,而成为朝廷的叛逆者和掘墓人。这后者当然是康有为倡导留学时所意料不到的。

康有为对教育改革的迫切愿望源于对教育作用的认识。维新运动中,他无论上书还是呈折,都常将兴学育才作为维新救国的基本保障加以强调。他把教育作为维新变法的重要手段。在他看来,教育比军事更重要,他说:"尝考泰西之所以富强,不在炮械军器,而在穷理劝学。"并通过比较不同国家的强弱形势和人才状况,得出结论说:"才智之民多则国强,才智之士少则国弱。"③他指出中国贫弱的原因在于教育不良,在他早年所著的《教学通义》中曾指出:"今天下治之不举,由教学之不修也。"④ 1898年他在《请开学校折》中更是将日本战胜中国的原因归结为教育的成功。

总之,康有为把兴教育看作国家富强的一条根本途径,这促使他一方

---

① 马洪林:《康有为对西方教育制度的引进论》,《上海师范大学学报》(社会科学版),1998年第1期。

② 汤志钧编:《康有为政论集》(上册),中华书局,1998年版,第303页。

③ 康有为:《上清帝第二书》,马洪林、卢正言编注:《康有为集》(政论卷·上册),珠海:珠海出版社,2006年版,第71页。

④ 康有为:《康有为全集》,上海:上海古籍出版社,1987年版,第80页。

面把兴办教育作为一种政治主张加以宣传、鼓吹和提倡，另一方面又潜心研究教育本身的规律，身体力行地进行实践，从而摸索出了一套独特的教育体制。

1902年，康有为的学制观念在原有的基础上又有了新的飞跃。他在其著作《大同书》中提出了一套系统而富于浪漫空想色彩的教育思想。他设想了一个没有私有制和等级制，人人平等，天下为公的大同社会。大同社会非常重视人口教育，太平世以开人智为主，最重学校。大同社会实行公养、公教，每个社会成员都有权在公费的条件下接受义务教育。大同社会的教育目标是培养大同社会的公民，是培养全面发展的人，人人为有用之美才，人人为有德之成人。大同社会的教育有一个前后衔接的完整的学制体系，它包括人本院（负责胎儿教育）、育婴院（负责婴儿教育）、小学院（负责儿童初等教育）、中学院（负责少年中等教育）、大学院（负责青年高等教育）等五个部分：

（1）人本院。它专供孕妇居住，是进行胎教的主要场所。在这里孕妇胎教的主要宗旨是进行优生。为了达到目的，康有为费尽心思，对此进行了全方位的考虑和设计。首先要考虑胎教地点，应"皆立于温冷热带，以受寒气而得凝固，得红白而去蓝黑，以为人种改良之计"。胎教地点确定后，负责胎儿教育之师当"仁慈智慧尤深"，她们要对孕妇的衣食住行等各个方面严加规定，使孕妇做到"禁欲节交"①，尽量避免不利于胎儿发育的人或事物。为了使胎儿出生顺利，康有为特别反对女子堕胎，主张对堕胎女子及参与者严加惩罚。对承担胎教的孕妇及其医护人员给以特别荣誉奖赏。总之，人本院力求为胎儿创造一个优越完美的内在和外在环境。

（2）育婴院。招收3～5岁年龄段的断乳婴儿进行启蒙教育。该院照顾婴儿的皆是女子，称为"女保"，其地位较高，"见者不论贵贱，皆加敬礼"。选择要求十分严格，一要充分遵循自愿原则，二要注重人品、性格、智慧、身体等综合因素考虑。育婴院的设立应靠近人本院，结构应"楼居少而草地多，务令爽垲而通风，日临池水得清气"②。婴儿在这里接受品行、形象知识、慈爱之歌等启蒙性教育。

（3）小学院。招收6～10岁年龄段的儿童接受初等教育。在此院，负责儿童教育的也是女子，称为"女傅"，其标准应具备"德性仁慈，威仪端正，学问通达，诲诱不倦"的基本素质。因为儿童"终身之德性，皆于

---

① 康有为：《大同书》，马洪林、卢正言编注：《康有为集》（政论卷·上册），珠海：珠海出版社，2006年版，第396～398页。
② 康有为：《大同书》，马洪林、卢正言编注：《康有为集》（政论卷·上册），珠海：珠海出版社，2006年版，第410页。

童幼数年预为印模，童幼习于善良则终身善良，童幼习于邪恶则终身邪恶"①。小学院的环境应当有利于儿童的成长和开发智慧。此时的学习包括体育健身、音乐、地理、历史、文学等。

（4）中学院。招收 11～15 岁年龄段的少年接受中等教育。康有为认为这是学生的关键阶段，关系到"人生学问之通否，德性之成否"。此时的择师标准就不再有男女之分，只强调人的才能和品德。中学院的院址"当择广原爽垲近海近沙之地"，"其院舍皆当令与人体相宜"②。为了使学生全面发展，中学院设立图书馆、体育场、游乐园、实验室等各种学习和娱乐机构。

（5）大学院。招收 16～20 岁年龄段的青年接受高等教育。它建立在中学院教育的基础之上，是学制体系的最高阶段。这一时期，学科既细且多，正是"无一业不设专门，无一人不有专学，世愈文明，分业愈众，研求愈细，究辨愈精。故学分科之多，备极万有"③。对于高等教育，康有为十分重视学生的学习实践，反对死读书，主张把学习专业与相关的人文地理环境联系起来，使学生不但获得间接经验，而且获得直接经验。

康有为所设计的这种学制，包括了从早期胎儿教育到大学高等教育一个比较完整的系统学习过程。在其中，康有为主张对人实行"公养"、"公教"，即人的成长和教育的一切费用开支，统统由政府来承担。这种学制构想的最大特点就在于其极大的社会超前性，是理想中的教育天堂。对当时的中国而言，只能是空中楼阁，海市蜃楼，而根本无法实现。甚至在人类文明高度发达的今天，似乎也是可望而不可即。然而不可否认的是，该学制中的某些积极因素，不但对中国传统封建教育制度产生了猛烈的冲击，而且对后来中国教育改革也提供了一定程度上的参考和借鉴。

2. 德智体全面和谐发展的教育理念创新

康有为极具特色和创意的教育思想主要体现在《长兴学记》和《大同书》两书中。特别是 1902 年刊行的《大同书》，以较大的篇幅论述了教育问题，其中一些教育思想在万木草堂等办学活动中付诸实践。

万木草堂作为当时先进的中国人向西方学习的实验场所，它不仅展现了康有为那独具一格的教育理论建树与价值追求，而且更重要的是它所确

---

① 康有为：《大同书》，马洪林、卢正言编注：《康有为集》（政论卷·上册），珠海：珠海出版社，2006 年版，第 413 页。

② 康有为：《大同书》，马洪林、卢正言编注：《康有为集》（政论卷·上册），珠海：珠海出版社，2006 年版，第 416 页。

③ 康有为：《大同书》，马洪林、卢正言编注：《康有为集》（政论卷·上册），珠海：珠海出版社，2006 年版，第 417 页。

立的德智体和谐全面发展教育理念给后世的人们留下了许多方面的启示和教益，弥足珍贵。

万木草堂是一所具有现代意识、时代感极强的新型学堂，它不仅是康有为培养救国英才的场所，而且也是康有为不断完善变法维新理论体系的基地。与传统旧式书院相比，万木草堂更加注重中西会通，更加强调学生素质的全面发展，更加注重学生的道德教育，它在中国教育史上第一次明确提出了德、智、体诸方面协调发展的思想，并把德育摆在首要而显赫的位置。这种"重精神，贵德育"的理念及实践，对当时及后来的学校教育产生了深远的影响。

康有为在教学实践中抛弃片面的教育方针，提倡德智体和谐发展的教育方针。他揭露封建主义在培养人材规格上重德育智育，轻体育；重经训，轻实学；重记忆，轻智能；重八股，轻新学的种种弊端，抨击这种"片面教育"、"残废教育"只能培养"呆缺之才"，虽"为巍科进士，翰苑清才，而竟有不知司马迁、范仲淹为何代人，汉祖、唐宗为何朝帝者。若问以亚、非之舆地，欧、美之政学，张口瞠目，不知何语矣。"① 这样培养出的"无用""蠢才"，实在流为笑语。

同时他效法泰西教育制度，在《长兴学记》中提出了德智体和谐发展的教育方针，根据孔子的"志于道、据于德、依于仁、游于艺"建立起学纲，并且进行了深入系统的阐释，内涵非常丰富。"志于道"：格物、克己、励节、慎独；"据于德"：主静出倪、养心不动、变化气质、检摄威仪；"依于仁"：敦行孝悌、崇尚任恤、广宣教惠、同体饥溺；"游于艺"：礼、乐、书、数、图、枪。科外学科还包括：演说、札记、体操、游历。从《长兴学记》的"学纲"看，"志于道"、"据于德"、"依于仁"这三方面主要是强调德育，而"游于义"则同时强调德智体的全面发展。整个学纲是德、智、体相互渗透，互相促进。"游于义"的内容，有的既属于德育也属于体育，如"礼"，有的既属于德育也属于智育。

康有为注重学生素质的全面发展，德育、智育、体育、美育皆为重视，出于变革政体的需要，在万木草堂的教育实践中他对学生的道德品质尤为重视，如梁启超所言："重精神，贵德育。"② 旨在通过此"激励气节，发扬精神"，使学生在博学的基础上更好地于乱世中拯救国民。为此，康有为殚精竭虑，对学生进行多种精神品质的培育。

第一，竭力排斥外界各种名利引诱及陋习的浸染。怎样做到这一点

---

① 《请废八股试帖楷法试士改用策论折》，见汤志钧编《康有为政论集》（上），北京：中华书局，1981年版，第271页。

② 夏晓虹：《梁启超文选》（上册），北京：中国广播电视出版社，1992年版。

呢？康有为从强调学生个体的修身养性入手。首先，须"格物立志"。康有为指出，志向直接影响着一个人的成长，现时社会中"学者如牛毛，成者如麟角"，其主因在于这些人志向浅薄，未能摆脱"高科美官、货贿什器"的诱惑。鉴于此，他要求诸生在为学之初就必须"格外物"，视外界名利为"毒蛇猛虎"，立下将要攻读的志向且矢志不渝，唯有如此，在学业上方"能成金刚不坏身"。① 其次，要"克己励节"。19世纪末的中国，内忧外患纷至沓来，而上层统治者及官场却如康有为所说："上兴土木，下通贿赂。孙毓汶与李联英密结，把持朝政，士夫掩口，言路结舌。群僚皆以贿进，大臣退朝，即拥娼优，酣饮为乐。"② 显然，变革政体必然要与此种势力相冲撞，冲撞过程中为避免学生染上官场腐败习气，与之同流合污，康有为要学生效仿"后汉晚明之儒"，通过"克己"构筑精神长城，"以气节自厉"抵御外界浊流。③ 同时还要有匡扶正气的决心，置个人安危于度外，敢于斗争。再次，须"慎独"。由是观之，社会衰败之时，草堂对学生修身的重视及康有为对变政人才的"志存高远"、"出淤泥而不染"的品质的渴求。

第二，"仁"与"义"的教育。康有为苦心孤诣，从强调个人修身养性和伦理道德规约的传统思想中寻找支点，教育学生处世中遵循以"仁爱"为核心的四个基本准则，即"敦行孝悌"、"崇尚任恤"、"广宣教惠"、"同体肌溺"。"敦行孝悌"就是告诉学生，"孝悌"为人之本，要重视血缘伦理，尊敬长辈；其他三个原则也都是发扬中国优良传统，强调人际的互助关心。他认为，仁是人所学所行所是的基本标准，"夫所以能学者人也，人之所以为人者仁也……若不行仁，则不为人"，学生应自觉认同任侠与先觉者的"仁"、"义"品质，成为一个具有博爱思想的仁人。惟有如此，才能在其步入社会后深刻感知国难民艰，从而以解民悬济民危为己任，"忠肝热血"，"望人拯之"。④ 从万木草堂"志于道，据于德，依于仁，游于艺"这一学纲也可以看出，康有为反复强调学生的人格重塑不是简单的一己修身，而是要树立为国为民的历史感和民族责任感。要求学生时刻想着自己的祖国和自己的人民。他还曾说过："我有饥渴，望人拯之，人有饥溺，我坐视者，虽禽兽其忍之哉！""若坐视朋友、姻党之患难，甚或深言正色以阴锄之，则亦将卖国而不动其心也。"⑤

---

① 康有为：《康有为全集》第一集，上海：上海古籍出版社，1987年版，第550～551页。
② 康有为著，楼宇烈整理：《康南海自编年谱》，北京：中华书局，1992年版，第18页。
③ 康有为：《康有为全集》第一集，上海：上海古籍出版社，1987年版，第551页。
④ 康有为：《康有为全集》第一集，上海：上海古籍出版社，1987年版，第554～555页。
⑤ 转引自马宇《中国近代万木草堂办学特点及其对现代学校管理的启示》，中国论文网。

第三，培育竞争意识，养成良好的心理素质。康有为意识到，仅仅做到以上几点是远远不够的，因为在"非常态"的社会中成就伟业必须有不同寻常的素质。为此，万木草堂又从四个方面来规范学生，以期养成他们的独立性格和主体意识。其一，要"主静出倪"，告诫学生在日常生活中，要不断加强自身修养，尽可能扩张自我意识，傲视宇宙、社会及他人而一往无前，养成自信，最终摆脱自然和社会的束缚，达到"天地我立，万物我化，而宇宙在我"的境界。康有为强调，这是变法人才不可或缺的一种素质；其二，要"养心不动"，因为变政过程中会遇到种种难以预料的困难挫折，譬如别人的毁誉、生死危难等，对此不但要无所顾忌，泰然处之，而且应信念更加坚定；其三，"变化气质"，主要是指每个学生要通过后天的不断学习来改变自己的生理与心理素质，形成一个良好的心境，从容应付各种社会问题；其四，要"检摄威仪"，外表是一个人德行的体现，日常中要切实注意自己的仪表和行为，努力做到言论文雅，行为端庄，进退有度，容止可观。① 很明显，四个德目是从大处着眼小处入手，提示学生对将来所行之事应有思想和心理的准备。

第四，讲求"四耻"。在前三者的基础上，康有为极力推行"四耻"教育，以之作为草堂的座右铭。一"耻无志"，以立志追求个人富贵，而不立志于挽救国家民族危亡为可耻；二"耻循俗"，以遵旧风，而不能移风易俗、特立独行者为可耻；三"耻鄙吝"，凡鄙吝者"天性必薄，为富不仁，可耻也"，故宜拔其根；四"耻懦弱"，懦弱者是"庸人"，见义不为"最可耻也"，他最后总结说："若四者，不能为道，愿深耻之"。② 从"四耻"的内容容易看出，它与前面所述是相辅相成的。实际上，康有为是借"四耻"进一步地激励学生要打破常规，劝勉他们把个人追求和国家利益结合起来，并且把才能献身于维护国家利益中去。概而言之，康有为对学生进行各种精神品质教育，主旨在于增加学生的竞争意识与主体意识，使他们能够扬善除恶，见义勇为，而又不贪图享乐，追求个人的荣华，达到修身与治国的统一，进而成为一群有志向、有自信、有热心的"敢变"之才。

要特别一提的是，这种重视德育的教育，很大程度上是受其师朱次琦先生的影响。"康师尝从朱次琦（即九江先生）游，其学受九江之影响甚深。九江之授学也，以敦化孝弟，崇尚名节，变化气质，检摄威仪四者为学规，天游学院亦以此为训。其于敦化孝弟，以有子'孝弟也者，其为人

---

① 康有为：《康有为全集》第一集，上海：上海古籍出版社，1987年版，第552～553页。
② 康有为：《康有为全集》第一集，上海：上海古籍出版社，1987年版，第556～557页。

之本'一语相勉。崇尚名节,以砥砺廉隅,临大节而不夺相勉。变化气质,以躬自厚而薄责于人,气质不和,发用偏颇,害事不少相勉。检摄威仪,以容止尚温文,语言去朴鄙,出入趋翔,尤宜端重相勉。当此孔学衰微,道德沦丧之时,上下倡导中华文化复兴运动,而康师已在五十余年前即秉承九江先生之学规,以发扬吾国正统文化,唤起个人之自觉自律为倡矣。对思想迷失之人类社会,实足震聋发聩焉。"①

应该说,无论从万木草堂在中国近代教育史中的地位这一角度来看,或者从万木草堂及其弟子对近代中国社会的深刻影响这一角度来看,万木草堂的教育理念尤其道德教育理念无疑都是成功的,它一方面反映了康有为变革社会、培养时代英才的迫切愿望与良苦用心,另一方面也反映出时代需要。这与传统的旧式书院的教育理念是截然不同的,而且对现实有两点重要启示意义:

第一,教师的道德学问在道德教育过程中有着举足轻重的意义。拥有德才俱佳、宽以待人、严于律己的师长,是一个学校道德教育得以进行并达到预期目的的前提。这是"万木草堂"留给当代人的重要启示之一。康有为幼承家学,天资卓绝,学识渊博,"秉性尤厚"②,而且严于律己,予学生以深刻印象。学生卢湘文在后来追忆当时上课情形时,对老师给予很高的评价。梁启超后来对此也有一段精彩的评说:"先生能为大政治家与否,吾不敢知。虽然,其为大教育家,则昭昭明甚也。先生不徒有教育家之精神而已,又备教育家之资格。其品行方峻,其威仪严整。其授业也,循循善诱,至诚恳恳,殆孔子所谓'诲人不倦'者焉;其讲演也,如大海潮,如狮子吼,善能振荡学者之脑气,使之悚息感动,终身不能忘。又常反覆说明,使听者涣然冰释,怡然理顺,心悦而诚服。"③ 其中虽不乏过誉之词,但也告诉了后人:教师的道德学问在道德教育过程中有着举足轻重的意义。

第二,道德教育的创新与发展必须以中华民族优秀传统文化为依托,才能获得取之不尽、用之不竭的源泉;否则,背弃传统,不仅道德教育的目标无从确立和实现,即使是道德教育本身也将变得没有任何意义了。在这方面,万木草堂为我们提供了一个很有启发意义的道德教育发展思路。在万木草堂中,康有为努力贯彻"以孔学佛学宋明理学为体,以史学、西学为用"的"中体西用"原则,并以此作为他实现道德教育目的的途径与方法。当然,这种传统文化已经经过康有为的改造与加工。在以这种传统文化为基石的前提下,康有为将西方文化结合到教学内容中,对传统教育

---

① 夏晓虹:《追忆康有为》,北京:三联书店,2009年版,第460页。
② 梁启超:《饮冰室合集·文集之六》,北京:中华书局,1936年版,第60页。
③ 梁启超:《饮冰室合集·文集之六》,北京:中华书局,1936年版,第64页。

进行了改造与创新，应该说是一种富有时代感的转化。正是中西文化的相互结合与补充，才使万木草堂的道德教育获得了新生并影响了中国的教育界，才构成了万木草堂道德教育特殊的学术价值与现实意义。

3. 时代色彩鲜明的教学思想创新

（1）"政学为主，艺学为辅"的教学内容。在民族危机与西学东渐的催诱下，晚清中国社会呈现出"数千年未有之变局"。康有为生逢国家多事之秋，作为一个具有变革思想的维新者，他忧国忧民，深感中国甚缺"相救相周之侠"。他认为，中国多灾多难主要是因为近代中国缺失优良传统，利禄之风积习深重；因而中国教育应回归传统的教育精髓——教而为"人"，教而为"仁"；培养传统人格所倡导的忠肝义胆热血之士。而洋务时期兴起的以语言和工艺为主的专门教育，只是"安于旧制，从来不想加以大规模的改革或补充"①，培养和塑造出的多是缺乏主体意识和独立人格的"变相举子"。中法战争之后，洋务运动的弊端彰显，一大批有识之士对现代化的认识已向制度层面进发，开始意识到社会变革需要更多的能够产生强导向力度的人才，但这是旧式书院教育所未能企及的。为培养转型时代能给社会以导向的变革人才，他于1891年初在广州创办万木草堂，以弘扬孔子讲学传统为依托，从"仁、智、勇"三大人格素质入手，达到人格重塑的目的。万木草堂在它存在的八年中（1891—1898年），作为书院教育的异军，通过多种途径对学生进行各方面的素质培养，以使其更好地适应近代社会，为变政维新服务，为新时代变革潮流张目。

身处近代时期的康有为深知中西文化交汇、西学东渐的重要性，通过对洋务学堂注重西学、西艺教学的思考，他十分注重教学内容的时代性，主张中西兼学，"以孔学、佛学、宋明理学为体，以史学、西学为用"。万木草堂作为康有为政治活动由个人走向群体的起点，其设立的当务之急是培养一批能够承担鼓动、领导政治革新重任的"异才"。明确的教育目的决定了它的教育内容："政学为主，艺学为辅"。康有为以之为切入点，本着"学与时异"的原则和"广求智慧"的教旨，对教学内容进行了调整，打破封建传统儒学经学独霸的一统天下形势。中国古代官学、私学和书院的教学内容，都是清一色的《四书》、《五经》，"主要属于纯思辨性质"，两千多年来一直垄断教坛，束缚师生。②康有为对此进行了批判，他认为中国古代学校恪守"三纲五常"的祖训，培养了忠君贱民、为富不仁的贪

---

① 赵泉民、井世洁：《康有为万木草堂"变政"教育新议》，《河南师范大学学报》（哲学社会科学版）2001年第3期。

② 康有为：《长兴学记》，广东：广东高等教育出版社，1991年版，第3页。

官。因此，他为培养有实学、文武兼资的人才，对课程的设置和教材的安排进行改革。规定以义理之学、考据之学、经世之学、词章之学为教学的具体科目。义理之学，包括孔学、佛学、周秦诸子、宋明理学、西方哲学等内容，以孔学、佛学、宋明理学为体，以史学、西学为用，在批判宋明理学的基础上，重点研究书中的微言大义，以做到经世致用，宣传变法维新；考据之学，包括中国经典、中国历史、万国历史地理、数学、格致学等，文、史、数、理兼学，为变法维新和发展资本主义培养人才；经世之学，包括政治原理及其应用学说，中国与万国政治变迁及其得失比较，以激励学生学习西方，了解世界，增强变法维新的信心和决心；词章之学，包括中国词章学、外国语言文学等，借此培养学生汲取知识的能力，为变法维新出谋献策。其中的格致学，则包括声、光、电、化、制造等内容，称之为艺科。除此之外，康有为还带领学生作乐舞、投壶、兵操等活动。这套教学计划改革了封建教育制度造成的"学非所用，用非所学"的现象。这样构成了四大类十七门课程的庞大教学体系，其中尤以义理之学（孔学、佛学等）、经世之学（中、外政治等）二学为重。诸多科目，主要讲授"中国数千年学术源流，历朝政治沿革得失，取万国以比例推断之"①，"大发求仁之义，而讲中外之故，救中国之法"②。这些教学内容就性质而言，大致可分为政学和艺学两大类，并且在讲解中力求中西合璧，政艺并举。

康有为在教学中，首先以政学知识为主，对学生主要传授如下三个方面的内容：

第一，以孔学为中心，借今文经学的形式，讲授《春秋》、《诗》、《书》、《礼》、《乐》、《易》等六经大义。康有为认为，作为学者"必知孔子改制六经，而后知孔子之道"；同时他又强调，六经当中"必知《春秋》为改制，而后可通六经也"，"《易》者义理之宗，变化之极，孔子天人之学在是，精深奥远"。③ 显然康有为认为，要使学生明晓孔子之道，就一定要直接去探究六经，而且以《易》、《春秋》为先。他希望通过讲授六经大义，使生徒"知孔子之改制"的真谛，达"明义理之条贯，发经世之实效"④。以此思路为契机，在其得意门生陈千秋、梁启超的助纂下，康有为完成了《新学伪经考》和《孔子改制考》两书，作为草堂传讲的主要内容。书中喊出"刘歆之伪不黜，孔子之道不著"的惊天之语，力图动摇古

---

① 梁启超：《饮冰室合集》，北京：中华书局，1936 年版，第 17 页。
② 康有为著，楼宇烈整理：《康南海自编年谱》，北京：中华书局，1992 年版，第 19 页。
③ 康有为：《康有为全集》第一集，上海：上海古籍出版社，1987 年版，第 564～565 页。
④ 康有为：《康有为全集》第一集，上海：上海古籍出版社，1987 年版，第 565 页。

文经学的传统观念,打击旧派恪遵守旧的礼制。在"破"封建之旧的基础上,重塑孔子形象,把孔子扮成"托古改制"的先驱和导师,利用公羊的"通三统"之法,论证三代不同是因时而革的结果;借"张三世"学说,释明社会是据乱、升平、太平之世的嬗递发展,而且愈改愈进。这一在孔子名义下推出的变易进化史观,为他们从事现实政治活动提供了有力的理论依据。无需置疑,康有为借用"旧瓶装新酒"之法,以隐晦曲折方式,通过古语传达西方资本主义的声息,向学生授传了政治气息甚浓的内容,启发学生务必要"逆乎常纬",具有开拓精神和创新勇气,大胆怀疑传统及思想权威①。不用讳言,康有为讲学的心迹也就昭然若揭。

第二,授解佛学。康有为认为,儒佛二教是"相乘相生而无有自绝者也"②。基于此,他以"尊孔而不舍佛"的态度对佛学进行功利性解释,主讲大乘佛教华严宗,发挥其积极入世、普渡众生、拯救苦难的教义,培养学生"我不入地狱,谁入地狱"的牺牲精神。佛教在此脱去了原有宗教的面纱,成为具有政治色彩的思想形式,辅弼诸生变政救世的工具。不用说,康有为通过对儒佛二教的实用取舍,巧妙地实现了宗教与政治联姻,使佛教以特有的姿态渗入学子心田,力使学生扮起菩萨和圣人的双重使命。除此之外,还讲解周秦诸子之学、宋明理学,亦主要是发挥周秦诸子创教改制的精神及陆王心学的"直捷明诚,活泼有用"③,以图从思想上武装学生。

第三,授传有关政治学的知识。在解释和重塑传统文化的同时,万木草堂还专门讲授政治学的理论,如政治原理学、政治实用学、中外古今政治沿革得失、法律群学(社会学)等,使学生对古今中外政治有较为明晰的认识,为将来变政作参考。此间,他的女儿康同薇还编撰了"各国风俗制度考,以验人群进化之理"④。通过制度、民俗及史实论证进化之理,并授予学生,使他们视见中西间的差距,领悟到当今之世变革的必要性与紧迫性。

其次,以艺学为辅。万木草堂也比较重视对学生进行近代自然科学知识的教育。一方面,康有为从实用角度出发对"六艺"中部分内容进行变更。比如,"射、御"二艺,以"图、枪"二学来替代。"图"指图谱学,"图从数学入";"枪"指练习枪法。另一方面,除设置了电算汽化等自然科学知识,还设置了世界地理、历史等人文课程,这些设置体现了康有为

---

① 康有为:《康有为全集》第一集,上海:上海古籍出版社,1987年版,第548页。
② 康有为:《性学篇》,北京:中华书局,1988年版,第14页。
③ 夏晓虹:《梁启超文选》(上),北京:中国广播电视出版社,1992年版,第293页。
④ 康有为著,楼宇烈整理:《康南海自编年谱》,北京:中华书局,1992年版,第21页。

力图教育学生对世界潮流有所把握。其中还贯穿了经世致用、变法维新的精神,具有鲜明的时代创新性。以上两方面的耦合使学生明晓一些已传入中国的西方自然科学新知,而且更重要的是其中蕴含的因时而革、与时俱进的精神于无形之中濡染着学生。

从教学内容的安排设置可以看出,万木草堂是在继承洋务学堂的课程设置基础上,又有进一步的改进和创新。他坚持中西并重的原则,但抛弃了以往国学课程中的"四书""五经"等封建政治教条;他坚持"政学为主,艺学为辅"的创新,以孔圣人为掩盖,沿袭传统语言概念,对学生进行政学理论灌输,目的是使学生懂得世道至今,积弊以深,非改不足以救中国的道理,希望众生徒都以"经营天下"为己任,担负起未来变政的重任。显然,万木草堂教学内容的创新,已经使其养育人才的指向脱离了传统教育的故辙。

中西并举的做法与大胆创新,使"万木草堂"因贴近时代而更具时代意识,不仅扩大了学生的视野,促进其思想变迁,也赋予了"万木草堂"的教育以新时代的内涵,使其获得了新的生机。

也正是教学内容上的大胆创新,使得万木草堂所塑造的人才与旧式书院相较,也发生了较大程度的变化。"学而优则仕"观念支配下的书院教育,其人才的终极非官便吏,价值取向是封建"卫道士"。而万木草堂所造就的人才在近代中国其阶层属性已与之迥异:他们已从传统意识的宣扬者发展到叛逆者;他们已从封建士大夫蜕化为站在新旧两种文化间的"边际人",更多表现出不满现状和勇于批判现实的成分;他们也从学识单一的"谦谦君子"进化到知识技能较为全面的变革人才。所有这些在他们日后的维新实践中昭示得淋漓尽致!

但值得注意的是,万木草堂是应变政急需而问世的,仅此一点也决定了它的不足之处,如过分强调政治、对过时伦理信条的因袭、对一些学术观点的功利性采择、教育的系统性、组织规划等方面也有一些零乱的地方。这些也都是时代造化的结果。

(2)多元立体的教学方法。万木草堂不仅在教育内容中注入现代意识,而且积极探寻教育教学的科学方法。寻求方法上的不断创新。就教学方法而论,万木草堂与前人有所不同,不循旧例,务实求新,颇多创获,采用新的教学方法,提出了一些新见解,形成了自己独具的风格及特色:第一,康有为反对中国传统的"独学"法,认为"独学,则无讲习渐摩之益,则必孤陋而寡闻,勤苦而难成"。他主张学生集体学习,以互相观摩,互相启发。第二,他常用比较鉴别法来进行教学,以过去说明现在,以"西学"来证明"中学","每论一学、论一事,必上下古今,以究其沿革得失，又引欧美以比较证明之"①。比较鉴别法扩大学生们的知识面，活跃学生们的思想，提高他们的判断与逻辑思维能力。第三，他注重师生间的学习和情感的交流。他在万木草堂教书时，每位学生都发给一本功课簿，它的功能是供学生在学习时记载疑难问题和学习心得等各方面内容，规定每个月缴一次。康有为对于学生记录的任何问题，总是尽心尽力地帮助，即使是简单的疑问，他也长篇大论予以详细批答。正是通过功课簿这项制度，缩小了师生间的心理距离，增进了彼此间的了解和信任。每当功课簿用完后，康有为十分重视保存，以便让新来的学生阅读，从中吸取经验教训。可谓前车之鉴，后师不忘。万木草堂没有考试制度，康有为考察学生的学习状况也是通过功课簿来实现的，因为他认为这样不但可以减轻学生学习负担，而凭借功课亦可"窥察各人造诣之深浅，亦不分年级与班次"②。通过情愫感化法陶冶、强化学生积极的情感体验，以引起学生情感上的共鸣。数十年后，梁启超回忆道："吾侪受其教则振荡怵惕，懔然于匹夫之责而不敢自放弃自暇逸。每出则举所闻以语亲戚朋旧，强聒而不舍。"③ 第四，康有为擅长采用"启悟式"教学法，引导学生提高自我读书学习能力、思辨能力，他只给学生以书单、思路，鼓励学生自己求索和解析问题，并不直接将自己的观念强加其上，非常受学生欢迎。第五，康有为重视学生自学，经常让学生自己读书，记笔记，他给予辅导答疑，借以提高学生的学习能力。

灵活多变的教学方法，使师生间得以完美配合，既传授了老师的观点，又允许学生的异议及见解的广泛存在，改变了旧式教育中陋儒独授、学生死记的窘境，为学生各种素质的自由成长及他们的开拓、创新精神的养成提供了沃壤；而且在此基础形成了学生间"相爱如昆弟，而先生视之犹子"的新型关系，难怪学生说"学于万木，无日不乐"。④

康有为运用这些教学方法，培养出一大批具有维新变法思想的人才，很多人后来成为戊戌变法的骨干。其在教学方法上的近代化尝试，具有相当大的开创性，在当时的社会实属难能可贵！时至今日我们仍能从这些教学方法中获得不少教益。

（3）灵活多样的教学模式。康有为认为教学活动不应仅仅局限于单一的教室模式，而应当多多接触现实生活。因此他在指导学生学习书本知识时，十分强调学生的实践活动。比如，为了培养学生的写作能力，康有为

---

① 梁启超：《饮冰室合集·文集之六》，北京：中华书局，1989年版，第62页。
② 夏晓虹：《追忆康有为》，北京：中国广播电视出版社，1997年版，第239页、第241页。
③ 梁启超：《饮冰室合集·文集之四十四》，北京：中华书局，1936年版，第28页。
④ 张伯桢：《张篁溪遗稿》，中国史学会编：《戊戌变法》第四册，第281页。

在撰写《孔子改制考》一书时，他挑选一部分学习较好的学生协助他编书，他要求学生查阅秦汉到宋代的各种著作，把其中有关孔子改制言论都有条理地摘录下来，并注明材料出处，以便于他使用。"时康师方著《孔子改制考》，诸生分任编辑，各就所读之书，按类采录"，"把上自秦汉、下至宋代各学者的著述，从头检阅，凡有关于孔子改制的言论，简单录出。著名见于某书之第几卷、第几篇，用省属稿时翻检之劳。……某人担任某书，自由选择。……这些稿件，统存于书藏，备先生随时调用"①。在查阅历代文献的过程中，不仅使学生获得了读书之益，而且也训练了他们从事学术研究的基本功。既有益于提高学生的读书和写作能力，又有助于自己编写有关维新变法的著作。

除编书外，康有为还让学生举行演说会，甚至当他拜访广州五大书院的学术交流，畅谈学问时，也带学生同去。因而"跟去那一两学生，隅坐旁听，获益不少"②。他反对坐而论道与枯燥无味的灌输，注意结合学生好学、爱动、兴趣广泛、求新、精力旺盛等生理和心理特征，而采取多种课外活动方式，如舞蹈、体操、游历等寓教于乐的方法，以增强教育的感染力。他认为，学生们的实践活动，并不单纯是学习方面，康有为还主张在假期外出游历。后来，梁启超在忆述当时的情况时激动地说："每月夜，吾侪则从游焉。粤秀山之麓，吾侪舞雩也。与先生或相期或不相期，然而春秋佳日，三五之夕，学海堂、菊坡精舍、红棉草堂、镇海楼一带，其无万木草堂师弟踪迹者盖寡。每游率以论文始，既乃杂遝泛滥于宇宙万有、芒乎泬乎，不知所终极。先生在则拱默以听，不在则主客论难蜂起，声往往振林木……学于万木，盖无日不乐，而此乐最殊胜矣。"③可见，康有为倡导以自然为师、以社会为师，常带领学生体验自然山水风光，考察社会问题，参与时事政治的谈论对话，让学生在交游中"耳濡目染"、"见贤思齐"。这种教学模式对于学生接触社会和大自然、开阔眼界、增长见识、陶冶情操起了非同常可的作用。

此外，康有为推行"对话式"教学模式，在自我之间、文本与学习者、师生间、学生间进行对话，共同分享学术思想智慧，提高文字写作、语言表达能力。

万木草堂创新的教学模式营造了一种平等、团结、友爱、互助的在教学氛围和师生关系，促进其教育目的的实现。万木草堂创办之初，"堂中有书藏，先生自出其累代藏书置焉"，以供学生阅读，又"督制琴筝干戚

---

① 陈学恂：《中国近代教育史教学参考资料》（上册）。北京：人民教育出版社，1986年版。
② 夏晓虹：《追忆康有为》，北京：中国广播电视出版社，1997年版，第239页、第241页。
③ 梁启超：《饮冰室合集·文集之四十四》，北京：中华书局，1936年版，第28页。

之属",以供学生演练。① 在教学中,康有为总是勤勤恳恳,循循善诱,严以律己,诲人不倦,从不苛责学生。在生活上,康有为对学生也是关怀备至。凡家境贫寒的学生,康有为一律不收"脩金"。在康有为的影响下,万木草堂师生之间、学生之间形成了一种倡礼让、笃情谊、互相帮助、团结尊重、亲密无间的关系,应该说,万木草堂师生上下团结友爱、情同骨肉氛围的营造,对于个人道德修养乃至整体道德文明水平的提高,其积极作用是显而易见的。

本质上看,万木草堂所创造的中西并举的教育模式,可谓在中国近代教育界确立了一种世界眼光与开放进取的文化意识,有力地促进了中国传统教育的近代化过程。虽然尚欠完善,但是对当时及后来的教育改革却不无建设性的指导意义。诚如梁启超所言:"先生教育之组织,比诸东西各国之学校,其完备固多所未及,然当中国教育未兴之前,无所凭藉,而自创之,其心力不亦伟乎!其重精神,贵德育,善察中国历史之习惯,对治中国社会之病源,则后有起者,皆不可不师其意也。"②

由上可见,康有为的教育改革思想从变科举、兴学校、建立资本主义教育制度,到明确提出德、智、体全面发展的教育发展,尤其强调"育德为先"、"德育为本",再到大力提倡普及教育、重视各种专业和实业教育、倡导多方筹集教学经费、提倡并实行让学生参与学校管理等等,构成了富有创意的、独特的教育改革思想体系。可以说,这套思想是形成于当时中国特定的社会历史环境之中,是与政治紧紧挂钩的,他把教育当作救国救民的主要工具,认为"欲任天下之事,开中国之新世界,莫亟于教育"③,"故立国必以议院为本,议院又必以学校为本"④。同时也是适应当时中国微弱的民族资本主义发展的需要和为新兴的资产阶级利益服务的,在当时是具有进步意义的,对推动近代中国教育走向近代化,造成了巨大而深远的历史影响,并对以后中国教育的改革起了一定的推动作用。

正是在这一思想驱动之下。他积极投身于教育事业,为中国近代教育事业的发展谱写了壮丽的诗篇。他的弟子对其教育业绩给予了极高的评价。如梁启超说:"先生能为大政治家与否,吾不敢知。虽然,其为大教育家,则昭昭明甚也。先生不徒有教育家之精神而已,又备教育家之资

---

① 梁启超:《饮冰室合集·文集之四十四》,北京:中华书局,1936年版,第28页。
② 梁启超:《饮冰室合集》,北京:中华书局,1936年版,第67页。
③ 梁启超:《南海康先生传》,北京:中华书局,1989年版,第61页。
④ (日)白柴田斡大:《从〈日本变政考〉看康有为重视教育的思想》,《上海师范大学学报》(哲学社会科学版)1993年第2期。

格。"① 再如陆乃翔的评价:"先生之为何人物不可定,若其教育之成效已昭昭矣。先生……于大教育家之资格,无不具备。"② 后人对他也崇敬有加,称之为教育界的泰斗。可见康有为对中国教育事业的贡献之大。

当然,康有为的教育改革思想中也存在不少消极保守的因素,如尊孔读经等等。对此我们不应苛求于前人,更应多多学习他的光辉之处。他在文化教育领域里勇于改革创新的精神和在中国近代教育史上所起的进步作用是应该肯定的。

在当下传统文化复兴及倡导素质教育的今天,认识康有为的教育实践经历,把握其教育思想的精髓,发掘其教育方法与模式,可以为当下的人才的培养提供思想资源及实践范例。

这里值得特别一提的是,康有为本人独特的学习方法,对后人也有很大的启迪。思想非凡的康有为,其求学之路也非凡。幼儿时期,他在家人引导下接触中西文化。青年前期,康有为的学习开始形成自己有点不近情理的独立思维。青年后期,康有为结合对现实中外社会的认知,开展深度、理性的思考学习。而他学及中外精华、崇尚实学、注重社会调查等独特的学习精神和方法及学无止境的学习境界,都是值得我们今天学习与借鉴的:

第一,学无止境的学习境界。康有为从四五岁懂事起,就在家人帮助下,被动地学习中西文化。青少年时期主动学各种新知识,被动地学八股文。在戊戌维新期间虽然成为皇帝的座上客,仍紧张地为皇帝筹备有关外国变法史料。直到他中年、晚年时期,还紧紧围绕推进"虚君共和"而主动努力学习外国政制建设经验。这种毕生学习的精神,在我们今天所处的改革开放和科技飞速发展伟大时代,尤其值得学习。

第二,文理兼修。康有为毕生博览了中外大量书籍,也进行了大量的中外国情的社会调查。能吸取中西之精华,既不复古,也不照搬西方。他除了学贯中西外,还注意文理兼修。他以中国儒学理论精华扫除维新思想障碍,通过广泛研读国外先进的声学、光学、电学、化学、力学科普书籍及各国史志、游记报刊,寻找推动社会前进的方法,宣传维新的必要与可能。其中还有通过学西医而自医的事例。正是知识渊博,视野广阔,使其思想理论能站在较高层次上立论。

康有为文理兼修对我们今天的文理分科有很大的启发意义。其实,文理的分科只能是相对而言,是相互渗透与相互影响的,没有绝对的界限。

---

① 梁启超:《南海康先生传》,北京:中华书局,1989年版,第87页。
② 夏晓虹:《追忆康有为》,北京:中国广播电视出版社,1997年版,第68页。

像孙中山医科毕业，可称为优秀的政治家；鲁迅也是学医的，成为了著名的革命作家。文科，是记述社会、服务社会，但在科技高度发达的当今，不了解理科，就不可能有高层次、高质量的作品，高质量的服务；同样，理科在实验基础上推导定律的方法，值得文科借鉴学习。反过来，文科对社会与历史的记述，由此总结升华的哲学，又有助于理科人员树立正确的世界观与方法论，有利于保障理科发展的正确方向，加速理科发展。在倡导素质教育的今天，我们为了"减轻学生负担"，一般都在高二上学期就进行，也有的学校在高一入学就分成文理倾向班级。其实这种做法对于一个人的长远发展是不利的，这不仅仅是知识结构的问题，非常重要的是，不同的学科对一个人思维的培养、思想方法的培养是非常不一样的，而对一个人的思维的培养、思想方法的培养，这对人的一生都起重要作用的。所以过早分文理科是不妥的。若为了减轻高中生负担，可以从多办多种形式的高等教育与改革高考方法来实现，不宜在高中阶段就实行文理分班。甚至在文理分科的大学教育中，也应适当交叉插入一些选修的文科或理科知识，开阔学生的视野。

第三，注重实学与社会调查的方法。康有为的学习方法，除了博览群书外，更重要的还是开展社会调查。对康有为一生有重要影响的几位老师——祖父连州公、名儒朱次琦、京师编修张鼎华等，实际都是引导他崇尚实学或社会调查方法的老师。康有为从八岁到十八岁的十年间，除了有三年左右居乡外，都随祖父生活，先后在广州、连州等地生活，接触到基层官员的生活，对清政府的政治有了初步了解；祖父带他游历山水名胜，也使他对中国传统历史文化有了直观而生动的理解，进而成为以后研读古籍的动力。朱次琦也是以讲求实学反对形式而驰名，这对康有为的求实文风的形成大有影响。京师编修张鼎华，更把京城的知识与清廷的内幕大量讲述给康有为，并请康有为到北京去实地了解京师情况。在这些老师影响下，康有为十分注重实学与社会调查，比如了解外国政治，不但从书本上学，青年时没钱，没条件出国，就到家乡邻近的英国租借的香港和北上考试途经的上海租界了解实情，以后有钱了，直接到各国去考察。这种学风仍值得我们今天弘扬。

第四，独立思考的精神。康有为从青少年时期就养成独立思考、不人云亦云的习惯。与朱九江老师争论对韩昌黎作品的评价，1895年组织"公车上书"并拟万言书，乃至辛亥革命后他在比较了当时中国现状与外国经验后，认为君主立宪更适合中国国情，所以依然坚持他自己认为的真理，固守"虚君共和"理论，这些都反映了他这种独立思考精神。当然，这种独立思考是建立在博览群书与深入的社会调查的基础上，是建立在自己认知的真理的基础上。他顽固的独特思维,应该与他多变的求学方法有着因果关系。他这种独立思考精神也是值得我们今天弘扬的。

这些思想不但继承了中国传统的教育美德,使其教育思想充满民族特色,同时又广泛吸收西方、东洋等教育的优秀成分,使其教育思想具有鲜明的开放特点。康有为注重对学生德、智、体、美、劳全面发展的素质培养的教育观念、理论和今天的素质教育概念有很多相似之处。因此,从现代素质教育的视角来看康有为的素质教育思想,它仍然具有教育学的意义和拿来实用的时代价值。

4. 富有创意的教育管理思想创新

康有为既是中国近代杰出的政治家,又是伟大的教育家。他以敢为天下先的勇气,私创万木草堂。万木草堂其管理体制虽继承了中国优良的教育传统,沿袭了古代私学和书院的管理体例,但同时又广泛吸收了西方和东洋教育的合理成分,使之对学生的管理更具有鲜明的开放性与创新性:

第一,招生的选择性。万木草堂的招生没有年龄、职业的限制。虽无正式的招生考试,但必须经过康有为的一番考核,即与其交谈,以察其向,才纳其为徒。这就是继承孔子所谓的"道不同,不相为谋"的传统。投奔康门的学生都是一些与其有相同维新兴趣之士。有的从其他书院慕名而来,有的是经朋友介绍,有的是举人,也有朝廷命官,他们不惧生死,赞同康有为的变法主张。

第二,学生管理的自主性和严肃性。康有为对学生的管理是发挥学生的主观能动性,让自己管理自己。

首先,实行学长制,这是万木草堂管理中的一项重要措施。康有为起用优秀学生做学长,负责指导学生,并分工管理各项工作。帮助教师进行教学、管理等工作,有助于锻炼学生的能力。学生自己"讲贯不辍,或聚而全讲,各就所得以演述"①;同学间一起相互讨论、辩论等。这种以老带新、互帮互学的做法收到了较好的效果,让学生们保持着一种积极奋发向上的精神。这在当时各书院中是罕见的!平时学长负责协助康有为管理和维持万木草堂的学习和生活秩序。康有为外出时,由学长负责讲学,并批阅学生的功课簿,因而万木草堂在他外出时,一切教学活动照常进行。"康师好游,若在寻常书馆,则诸生之放荡可知,而草堂则不然,师虽不

---

① 陈学恂主编:《中国近代教育史教学参考资料》(上册),北京:人民教育出版社,1986年版,第357页。

在，而诸友之讲贯不辍，或聚而会讲，各就所得以演述。"① 我们今天仍能从这些做法中获得不少教益。

其次，康有为为了加强学生的自我教育和自我管理，在万木草堂设一个"蓄德录"，交由学生依次传递，每日每舍必须在簿子上录入一些古人格言、名句之类或写上自己想写的东西。他定期收回翻阅，以掌握学生的思想倾向。学生之间经常相互辩论、相互讨论，并以此为最大的快乐。"先生在则拱默以听，不在则主客论难蜂起，声往往振林木，或联臂高歌，惊树上栖鸦拍拍起。噫！嘻！学于万木，盖无日不乐，而此乐最殊胜矣。"② 让学生自我进行管理，强化学生的主体意识，是万木草堂的学生管理的重要特色。

再次，康有为的万木草堂还加强人文环境的建设。其目的是要构建一种健康向上的精神氛围，以形成良好的学习风气，增强万木草堂的凝聚力。在《长兴学记中》，他以"崇尚气节，检摄威仪"来警戒学生。他规定学生夏天不得袒裼，相见必以长衣。容止尚温文，语言去朴鄙。出入趋向，尤宜端重。外出不得入烟花之地，堂内不得交谈轻狂之语。聚赌吸毒，尤为妖物，自当远绝。这些规定对学生起到了极大的影响，产生了良好的管理效应。学生端庄肃穆，衣衫整齐。后来康有为还提出了衣服皆同式，饮食皆同时，上课上操皆部署整肃，这种规定在当时是相当有见地的。正是朝着这样的方向努力，所以康有为的学生们都不以追求个人享受为目的，而能摆脱功名的牵累来追求"进德"目标的实现，当时万木草堂的学习生活虽然清苦，但学生们却能保持奋发图强的乐观精神，勤奋好学。

与传统的封建教育相比，万木草堂里充满了宽松民主和自由的氛围，充分调动和培养了学生自我管理、自我组织的积极性与能力，对于培养学生的兴趣以及开拓创新的精神发挥了积极有效的作用。我们可以想象，在当时的时代背景和社会环境中，这种现象和举措是何等标新立异！

5. 最早提出中国近代美育思想

康有为是中国近代美育思想的最早提出者。

但非常遗憾的是，康有为的美育思想观念常常被人们所忽视。他虽然没有论述美育的专门著作，但在其《大同书》的第六部《去家界为天民》

---

① 陈学恂主编：《中国近代教育史教学参考资料》（上册），北京：人民教育出版社，1986年版，第357页。

② 陈学恂主编：《中国近代教育史教学参考资料》（上册）。北京：人民教育出版社，1986年版，第357页。

中，他探讨了和美育密切相关的问题，并具体设计了从胎教开始一直到大学教育的整个教育过程，其中蕴含着很多美育因素，包括了家庭美育和学校美育等观点，充分地体现了他的美育思想。

康有为的美育思想其实是乐教和环境审美教育的结合体。

首先，康有为十分重视音乐对人心的影响，比如，他认为人本院终日常有琴乐歌管，盖声音动荡，最能感人，其入魂尤易，故佛氏称清净在音闻。但取其最和平中正者，常以声乐养其耳，必能养性情而发神智。他强调，育婴院主要的教养任务是"养儿体，乐儿魂，开儿知识"①。因此，休息、游戏都要合符儿童的身心发育的特点和规律。到儿童会唱歌的时候，便可以教他们唱歌，来愉悦他们的身心。小学院中的儿童都有喜欢唱歌的特点，所以可以把古今的仁人志士的故事编成能唱的歌或可诵读的诗来培养儿童的品行。可以利用节日组织孩子们游览、做游戏或跳舞，以达到"养身健乐"的目的。而进入中学院后，中学生可以学礼习乐，"礼以固其肌肤之会，筋骸之节，人世相交之道，公家法律之宜；乐以涵养其性情，调和其气血，节文其身体，发越其神思"②。优美健康的音乐能够悦耳赏心，陶冶性灵，从而精神为之一畅。这就是音乐的熏陶作用达到的审美教育目的。在康有为看来，礼与乐二者应相辅相成，道德的境界与审美的境界统一起来，才能成就一种自觉的人格。大学的任务则主要是进行智力的开发，但"亦重体操，以行血气而强筋骸；大学更重德性，每日皆有歌诗说教，以辅翼其德，涵养其性，而所重则尤在智慧也"③。

其次，康有为非常重视环境的美育功能。他对胎教院、育婴院、小学院、中学院和大学院的环境要求都有比较详细的阐述。他认为学校院所等建筑应选择花木优美之地、环境宜人之所。首先，他指出，胎教院内环境的好坏与胎教有着很大的关系，舒适、优美的环境能陶冶孕妇心智，对胎儿大有益处，所以胎教院应该是"择平原旷野，丘阜特出，水泉环绕之所，或岛屿广平，临海受风之所，或近海广平之地，次则远背山陵，前临溪水，又次则高山之顶及岭麓广平者"④。胎儿出生之后，依次进入育婴院、小学院、中学院和大学院。他指出，这些院址都不适合设在车场、制

---

① 康有为：《大同书》，《中国近现代美育论文选》，上海：上海教育出版社，1999年版，第4页。

② 康有为：《大同书》，《中国近现代美育论文选》，上海：上海教育出版社，1999年版，第7页。

③ 康有为：《大同书》，《中国近现代美育论文选》，上海：上海教育出版社，1999年版，第8页。

④ 孙培青、李国钧主编：《中国教育思想史》第三卷，上海：华东师范大学出版社，1995年版，第103页。

造厂、市场等污染或喧嚣的地方，院中要多种植花草树木，多蓄养鱼类、鸟类。教室的布置应既没有村舍的狭窄、简陋，也没有城市的热闹杂乱。另外，小学院应当选择山水佳处、爽垲广原之地，体操场、游步场无不广大适宜，秋千、跳木、沿竿无不具备，花木、水草无不茂美，足以适生人之体。大学院中也要重视校园、校舍的布置，"各大学皆有游园，备设花木、亭池、舟楫，以听学者之游观、安息、舞蹈"①。令学生置身于山水佳境、园林美景，在其中游观、歇息，长此以往，潜移默化，心灵境界和审美情操必然会感发、变化、升华。可见，康有为十分重视环境的美学价值和美育功能。

任何一个时期美育思想的产生与发展，都是以当时政治、经济、文化等社会历史条件和客观物质基础为根据的，康有为的美育思想也不例外。正当中国面临瓜分豆剖之时，康有为希望在不触动封建统治的前提下，依靠皇帝的力量进行自上而下的渐进式社会改革。同时，他们对腐朽的封建主义文化和教育思想提出了尖锐的批评，他想利用西方资产阶级的先进思想，对教育进行创新性的汇通和改造，对美育给予了热情的关注。可以说他的美育思想既深受当时国内各种思潮的影响，也深受西方文化的影响，与我国古代美育思想相比，无疑是增加了许多合乎科学的因素。比如，他已经充分认识到胎儿是人生之本，是生命的起点，胎儿发育是否良好，素质如何，将决定他未来的发展前途。因此，他对胎儿的发育环境，一方面是母体本身的环境，另一方面是母体所处的外界环境，都给予了很大的关注；他强调育婴院、小学院、中学院的环境和设施必须优美，是符合儿童的身心发展的特点的，也是与美育的要求相一致的。因为儿童能否有美感享受与环境的布局关系非常密切，这方面他很有见地。可见，他的美育思想有其进步的一面。但也不无偏颇之处。比如，他理想中的院舍都是远离城乡的世外桃源般的地方，这未免有些脱离社会现实。又比如，他的美育思想虽能将中、西价值观念进行有机的汇合融通，但他的大同社会理想实际上是一个消灭了人生诸苦的极乐世界，是一个经济高度发达、人的道德精神高度完善的空想世界。在当时的社会背景下，他的美育思想只能是理想的，不可能付诸实践。况且他出生在一个世代封建官僚地主的家庭中，这样的封建家庭自然会给他的思想以深刻的影响，这就注定了他的设想会带有一定的封建色彩。但总的来讲，他的美育思想是符合历史发展潮流的。同时，由于他学习了大量的西方文化科学知识，使他能够通过中西文

---

① 康有为：《大同书》，《中国近现代美育论文选》，上海：上海教育出版社，1999年版，第9页。

化的对比分析，认识到只有冲破封建教育的藩篱，创新教育制度才能国富民强。正因为如此，他奏响了近代美育的先声！他的美好愿望也始终激励着其事业的继承者，使近代美育思想也有了一个良好的开端，这不能不说充分体现出其思想的创新性及其创新精神。

当人们逐渐认识到教育的目的不仅仅是传授知识，培养人的道德品质，而且还要培养和塑造完美人格的今天，更加凸显美育在对人的思想、感情、性格所产生的深刻影响和促进人的全面发展方面的特殊作用，美育无疑成为今天素质教育的重要内容。在素质教育中，美育不仅同德育、智育、体育有着同等重要的地位，而且对学生各方面素质的培养还有着独特的作用。可以说，没有美育的教育是有缺陷的教育，只有关注、重视美育，才能使学生用美的规律塑造自己，真正成为全面发展的合格人才。因此，重视美育、加强美育日益成为我国教育界众多有识之士的共同呼声与共识。在这过程中，汲取康有为美育思想精粹是非常必要的，他的设想和方案对于当今更好地开展美育工作，是具有一定的指导意义的，人们从中可以获得一些有益的启示：

首先，在家庭美育的层面，正如康有为所强调的，对胎儿和婴儿的美育是绝对不可忽视的。美育始于家庭，作为一个社会成员，是从出生到这个世界上之后才开始的，但是对人的美育应从胎儿开始，这不仅有科学依据，而且还有深刻的社会意义。虽然康有为对胎教院与育婴院的设想和具体规划，在当时无法实现，乃至在今天也很难做到，但其中关于孕妇应注意身心两方面的健康状态，她们应生活在由艺术美和自然美构成的环境中等观点，都是很有借鉴意义的。除了这些，我们还应该在家庭美育过程中认识到以下几点：第一，不仅胎儿与婴幼儿美育离不开家庭美育这一途径，青少年、成年人甚至老年人也需要把家庭美育作为审美教育的途径，家庭是人一生的美育学校；第二，家庭成员之间应相亲相爱、感情融洽地和睦相处，这样才能强化家庭的审美效果，保证家庭美育的顺利进行；第三，父母应尊重孩子的个人爱好和兴趣，不盲目追随社会热潮，把某些业余爱好强加给孩子；第四，利用业余时间来丰富自己和孩子的生活情趣，如和孩子一起去一些自然风景优美的地方参观旅游等。现代心理学研究显示，当人们欣赏到花团锦簇等美丽景观时，不仅会心旷神怡，而且还能激发他们无穷的想象力，提高审美趣味。总之，家庭美育对于个人审美素质的形成和发展起着十分重要的作用，我们要正确认识家庭美育的意义，努力提高家庭美育水平。

其次，在学校美育的层面，学校美育具有系统性并贯穿在教学与生活的各个方面，这在其他地方是难以做到的。康有为对学校美育环节所作的论述（诸如课程设置、校园的地理环境、老师的榜样作用等方面）的要求，既符合学生的身心发展特点，又与美育的要求相一致，这些都是在学校美育过程中应当关注的环节。那么，在重视美育、推行素质教育的今天，我们应该根据学生年龄、个性的不同编写教材，运用灵活的教学方法，配以适当的教学场地，来加强学生的审美体验；我们应该建设丰富多彩的校园文化，发挥校园文化的美育作用，通过校园文化促进学生将人生价值内化，用美的精神来塑造自己；我们还应该以人为本，创设优美的学校教学管理环境，通过教学管理服务进行审美教育，也就是使教学管理服务工作在优化的基础上进而达到情感化，让教学管理人员的敬业爱岗、热心奉献、乐于助人的精神发挥美育的作用。

6. 首开"尚武"教育之先河

康有为是中国近代糅合中西体育思想为一体，经过改造、创新使之终成一种新的体育思想的第一人。这是清末其他改良派想做而不能做到的，也是中国体育教育史上未曾有过的创举，而且他极力主张军事与体育相结合，开创了"尚武"教育之先河。

甲午战争失败后日益严重的民族危机，使康有为越发感到富国强兵的重要，深深意识到只有强壮的体魄，才能与外强相抗衡。为此他积极推崇"惟其以尚武之精神也。故专务操练躯体，使之强壮"的教育，极力主张效仿西洋"锻炼强民之体魄"的做法，实行军事与体育相结合。① 在《公车上书》中他慷慨陈言"今环地球五十余国，而泰西争雄，皆以民为兵"，认为，"欲强国必须强民；欲强民必须强体"，"强一身"就可以"强天下"，唤醒国人振奋精神，立大丈夫"可杀不可辱，威武不能屈"之志，誓与外强相抗。在《请停弓马刀石武试改设兵校折》中他提出军事改革主张，指出以"抱巨石以投人，舞大刀而相斗，鸣长镝以相惊"的旧制培养和选择军事人才，已无法对抗西方的洋枪洋炮，提出"停弓石武试、裁绿营、放旗兵，改营勇为巡警，仿照德、日兵制练兵"等主张。他还吸取了一些国家"强国强民，强民强体"的经验，提倡"尚武"精神，整个社会要形成一种尚武之风，建议"凡年十八至四十的壮青年皆到兵营"，有事则调遣，无事则归耕，岁月之暇，随营训练，以达到"练兵以强天下之势"。在变法失败以后的数十年中，康有为始终不忘提醒国人，必须强兵才能保国。②

与此同时，康有为以"仿洋改制"、"中体西用"为起点，以传统的变

---

① 转引自徐丹、韩培霞《康有为〈大同书〉体育思想考析》，《兰台世界》2012 年第 33 期。
② 蒙祖兵：《康有为体育思想略论》，《成都大学学报》（社科版）2009 年第 4 期。

易思想为武器，吸取西学的教育思想，提出引进德国、日本的军事体育。他认为强壮的体魄、良好的身体素质是变政时代新型人才的必备条件之一。基于此种考虑，他在万木草堂把体育列入了教学内容的一个重要方面。他强调，新的时代要造就新的人才，而新的人才必须接受新的教育，是个全面发展的人，具体就是："受德教、智教、体教"，而体育是教育中"不可缺少之物"。① 根据他的得意门生梁启超说，康有为在万木草堂"其为教也，德育居十之七，智育居十之三，而体育亦特重焉"②。他通过各种渠道以多种方式来强身健体。

首先，专门开设体育课。康有为按照军队操练的方式和内容，结合草堂的实际情况，编排了方便易行的"兵式体操"，每两天一次，以供学生操练。中国近代的体操本来是地道的舶来品，在非军事学堂尤其是私学中开设体操课者，这在当时中国教育界尚属首例，康有为可谓首创。他曾经在《日本书目志》中指出，体操有强身健体作用，中国应该学习西方，重视体操课程。"古者舞象舞勺，盖以固人肌肤之会筋骸之节。朱子废舞学，而士人废萎迤矣。泰西男女皆有体操，故能强力而任事。日本人为体操之教，游戏之事，附于舞末，有意哉！"③ 可见，康有为是以发展、完善人体为目的，追求增强体质，增进健康的效益来强调体育教育的重要性。

其次，对学生进行军事技术训练。康有为继承我国古代的六艺教育思想，把礼和枪（军事训练）列为体育，对学生进行军事技术训练，他认为，现时所学当是能有补时艰的，而无济于世的内容"宜酌易之"。于是他在教学中大大增加了较为实用的"枪"的内容，学习有关枪的基本知识、枪械的使用、瞄准等项技术，这种"寓武备于文事"的做法，开了尚武教育的先河④。

再次，时常开展舞蹈、游戏、外出游历等项活动。在万木草堂康有为亲自编写了颂孔的《文成舞辞》，每逢初一、十五举行祀孔典礼，组织学生歌舞，载歌载舞中锻炼了学生的体魄。此外，他经常在春秋天的佳日月夜，组织学生到广州附近风光旖旎之地游览，张伯桢说："每月夜，吾侪则从游焉。粤秀山之麓，吾侪舞雩也，……春秋佳日，三五之夕，学海堂、菊坡精舍、红棉草堂、镇海楼一带，其无万木草堂师弟踪迹者盖

---

① 蒙祖兵：《康有为体育思想略论》，《成都大学学报》（社科版）2009 年第 4 期。
② 梁启超：《康有为传》，北京：团结出版社，2004 年版。
③ 康有为撰，陈汉才校注：《长兴学记》，广州：广东高等教育出版社，1991 年版。
④ 赵泉民、井世洁：《康有为万木草堂"变政"教育新议》，《河南师范大学学报》（哲学社会科学版）2001 年第 3 期。

寡。"① 游历中自然而然地锻炼了学生的身体，陶冶了师生的情操。实际上，万木草堂中诸如游戏、兵操、游历等一系列群体活动，扮演了体育教育与合群教育的双重角色。他提倡的身体素质教育，在很大程度上反映了他在变政进程中对一代新人发展取向的认定和企盼，终极是通过体操、游历等活动，塑造出一批既身强力壮又能承担变革重任的人才。这在当时无疑是一种进步思想，对我国学校体育思想的形成与发展起到了先导作用。

7. 首提儿童公育思想

康有为早在1884年写的《礼运注》中，提出了"人人教养于公产而不恃私产"的儿童公育思想，在其代表作《大同书》的《去家界为天民》这一部分则是更充分地阐发了上述思想。

有关儿童公育的主张，其实中外古已有之。《礼记·礼运》所追记的"人不独亲其亲，不独子其子"，既反映了远古的教育史实，又透达了儒家的社会理想。在西方，古希腊的柏拉图在《理想国》中，便提出了废除家庭、财产公有和实行儿童公育的主张。文艺复兴时期，意大利的康帕内拉在《太阳城》中，也论及儿童公育的问题。其后，法国空想社会主义者傅立叶在《关于普遍和谐的理论》中，又设计了以"法郎吉"来取代家庭，以儿童公育来培养新人的社会模式。在封建中国社会中，婴幼儿的教养几乎全部在家庭中进行，家庭教育在儿童成长中拥有无可争辩的价值和地位。1840年以后，西方列强的坚船利炮敲开了古老中国闭塞的大门，欧风东渐，西方资产阶级个人主义小家庭传入中国。小家庭的长处纠正了传统大家庭的弊害，先进的知识分子，对封建大家庭甚至一切家庭都展开了无情的批判。其中，以康有为在《大同书》中对中国家庭制度的抨击最为猛烈。批判的目的在于除旧布新，儿童公育就是作为除旧的方法之一而提出来的。康有为曾广泛涉猎西书，他在《大同书》中开拓性地提出儿童公育，明显受到西方乌托邦思想的影响。

在"去家界为天民"篇中，对于封建社会中"家"的种种黑暗和罪恶，康有为首先用较大篇幅进行揭露和批判，他指出：在中国的家庭制度中，人们只知爱其族，不知爱其国；大家庭的人口众多，家人强合，无限痛苦；有家必有私，害姓害种。进而主张"去家界为天民"，即消灭家庭，解除封建伦常对人们的束缚。至于消灭家庭的方法，他指出应由公立政府办理婚姻、生育、教养、医病、老死诸事。"公立政府当公养人而公教之，

---

① 张伯桢：《张篁溪遗稿》，中国史学会编：《戊戌变法》第四册。

公恤之。"这样"父母之与子女，无鞠养顾复之劬，无教养縻费之事"①。康有为还为公养、公教和公恤分别设计了相应的设施。"养"者"育"也，公养即是公育。而他设计的公养阶段的设施为人本院、育婴院、慈幼院或怀幼院，关于公育阶段的设施，康有为的设想如下：

一是设立人本院。凡妇女怀妊之后皆入焉，以端生人之本；胎教之院，吾欲名之曰人本院也，不必其夫赡养；二是设立育婴院。凡妇女生育之后，婴儿即拨入育婴院以育之，不必其母抚育；三是设立怀幼院。凡婴儿三岁之后，移入此院以鞠之，不必其父母怀抱。②

育婴院相当于今天的托儿所，子女断奶后，母亲出人本院，婴儿入育婴院。慈幼院（或怀幼院）则类同于当今的幼儿园，入院年龄为三岁，出院年龄为六岁。总之，育婴院和慈幼院是进行学前教育的主要承担机构。

在《大同书》的"去家界为天民"篇中，康有为详细论述了儿童公育的方法，概括起来基本上是分为胎教之法、育儿之法。胎教之法"以正生人之本，厚人道之源"③为目标，育儿之法以"养儿体，乐儿魂，开儿知识"④为宗旨。康有为的胎教、育儿思想最突出的特征是，强调外在环境因素的优劣对胎儿、婴幼儿生长发育起决定性作用。

第一，主张人本院、育婴院（慈幼院或怀幼院同）所在地的"地气"（即地形和气候）必须合宜，"胎教之地，其为治者之第一要欤！"⑤温冷带间的气候可改良人种——"今欲定胎教之地皆立于温冷带间，以受寒气而得凝固，得红白而去蓝黑，以为人种改良之计"；奇精的地质环境可使新生儿外貌气质俱佳——"生人乎必多丰颐广颡、隆准直面、河目海口者，尽为高加索人相矣。其性必能广大高明、和平中正、开张活泼，而少险诐反侧、悲愁妒嗌者矣"。⑥

育婴院的建筑也要适合婴幼儿的身心特点。院舍周围要有大片的草坪，草坪上建有游戏设施，院内种着各种各样的花草树木，养着许许多多美丽的鱼儿鸟儿，空气流畅，阳光充足，孩子们在此尽情地嬉戏玩耍，充分地享受大自然的乐趣。每一件玩具和游戏设施都要体现人类仁爱慈祥的美德，使孩子们在潜移默化中得到真善美的熏陶，凡是争杀、偷盗、奸诈等种种的恶物，都应当摒除，不能让其渗入婴儿心目中。

---

① 康有为：《大同书》，马洪林、卢正言编注：《康有为集》（政论卷·上册），珠海：珠海出版社，2006年版，第393页。
② 钟贤培：《康有为思想研究》，广东高等教育出版社，1988年版，第250～251页。
③ 钟贤培：《康有为思想研究》，广东高等教育出版社，1988年版，第254页。
④ 钟贤培：《康有为思想研究》，广东高等教育出版社，1988年版，第270页。
⑤ 钟贤培：《康有为思想研究》，广东高等教育出版社，1988年版，第255页。
⑥ 钟贤培：《康有为思想研究》，广东高等教育出版社，1988年版，第256页。

第二，孕妇的饮食、宫室、衣服冠履、配饰，都应舒适、健康、合宜。所读之书、所见之画、所听之乐、所接触之人、所感之事都应该是美好的，有益身心的。育儿之法强调在保证其身体健康的基础上，在适当的阶段引导幼儿接触外界事物，学习说话、制作雏形、绘画、唱歌。孕妇入院后必须严守院中的规章制度，从饮食衣着到起居作息都有统一要求，工作人员有监督之责。因受到种种约束，她们受到全社会的尊敬和爱护，尊敬和爱护的表示之一就是给予合适的教育。婴儿出生之后到断乳之前，仍然由人本院进行抚育。断乳后，婴儿转入育婴院，妇女则与其脱离亲子关系自由生活，不再承担任何责任和义务。

第三，非常重视院内工作人员：医生、女傅、女保的个人素质、工作态度、质量，这也是胎儿、婴幼儿健康成长的重要保障。女傅也是从女医生中选举产生，女保即女护士，由总医生挑选。他认为，育婴院的管理者应从医生中选举产生，其标准是"任质最厚、养生者最明者"。此外，还应有医生和女保，分别负责婴幼儿的保健和日常生活。因育婴院以抚养为主而以教育为辅，男子往往粗心好动缺乏耐心，女子一般细心静谧具有耐性，故只设女保不设男保，其条件是"本人自愿，而由总医生选其德性慈祥、身体强健、资禀敏慧、有恒心而无倦心、有弄性而无方品者"。医生每天早晚为孩子检查身体，制定饮食衣着和起居游戏的计划，然后将计划下达女保，由其遵照执行。开始，每个女保照看两三个孩子。育婴院、慈幼院女保的任期分别为一年和两年，期满后考核，若"仁慈尽职，婴儿健长"[①]，则给予鼓励。

第四，教学目的和教学内容。他设想，婴儿由人本院转入育婴院的第一件事情，就是举行"定名礼"，由人口官为之取名。这个名字既不从父亲也不从母亲，完全消除家庭特征和亲子关系。从此以后，就成为育婴院的正式成员。这一点有利于解除封建等级和家庭背景的束缚，使每个儿童以客观和平等的心态融入育婴院环境当中，对培养儿童的公民意识有积极的意义。该院的教育目的是"养儿体，乐儿魂，开儿知识"，不仅要使其身体健康成长，还要使其品德和智力获得发展。当孩子开始学习说话时，就要"教以言"以发展其语言表达能力；当孩子会唱歌时，就要"教仁慈爱物之旨以为歌"以陶冶其心灵；而且，还要经常利用玩具、图画等直观教具向孩子传授知识。等到孩子们知识稍开，就要"将世界有形各物，自

---

① 康有为：《大同书》，马洪林、卢正言编注：《康有为集》（政论卷·上册），珠海：珠海出版社，2006年版，第410～412页。

国家至农工商务，皆为雏形，教之制作"①，培养他们良好的兴趣，以期长大之后乐于并帮助从事科技和实业工作。

　　康有为之所以对儿童公育有如此详细的思考，并表现出对胎教的异乎寻常的重视，主要有两个原因：首先，大同社会的每个成员都应具有良好的品德和广博的知识，但是这种品德和知识并非与生俱来和自发形成，而必须通过接受教育获得。良好的教育又须极早进行，胎教正可以为儿童以后的发展打下基础，否则"胎生即误，施教无从"。因此，他建议"母仪既教之学校之先，更敬慎之于既妊之后，不使物感情移而误其胎元也"②。其次，大同社会的女子都应获得自由独立，而女子获得自由独立的条件之一就是，不再承担抚育子女的责任，实现公养公教，使孩子一生下来就由社会负责。

　　由此可见，康有为提出了一整套儿童公育思想，设想了从胎教到幼教的完整的学前公共教育体系，在我国学前教育史上实属首次。尽管这一思想带有空想性，在当时的社会条件下是不可能实现的，但其思想架构合理，具有深刻的启蒙价值，无疑为后来的儿童公育倡导者树立了榜样，提供了可资借鉴的模式，对我国近代儿童公育思想的发展以及公共学前教育机构的产生都起了促进和奠基作用。

　　20世纪初，在康有为家庭消亡、儿童公育论的引领下，一些教育家和众多先进知识分子关心家庭存亡和儿童养育、教育问题，掀起了一场对中国家庭制度的批判热潮：有的主张消灭大家庭甚至消灭一切家庭，实行儿童公育；有的认为要取大家庭和小家庭的长处，把它综合起来，组成新式家庭，主张非儿童公育。一场关于儿童公育与非儿童公育的讨论就此展开，形成两股不大不小的思潮，从清末到民国，推动了幼儿教育社会化的进程。比如，近代著名的民主革命家、教育家蔡元培的儿童公育理想在很大的程度上受到康有为儿童公育思想的影响，他关于儿童公育机关的设想与康氏大体相似。正是儿童公育理想者的摇旗呐喊，不殚前驱，才实现在现代学制确立之初，便将幼教纳入视野，通盘考虑。

　　康有为的胎教、育儿方法中体现的幼儿教育思想显然不能与今天科学的幼教思想理论相提并论，缺乏科学的儿童观的指导，亦带有一定的个人偏见和历史局限性，如过分强调地理环境的决定作用，并带有种族歧视之意。但它诚然既吸取了我国古代民间传统的合理内核，又吸收了当时西方

---

　　① 康有为：《大同书》，马洪林、卢正言编注：《康有为集》（政论卷·上册），珠海：珠海出版社，2006年版，第411～412页。
　　② 康有为：《大同书》，马洪林、卢正言编注：《康有为集》（政论卷·上册），珠海：珠海出版社，2006年版，第402页。

较为先进的科学胎教、育儿思想，与传统的胎教、育儿思想相比较而言，无疑是前进了一步。况且，在当时国门初开、思想闭塞的背景下，我们似乎不应过多地苛求其幼教思想的科学性，而是应该将目光放在其消灭家庭，由公立政府公养儿童的主张在当时幼儿教育领域乃至整个文化氛围中独树一帜、启发思考的价值。

康有为关于儿童公育机构的设想，在今天的中国，除了人本院未能建立以外，托儿所、幼儿园已广泛设立，而且比他设想的还要美好、先进，儿童受益匪浅。由此可见，康有为的儿童公育思想具有高明的预见性和实现的可行性。当下，还有不少儿童无法接受学前公共教育，我们仍在追求着最大限度的"儿童公育"，康有为的儿童公育理想仍旧是学前公共教育奋斗的一盏航灯。

这里特别要提出的是，康有为在百年前就提出了人本院胎教思想，这是石破天惊之创举！它完全不同于以前传统的教育方针，具有现代性、前瞻性和创新性。

今天，我们综观康有为的整个教育改革思想，它与当今教育改革和教育理念是相联系的，其素质教育、体育教育、女子教育等话题无疑与今天的素质教育、强国健体等教育理念是相符合的。从这个层面来讲，康有为的教育改革思想富有前瞻性，对今天教育发展仍有指导作用。

康有为教育改革创新的精神和勇气值得今天我们广大的教育者赞赏和学习的。他的整个教改思想都闪耀着变通求新的智慧，与他在政治上的改革一样，其教育改革上的所作所为都无不体现着改革创新的精神和勇气。他饱受传统儒学之浸染，对中国传统文化有着无限的赤诚，甚至提出"西学中源"，但他却心怀经世致用之思想，以经营天下为志，义无反顾地冲破封建教育的藩篱，提出了变通创新的思想，主张在变革中求生存、求希望，成为了近代中国资产阶级启蒙运动的先行者。他多次上书，痛陈封建教育之弊端，对盛行千年的封建教育制度提出了挑战，并提出相应的教育改革方案；他私创万木草堂，反对封建社会的传统学风和师道尊严的框框条条，采用创新的教学方管理模式和方法，在当时社会上可谓是惊世骇俗之举；他在只重经史子集、忽视科学技术的封建教育背景下，提出了理论与实践相结合的思想等等，无不体现着其改革创新的精神和胆魄！这一点是值得我们今天的教育工作者学习借鉴和承传的，有助于我们推行教育改革、培养创新型人才。

不言而喻，对今天而言，我们延续先辈对社会改革的探索，传承和延续其敢为天下先的创新精神，仍然不失其借鉴意义和激励作用。康有为的思想及其社会方案的思维方式以及方法论的启迪意义犹存，蕴含于其中的那种敢为天下先的创新精神,至今仍是我们最为宝贵的精神财富且尚能给人以激励。这正是后人永远缅怀这位敢为天下先的改革者的原因所在!

二、铁肩担道义的爱国精神

一百余年前,中华大地飘摇零落,逢千年未有之变局,遭万世未有之痛辛,泱泱大国尽受列强欺侮蹂躏,正处危急存亡之秋。而此时此间,却激发出那个时代国人的爱国与民族救亡的最强音。康有为自是那个时代那个群体的代表,在民族与国家危难之际,他不碌碌于世间求一息生存,而以国家民族大义为先,以布衣之身改华夏锢蔽,易千年之经纬纲常,卓然于时代波涛动荡的前锋,凛凛浩然于天地间,拳拳爱国之心使国人为之感动与振奋。

综观康有为的包括政治、经济、文化、教育等在内的整个思想体系,我们会发现,有一条红线贯穿始终,就是维新变法,挽救民族危亡,发展资本主义,提倡近代民主,中国现代化,处处洋溢着他的爱国之情。康有为最难能可贵的是,他不论贫富安危,不论在朝在野,都不离不弃、无怨无悔地深深地爱着他的祖国,思考着如何拯救和发展他的祖国。正是因为这种爱国主义精神和情怀,使康有为身体力行地将知识分子"铁肩担道义"的精神发挥到了极致。每每国家有大事,必然少不了他慷慨激昂的声音。他因爱国而讲学,因爱国而上书,因爱国而变法,因爱国而获罪,因爱国而到处流亡……

回想甲午中日战争失败后的那段历史,帝国主义更加疯狂地瓜分中国。国难当头,出路何在?民族危机加深的过程便是中国统治阶级的各个阶层被相继唤出历史舞台,并按照其各自的利益和观念,采取不同的方式挽救危机的过程。首先面对危机的是作为最高统治者的朝廷和皇帝,它始则"战",终则"和",不惜一切代价都是为了达到保障自身的生存和安全这一个目的。其结果却是激起了侵略者更大的贪欲,使国家日益丧失更多的领土与权益;而作为统治阶级的上层和中层,分化出一部分开明的大臣及其僚属,他们形成洋务派并登台亮相,企图通过"求富"和"求强"来摆脱贫弱受伤的困境。但洋务派本身浓烈的封建性决定了洋务运动不可能达到预期的目的。然而,日益严重的民族危机便把一批下层的志士仁人推上了历史舞台,他们发扬"天下兴亡,匹夫有责"的爱国主义传统,苦心探求救亡图存的途径。而康有为,就是这批下层士人的先进分子的代表。在数千年文明古国行将崩溃,民族面临生死存亡危机之际,他凭一腔爱国热血,以维新派领袖的身份登台亮相。他走着书生救国的道路,书生挟学问以救国。他以学问为主要武器讲学传道、著书立说、集会请愿乃至上书皇帝，阐述拯救中国的办法。他首先力图唤起民族觉醒，使民认清中国的形势和前途。他认为，中国亡国的局势可能存在，但只要四万万人发愤救亡，变法图强，不亡国的前途也是存在的。他大声疾呼："俄北瞰，英西睒，法南瞵，日东眈，处四强邻之中而为中国，岌岌哉！"① "二万万膏腴之地；四万万秀淑之民，诸国耽耽，朵颐已久；……诸国咸来，并思一脔。"② "果能四万万人人人热愤，则无不可为者，奚患于不能救！"③ 其言词流露出慷慨激扬的爱国精神。正如梁启超所说："使吾四万万人者，咸知吾国处必亡之势，而必欲厝于不亡之域，各尽其聪明才力之所能及者，以行其分内所得行之事，人人如是，而国之亡犹不能救者，吾未之闻也。"④ 他对当时形势和前途的科学分析，蕴含着巨大的精神力量，不但能唤醒国人救亡图存的紧迫感，迅速投入救亡运动，而且能提高国人的勇气，唤起对救亡事业获得胜利的信心。

他为救亡图存而呐喊，为独立富强而呼号的爱国激情，无所畏惧的战斗勇气，使沉睡的中华民族逐渐地激起了爱国主义精神的昂扬。想当初，康有为《上清帝第一书》时，他的爱国思想和行动遭到朝廷官僚们的冷淡、嘲笑和攻击，不为人所理解，也无人赞同。但上了第一书之后，他的声誉渐露，向往者日众；他在广州创办"万木草堂"时，各省学子，千里负笈，闻风而来，听他讲救中国之法，最典型的例子是：1890年春，陈千秋、梁启超当时正在广州最有名的书院学海堂求学。他俩都天资聪颖，好学上进，具有高昂的爱国热情，对康有为上书批评时政的行为非常敬佩。听说康有为到了广州，两人先后前去拜访，交谈中，他们感到康有为的学问壁立千仞，难窥堂奥，一下子被康有为深湛的学识和精辟的思想见解以及浓重的爱国热情所吸引，也深深被康有为的气魄所征服。经反复考虑，他俩放弃了学海堂的学业，拜康有为为师，成为康有为的开门弟子。梁启超更是放下自己的举人架子，拜当时只是秀才的康有为做自己的老师，成为康有为最得力的助手，成为中国近代学术思想史上与康有为相映的一颗巨星；他发动的公车上书这场爱国知识分子请愿运动，得到较广泛的赞扬和支持，一千三百余人向都察院投书，接肩摩踵，车马塞途，情绪激昂，

---

① 康有为：《强学会序》，马洪林、卢正言编注：《康有为集》（序跋卷），珠海：珠海出版社，2006年版，第38页。
② 康有为：《上清帝第五书》，马洪林、卢正言编注：《康有为集》（序跋卷），珠海：珠海出版社，2006年版，第107页。
③ 康有为：《京师保国会第一集演说》，中国史学会主编：《戊戌变法》第四册，第412页。
④ 梁启超：《演说保国会开会大意》，中国史学会主编：《戊戌变法》第四册，第413页。

一片沸腾的救亡爱国情景。万言书不胫而走，或传抄、或登报，广为传播，展阅此书，扣人心弦，甚至有痛哭流泪者。康有为的爱国精神像波涛一样，逐渐扩散，广大的国人被其爱国精神所感染；他在京师召开"保国会"时，聚众数百人，其激烈昂扬的爱国演说得到更广泛的共鸣。在康有为的影响下，平民百姓、仁人志士的忧国忧民的爱国情怀进一步高涨。康有为的爱国精神和行动还推动了光绪帝的爱国行动，使他发动了"百日维新"的爱国运动。可以说，晚清王朝死水一潭的政治局面和思想局面，被康有为的爱国思想、精神和行动首先击破了。

爱国从来不是一个空泛抽象的概念，不同时期的爱国有不同的内涵和特点。但它总是与国家统一富强的历史使命结合在一起。这种使命感赋予爱国以鲜活的生命力和丰富的内涵，承载着民族的憧憬和希望，成为凝聚民族精神，激励民族奋进的旗帜。康有为心系国家命运，胸怀苍生福祉，勇敢地担负起救斯民于水火、扶华夏之将倾的历史重任。从办报刊、兴学堂、开学会，到全面地提出政治、经济、军事、文化教育等各方面救国变法的方案；从救国挽世的爱国构想到发动戊戌变法的爱国行动，处处表现出他那种"常思奋不顾身，而殉国家之急"的担当精神和爱国情怀！

人们可以清晰看到，康有为他是把改革政治制度与爱国救亡紧密结合在一起的。在他的政治思想中，改革的目的是为挽救民族的危亡，具有非常鲜明的爱国特点；同时他又是把改革教育制度与育才济世放在同一维度考虑的。他集政治家与教育家于一身，把政治家与教育家紧密结合在一起。他在从事教育事业的同时密切关注着社会现实，把教育事业与政治兴盛、国家前途密切结合。可以说，康有为的政治改革是他做学问、从事学术活动的延伸内容，而其教育研究与实践则是实现其政治目标的基本途径。作为教育家，他既是一位教育理论家，同时也是一位教育实干家。他先后在广州的万木草堂、桂林的广仁学堂、上海的天游学院从事教学工作，积累了非常丰富的治学和教学经验，同时还著书立说，写下了《教学通义》《长兴学记》《桂学答问》等论著，指导读书人如何治学，而且他还有着丰富的办学经验，和其弟子一起创办在当时看来标新立异的新式学堂，鼓励读书人学习西方理论和西方科学技术，甚至还为晚清提出了推行新式教育的蓝图，并且从废除八股入手揭开了中国近代教育改革的帷幕。梁启超曾在《南海康先生传》中如此评价："先生不徒有教育家之精神而已，又备教育家之资格"，"其为大教育家，则昭昭明甚也"。作为一个政治家，他以布衣伏阙上书皇帝，极论变法图强，慷慨激昂，我们不能不说他具有政治家的勇气；面对当时社会与政治混乱，他以救亡图强、拯救国家为己任，奔走呼号，向世人痛陈形势之恶劣和救亡之紧急，我们不能不说他具有政治家之情怀;他向皇帝上书献策,主张对外要坚持抗击倭寇、拒绝签订屈辱条约,对内则要变法图强、振兴工业、开办学校,在百天之内推行了废除八股文、调整行政机构等新政,我们不能不说他具有政治家的头脑。

可以说,爱国精神是康有为一生行动的源动力和强大支柱,倘若没有这种爱国精神,也许戊戌变法运动无法掀起。梁启超曾经分析:"故必有忧国之心,然后可以言变法,必知国之危亡,然后可以言变法;必知国之弱,由于守旧,然后可以言变法;必深信变法之可以致强,然后可以言变法。"① 他还说:"夫皇上能行改革之事者,有忧国图强之原点故也。"② 戊戌变法运动是爱国图强精神的产物,是爱国志士把它搬上历史舞台的。康有为爱国精神起了杠杆的作用,几乎同时起动了中国资产阶级的思想启蒙运动和政治改革运动,也就发生了戊戌变法运动。康有为从爱国立场出发,从西方国家贩来了资产阶级思想,并进行了广泛的宣传,对中国封建思想进行着一定程度的批判,他又从西方国家搬来了资产阶级的政治制度,并力图使它在中国安家落户,资产阶级的思想启蒙运动和政治改革运动就开始了。可以说,没有康有为的爱国思想和行动,这两个运动是不会来得这样快的,也不会这样早就出世的。中国最初的资产阶级思想启蒙运动和政治改革运动是由爱国运动派生出来的。③

康有为的爱国思想是新颖的、闪光的。他呼唤全民族觉醒,发愤救亡,反抗资本主义列强的侵略,他要求变法图强,在中国实行资本主义以保全国家。一般说来,以往的爱国主义都是与维护现存的社会制度结合在一起的;保国保民保家保疆土,也保护现存的社会制度。康有为的爱国思想既然是要在晚清封建社会基地上实行资本主义以强国,那么,他的爱国就与否定现存社会制度和建立新社会制度结合在一起。保国保民保家保疆土,却不保护现存的封建制度,相反,他要否定封建制度,以资本主义制度去代替它。康有为的爱国思想催促旧社会死亡,呼唤新社会出世。它带有时代的色彩,具有科学的价值,是中华民族爱国思想宝库中一份珍贵的财富。④

---

① 梁启超:《戊戌政变记》,见中国史学会主编"中国近代史资料丛刊"《戊戌变法》第一册,第293页。
② 梁启超:《戊戌政变记》,见中国史学会主编"中国近代史资料丛刊"《戊戌变法》第一册,第293页。
③ 谢方正:《发愤救亡变法图强——戊戌变法时期康有为爱国思想述评》,《江西大学学报》(哲学社会科学版)1996年第2期。
④ 谢方正:《发愤救亡变法图强——戊戌变法时期康有为爱国思想述评》,《江西大学学报》(哲学社会科学版)1996年第2期。

尽管康有为领导戊戌变法这场群众性的爱国运动后来失败了，他也因政变失败被迫流亡国外，但他挽救祖国危亡的热切愿望、深厚的爱国感情并非可以戊戌变法作简单的、机械的划界，而是仍贯穿于这位爱国大儒的一生。戊戌变法失败后，康有为流亡海外长达十六年，在此期间他做的并非全是保皇活动，而是身旅外洋，心忧中夏，经常饱含热泪，回望神州，时刻为祖国的命运担忧。他的爱国之心仍不减当年，爱国之志仍不衰退，这一点可以在他的诗词中得到充分的流露和有力的印证。

康有为诗中的爱国情怀异常鲜明，每每流露出对祖国深深的爱和生死存亡的关注和忧虑。流亡海外期间的诗作中经常流露出"处处非吾土"的感叹和对祖国的思念："绝顶山湖绝顶楼，欲长幽隐洗我愁。惜非吾土难淹留，王孙芳草空幽幽。""最是新亭好风景，河山故国正愁人。""惊起前洲渔者识，依稀故国棹歌声。""忽忆前年燕市夜，酒酣击筑梦中原。""夜听呜咽声，梦魂绕长安。"诗中的"故国"、"中原"、"长安"，都是祖国的代词。

如果说这些诗句还只是康有为身处异邦的感触或他在梦中所表现的故国之思，那么他流亡异域时写的另一些诗篇，则具有更深刻的思想意义。

1900年7月，八国联军舰队绕丹将敦岛入中国，此时康有为正避居该岛，他当即写下《七月朔，入丹将敦岛，居半月而行》一诗："隐几愁看征舰过，中原一线隔芙蓉。"康有为忧心忡忡，愁情满怀。

1901年，正当各帝国主义国家在北京举行《辛丑条约》的议和大纲时，俄国要求清政府委派代表到莫斯科谈判，仍要非法强占中国东三省。他在国外赋诗《闻俄据东三省》对李鸿章等人进行讽刺："郁郁暗长白，云流鸿绿阴。岂真王气冷，竟令故兵深。百战思开创，三年病割便。万方皆震动，王毋妄荒淫。"同年，他自美洲东归经日本马关赴香港时，赋《九月二十四夜至马关伤怀久之》一诗："碧海沉沉岛屿环，万家灯火夹青山。有人遥指旌旗处，千古伤心过马关。"既流露出他无限的伤心，同时也为马关国耻而感到羞辱。

1902年，他在印度大吉岭写下《望须弥山》一诗："喜马来山云四飞，山河举目泪沾衣。此通藏卫无多路，万里中原有是非。"康有为由印度北望，喜马拉雅山乱云飞渡，眺望祖国山河，热泪纵横。此时又闻西藏割地一事，心情万分悲痛。"万里中原有是非"，诗句中渗透着他对国家的关注与忧虑！

1905年，他参观荷兰京都博物院兵舰模型，写诗书怀："藐尔荷兰强若此，况于中华万里云。噬哉谁为海王图，铁舰乃是中国魂！何当忽见铁舰五百艘，龙旗翩荡四海春。呜呼安得眼前突兀五百舰，横绝天地殖我民!"热切希望祖国强大的爱国情怀洋溢诗中……

　　大儒已逝,但精神永存!康有为思想和行动背后蕴含和折射的那种爱国精神是永恒的。它将一直流淌在中华民族的血液里,成为一种中国人的文化基因,一种民族成长壮大取之不竭的精神资源。

　　回望康有为这位历史巨人,重温那段波澜壮阔的历史,我们不禁为他身上的那种爱国情怀与精神所深深感动。今天,在建设中国特色社会主义事业的伟大征程中,我们需要传承延续和弘扬这种爱国精神。因为它是一种强大的精神力量,属于民族精神的核心部分,它强调增强人们的国家意识、团结意识,强调激发民族志气,用奋斗目标激励人心增强民族凝聚力,是凝聚民心、推动历史进步的强大动力。在中华民族光辉历史上,中华民族正是以这强大的精神力量书写了人类文明史上爱国主义最为光彩的篇章。因而,在今天弘扬爱国精神,把满腔爱国热情转化为推进科学发展、和谐发展的动力,转化为忠于职守、勤奋工作的实际行动,以自己的努力为中华民族发展史续写新的光辉篇章,对我国社会主义经济、政治、文化与和谐社会建设具有重要价值与意义。

第七章 康有为精神在家乡的延续与传承

众所周知，因"公车上书"、"戊戌变法"而闻名天下的康有为，出生于广东佛山南海，人称"康南海"或"南海先生"。在籍贯为佛山的历史文化名人中，康有为的地位应该说是最高的。从1858年出生至1890年赴广州定居，这位近代政治家、思想家、教育家和社会改革家在南海生活了三十二年，度过了他的青少年岁月。虽然他在家乡的时间并不算太长，但其所言所行所体现的敢为人先、创新改革精神与家乡特殊的地理环境息息相关，他的身上印证着佛山人敢为人先的文化特质，其奋发图强、敢为人先的精神为家乡的发展提供了无穷的智力支持。正如佛山科学技术学院的戢斗勇研究员所言：佛山是改革开放的先行地区，佛山精神中包含的改革创新、开放包容等，有着深厚的文化底蕴，其中康有为的变革意识和开放视野，也是佛山文化的优秀品质保存在佛山文化的基因之中，发挥着文化基础的作用。康有为的创新精神与现今佛山提出的求真务实精神是一脉相承的，其精神对家乡有着深远的影响。

今天，康有为精神在家乡得到了很好的延续与传承……

一、经济伦理思想与佛山人的重商理念

康有为在维新变法运动中，已经注意到经济领域革新的重要性，先后提出了"以商立国论"、"物质救国论"、"理财救国论"，其经济主体思想是"以商立国"。他在《上清帝第二书》中明确提出要重视商业在整个国民经济中的地位和作用，要求向西方学习，以商立国，并提出一系列整顿商务、振兴商业的措施：第一，开发矿藏，发展农业，为发展商业打基础；同时"精机器之工，精运转之路"，发展机器制造和加工工业，交通运输业，为发展商业提供动力并铺平道路。第二，立商务局，设商务官，派廉洁大臣长于理财者经营其事。省设立商会、商学……。此外，开商

学、译商书、出商报，立劝工场及农艺学堂，讲求工艺、农学，以教诲之。第三，立商律以保险，设兵舰以保卫之；免厘金税，减出口征以体恤之；定专利、严冒牌以诱导之；第四，给文凭，助游历以奖助之；行珍赛厂（即博览会、展销会等）以鼓励之。

"以商立国"并非康有为的发明，然而，向光绪皇帝主张确立"以商立国"的国策却是康有为的经济伦理思想和改革主张，这既是对中外文化的承袭和吸取，又是近代中国尤其是广东的商品经济和"重商"意识的产物。广东人从商的历史相当悠久，早在西汉时期的广州已是南方珠玑、犀角、果品、布匹的集散地；宋时，广州已是"万国衣冠，络绎不绝"的著名对外贸易港了；清代设立十三行，这里更成为中国唯一的对外通商之地。所以广东的先民自从与海外交易的那时起，商业活动就从来没有中断过，从这个角度看，广东人的重商意识是非常强的。从地理位置上看，岭南山地多平原少，而在平原地区则河川交错，交通便利，且面向海洋，还有丰富的海产品与林果产品。这样的地理环境，造就了珠江三角洲较早较为发达的农业。然而，农业在岭南经济中的比重并不很大，甚至出现"东粤少谷，恒仰资于西粤"的情形。造成这种状况的根本原因在于岭南人的重商而轻农。经商带来的丰厚利润，诱使人们纷纷从土地中游离出来，而投入商海中，营商队伍日益壮大，农业人口日见减少。更有甚者，那些即便仍在从事农业生产者，也已不再是自然经济意义上的务农者了，而是以商业头脑经营着农业。据《粤东闻见录》："近省数大县逐末者多，务农者少，即有肥美之田，多种荔枝、龙眼、蒲葵之属。以其获利颇赢，非若稼穑之力苦而利微也。"可见，从商现象不仅在岭南相当浓烈，而且商品意识已渗透于整个岭南社会之中。

佛山紧靠广东省会广州，是得近代风气之先的地区，比较早地受到西方资本主义经济和文化的影响。在世界激烈动荡的风云冲击下，这里的人们最先意识到维新和革命的时代趋势，所以在这片热土上，孕育了革新思想的种子，在近代史上，更是名人辈出。康有为就是土生土长在这富饶的珠江三角洲腹地的杰出人物代表。

而从地域上看，佛山地处水网纵横的珠江三角洲腹地，是典型的岭南水乡。这一带是珠江三角洲农业和手工业商品生产发展最早的地方。由于濒临珠江出海口，所以交通方便，信息灵通；这里水系融合、开放，没有一个固态，造就了佛山人创新求变和改革进取的精神。同时，它是中国封建社会少有的不设围墙的古城之一，历来不甘于封闭，人流、物流、资金流和信息流熙来攘往，沉淀了佛山人以开放、务实、重商为主要特征的人文精神，这里的人们很早就孕育着商品经济的思维与品质。

佛山的商品经济环境与佛山人重商的思想互相促进，使其商业贸易发展很快，同时也促进了市镇和城市的形成。当南风古灶点燃第一炉窑火的时候，佛山从宋代的一个乡村墟市逐渐发展成为以冶铁业为中心，包括陶瓷、造船等发达手工业在内的工商业市镇，产品行销海内外，锻造出一个荣耀千年的商贸名城。历史上的佛山，商业之繁华甚至超过省会广州，百货充盈，成为历史上中国南部四方商贾云集的第一大商业都会，曾与景德镇、汉口镇、朱仙镇并称"天下四镇"，又曾与北京、苏州、汉口合称"天下四聚"。道光十年（1830），佛山有二百二十多行手工业，七十多行商业及服务业，三百多家商铺。佛山市区的东南角的"彩阳里"在清代乾隆至道光年间曾经设有二十二家洋商馆，所以佛山本地人俗称"彩阳里"为"鬼子巷"，而英国人把佛山叫做"中国的伯明翰"，外国商人把他们从海外带来的商品经过佛山销往内地，又把在佛山收购的商品转销到东、西洋。

佛山的商品经济环境无疑是孕育康有为经济伦理思想的土壤。因为人的思想不是从天上掉下来的，一种思想观点、价值理念，它不可能是无源之水、无本之木。地理环境，是人类赖以生存的物质基础，不同的地理环境产生着不同的文化，而人们的思想离不开特定的不同的区域文化背景。[①]因此，佛山的商品经济环境和富于"重商"意识的岭南文化，正是康有为提出"以商立国"这一经济伦理思想以及改革理念产生的特定的地理环境和文化氛围。而在全国较早实践康有为"以商立国"思想的恰好是他故里的敢为人先的佛山人，他们勇于创新，求实、求新、求发展，秉承着人人皆商的传统风俗。早在1873年，敢为人先的陈启沅第一个引进国外先进技术，在佛山南海简村开办了中国近代第一家民族资本经营的机器缫丝厂。作为中国新生的民族工业企业，机器缫丝厂对国内外的影响是很大的。时易数年，陈启沅又重回简村开办全部机械化的继昌隆缫丝厂，之后南海、顺德两地兴起的缫丝厂多达数百家。20世纪初，面对洋货对中国市场的冲击，佛山人简照南、简玉阶兄弟二人萌发了"实业救国"的思想，在上海创办了南洋兄弟烟草公司。南洋兄弟烟草公司从1905年的创建到新中国成立后公私合营，其发展经历了曲折的历程，是近代民族工业发展的缩影。而简氏兄弟以国货为号召，发展中国民族工业，体现了爱国华侨励精图治振兴民族工业之举。[②]……

如今的佛山，既不是经济特区，又不是国家重点投资发展的地区，人

[①] 黄明同：《康有为"以商立国"与岭南人的"重商"思潮》，《韶关学院学报》2003年第10期。

[②] 邓芬：《康有为的创新精神与南海社会的发展》，王杰、张杰龙主编：《康有为与改革创新学术研讨会论文集》，广州：岭南美术出版社，2013年版，第581页。

多地少，资源比较贫乏……然而，佛山为什么仍然能在改革开放浪潮中乘势而起，保持较大的经济总量和较强的综合实力呢？当我们走进佛山，会发现在历史和现实之间有一种极为流畅的商业文化的传承。在这片热土上的人们，言必言商，引进外资先人一步，在大力发展民营经济的同时，大力发展商业，延续和传承着前人的重商情结，演绎这千年来的商业文化……

从改革开放后佛山经济一直保持快速健康稳定增长，经济增长率均在百分之十左右，成为全国地级市中的佼佼者，有珠江三角洲经济"四小虎"之一的美誉。特别是商业繁荣兴旺，业态齐全，设施完善。大型购物中心、现代百货商场、大型连锁、便利店、专卖店、专业店，还有网上购物、电视购物，商品充裕，购买方便。到2014年为止，佛山市五万平方米以上购物中心、大商场达八十多个，佛山义乌商品城、佛山王府井购物中心、保利东湾商业中心、越秀星汇云锦广场、佛山万科广场、绿地季华路项目、佛山万达广场、岭南天地购物中心、普君新城、怡翠世嘉购物中心、苏宁广场、东平广场等，其中东方广场二十五万平方米，保利水城十六万平方米，嘉洲广场十一万平方米。目前佛山五区的商业建设继续发展，禅城区已经把东华里改造成为全国最大的岭南文化区，把祖庙商圈打造成未来的核心商圈。顺德区启动建设德胜中央商务区（CBD）以及珠江三角洲核心区南端的商务点，为顺德区生产和生活提供高端服务。南海、三水、高明等地对商业建设都有重大举措。据一系列数据证明，佛山市商业的发展已进入快车道。为了更好推动商业经济繁荣，佛山市委市政府正积极做好几方面的工作：第一，找好切入点。21世纪中国经济崛起，北京、上海已经进入国际商业中心城市行列，广州也要打入国际商业中心。随着广佛同城化，对佛山的商业来说，既是压力也是动力。目前佛山正抓紧时机，借力提升佛山商业整体素质，力争做到错位经营，自主创新，显露特色，扬长避短，优势互补，融入广佛都市圈。第二，加快发展生产性服务业。充分运用佛山产业结构调整的难得机遇，加快发展生产性服务业，拓展现代物流业、专业批发市场以及其他新兴的生产服务业。以生产性服务促进制造业发展，以生活性服务业提升城市品质和凝聚力。第三，发展社区商业。随着城市化进程的不断拓展，社区的地位和作用日益突出，因此，发展社区商业正是难得机遇，大有可为。目前，政府引导，规划部门和房地产发展商打造配套完善社区商业，形成有利居住经营和美化环境的建筑形态和布局。以便民、利民、为民为出发点，以社区购物中心为主体，引入连锁超市、便利店、百货、酒类、烟草、医药以及洗衣、修补、美容美发等休闲服务业，为社区人群服务。

佛山商业经济的繁荣与文化的关系密不可分。文商相融、文商相济，以文兴商、以商传文，在这里都得到了充分体现。文化随着经济的兴起而出现，经济随着文化的繁荣而发展。正如佛山科学技术学院研究员戢斗勇所说："从古至今，商业都是佛山人安身立命之本，佛山人养成了重诚信、重人文的禀性。"

佛山自得名以来，至今已经穿越了一千三百多年的世纪风雨，从宋代与景德、汉口、朱仙齐名，清代与北京、苏州、汉口比肩，到今天创造出举世瞩目的经济奇迹的"改革先锋"，佛山在中国当代史上，写下了饱蘸浓墨重彩的一笔。

二、教育思想与佛山的教育创新智慧

康有为的教育思想体系中的一些颇具远见性的真知灼见，不仅在晚清的教育改革中产生了相当大的社会影响，而且对当今中国教育改革也具有重要的借鉴意义。无论从理论上还是从实践上，其教育理念和教育方式不仅对当时的学校教育内容的革新和发展都起了重大的指导作用，而且对当今和未来的教育改革也有一定的借鉴价值，特别是对于康有为的故乡——佛山建设文化大市，教育强市不无深远启迪的现实意义。

作为康有为整个思想体系的重要组成部分——教育思想，是他向西方寻找真理的成果之一，它在中国近代思想史和教育史上占有重要的地位和具有较大的影响。

康有为身为佛山南海人，他具有开拓创新的教育思想并不是偶然的，这与近代佛山南海得风气之先，开教育之先河，改革学制，学习西式教育，受当时岭南文化教育风气影响，贯穿着一种开放的人文意识、变革意识和务实意识的影响是有密切的联系的。

佛山地处珠江三角洲腹地，经济发达，名人辈出，文化发展历史悠久。南海郡建立后，中原文化与岭南文化交融，佛山文化教育不断发展。明清时期佛山的书院林立，在"学而优则仕"的科举制中培养了一大批名士政客。佛山人好学苦读的精神以及对教育的重视，使得佛山古代教育十分发达，在科举考试中出类拔萃，也为历代朝政培养了大批治国人才。自唐至清代，佛山考中进士的多达四百七十人。而自唐朝开科取士以来，广东先后出过九名文状元，而仅佛山南海就有三名文状元、一名武状元、三名榜眼、三名探花。因此，"南海衣冠"便成为历代南海文教昌盛、人才辈出的代用语。

佛山的书院兴于明代，盛于清代，多属名儒私人讲学性质，招收成年人入学，不分界域形成自由讲学风气，容许各有不同的学术主张，当时佛山名人辈出,最为著名的是岭南大儒朱次琦。位于佛山南海西樵山白云洞的三湖书院是康有为青年时代读书的地方,被誉为"戊戌维新运动的摇篮"。1878年冬,年仅二十一岁的康有为,离别了教育他三年之久的岭南大儒朱次琦,来到三湖书院刻苦自学,潜心钻研儒学、道学、佛学经典,探寻救国救民的真理。康有为在三湖书院两年多的读书生涯,成了他人生道路上的一个重要转折点,孕育了他维新变法的思想,为日后发动和领导戊戌维新运动作了思想上和理论上的准备。

鸦片战争以后,清政府中的"洋务派"推行"自强"新政,西学日渐东传,毗邻广州的佛山得风气之先,较早地接触了西方资产阶级的政治学术和教育制度。康有为受其师朱次琦"经世致用"的教育思想的影响,于光绪十六年(1890)设学于广州长兴里邱氏书院,取名"万木草堂"。它的开办,成为广东近代教育史上的一件大事。康有为对传统的封建教育内容和教学方法进行大胆改革,否定传统袭用的"四书"、"五经"和陈旧的八股文,提倡"中学为体、西学为用",在孔学的形式下注入资产级的政治原理和自然科学,把以参加科举考试为目的,改革为培养具有独立思考、救国、治世思想和能力为主要目标,培养出如梁启超、陈千秋等一批维新变法运动的骨干分子,推动以后的政治改革,开创了我国近代教育史上改革传统教育、培养图强救国人才的先河。近现代著名文化人张元济写诗称誉道:"南洲讲学新开派,万木森森一草堂。谁识书生能报国,晚清人物数康梁。"

康有为认为教育是国家富强之本。1895年,康有为在联合各省应试举人联名上书请愿的"公车上书"中,除了提出一整套救国纲领外,鲜明地阐发了"教育救国论"的观点。他认为使国家富强的基本途径就是"开民智",提高人民的文化教育水平;而人才贫乏、教育不发达则是中国衰弱的主要根源。他说,今日中国的弊端就是人才缺乏,而人才的缺乏,就是不重视教育。因此,他主张首先要从改革文化教育和培养人才入手。在向清帝的第七次上书中,康有为呼吁重视文化教育,开办新式学校,只有变科举、兴学校,使人才辈出,国家才有富强之希望。因此,变科举、兴西学,成了戊戌变法中的一项重要措施。其内容包括废除八股、改试策论。他建议:"罢废八股","一律改用策论","务为有用之学",这样就能扭转风气,造就有真才实学之士。康有为以鲜明对比的方法,深刻揭露了以八股取士的科举制度的腐朽,并赞扬西方学校制度和科学技术的先进性,给当时的知识界和教育界以很大的启迪。[①] 此外,康有为还主张把

---

① 参见钟贤培《康有为思想研究》,广州:广东高等教育出版社,1988年版,第75页。

"西学"作为各类学校的主要课程,提倡女子教育和各种专业教育,鼓励派遣留学生,翻译西书等等。并在《大同书》中提出一系列新颖的教育思想,形成了他自己完整的教育思想体系。这个教育思想体系起了承前启后的历史作用,对当时的思想界、教育界产生了重大的影响。

而在今天,康有为的教育思想体系仍然具有深远的现实意义,如:设计了一套从学前教育、小学教育、中学教育甚至高等教育的学校教育制度,人人有普遍的受教育的机会,男女也能平等地享受教育的权利;主张学生德、智、体多方面都得到发展;主张实施教育、教学要注意学生的年龄特点,在不同的学龄阶段必须重点地突出某一个方面;对教师的选择、校舍的设置及其环境的美化,注重实学、实验等等都提出了许多卓越的见解。

伴随着20世纪末信息化时代的到来,佛山就提出了建设文化大市、教育强市的口号。比如佛山南海区早在1995年就制定了"以现代教育技术为突破口,加大教育科研力度,迅速抢占教育阵地制高点"的教育强市战略,并提出了"以信息化带动南海教育现代化"的构想。随着南海先后被确定为"国家科委网络建设试点市"、"广东省信息化建设综合试验市"、"国家首批信息化试点城市"、"广东现代化科技示范市",近年来启动南海教育城域网建设工程,是全国率先建设教育城域网的地区之一,并率先成为广东省第一个教育强市(县级),成为践履康有为教育思想的先进地区。

随着知识越来越成为提高区域综合竞争力的决定性因素,人才资源越来越成为推动经济社会发展的战略性资源,教育的基础性、先导性、全局性地位和作用更加突出。要建设"和谐佛山",归根到底靠人才,人才培养的基础在教育。

当前佛山继续推行"科教兴市"和"人才强市"战略,始终把教育摆在优先发展的战略地位,以更大的决心推动教育体制的改革和创新,以更多的公共资源优先保障和满足教育发展的需要,全力以赴地推动佛山的教育事业再上新台阶。

三、文化开拓思想与佛山文化保护与承传

佛山古来人文渊博,先辈康有为作为我国近代维新运动先锋领袖,他的经世致用、为国为民的济世精神对后世影响深远,实属佛山文化翘楚、佛山文化旗帜。南海区还适时提出打造"文翰樵山"旅游文化高地的战略,为文化南海发展注入强劲动力。佛山人借此机遇,决心以先哲的创新精神为榜样,力争成为追求先进文化的翘楚,在文化发展繁荣方面勇当先

锋，利用底蕴深厚、资源丰厚、氛围浓厚等得天独厚的文化建设条件，将康有为所形成的广泛影响力呈现并传播，并全力传承康有为的优秀精神内核，将"有为精神"升华至传承优秀历史文化，激励当代人奋发有为，共创和谐幸福生活的新高度，形成一种崇尚历史文化、继承道德文化和传播时尚文化的浓厚气氛。

如前所述，康有为非常热爱祖国文物，注意对比中西文物保护的差异，疾呼保存文物古迹。同时重视历史文化名城的保护，建议对历史文化名城应加以修葺保护。提出开发文物旅游资源，认为文物古迹是极好的旅游资源，加以开发利用，可以发展旅游事业，增加国民收入，推动经济发展。积极倡导中国人办自己的博物馆，用以启迪国人的智慧。强调博物馆的教育职能，认为博物馆是弘扬民族传统文化、凝聚民族向心力的好场所。在开放改革的今天，康有为的文化保护与开拓的思想，对我们后人仍有很大的启示作用。

康有为有关文物保护与文化开拓的思想启迪着他的故里。故里也心领神会。南海是岭南文化的古郡，还是戊戌维新运动的发源地，维新运动领袖康有为出生在佛山南海。佛山丰富的文化资源还有待于进一步发掘，特别是在发展历史名人方面，资源非常丰富，发展潜力很大。在建设历史文化名城时，佛山人注重开发地方文化资源，保护文化遗产，提升地方的文化品位，充分重视发挥名人效应，利用康有为的名气来提升佛山的文化影响力。

康有为故居列入文物保护单位的在全国有三家，分别在南海、青岛、北京。作为康有为的故乡，南海的康有为故居目前状况如何呢？南海丹灶康有为故居一直得到较好保护。1984年9月，康有为故居修复落成并对外开放；1989年，故居被评为"广东省重点文物保护单位"；1996年，故居成为"国家重点文物保护单位"，故居为一间一厅两房两廊的青砖镬耳屋，建筑面积约81平方米，是珠江三角洲典型的清代民宅。延香古屋采用青砖墙橡木结构，古色古香。古屋大厅用黑色木板搭建了阁楼，两廊中间留有天井，古屋采光足通风好，冬暖夏凉，环境非常舒适。古屋是保留完好的一处清代建筑，具有很好的观赏和研究价值。在这座故居中，康有为饱读中西书籍，初步形成了维新思想体系，至今仍在国内外享有盛誉的论著《大同书》初稿就是在此处完成的。康有为在故居中度过了人生中最重要的青少年时期。故居也因此被赋予丰富的文化内涵。

从20世纪90年代中期开始，康有为故居经过不断修复，逐步形成以康有为纪念馆、康氏宗祠、大同牌坊、澹如楼、松轩和荷塘在内的配套设施和景点，占地面积二万多平方米。进入有为故居，绿树掩映、荷香沁人。康有为纪念馆共由两层展厅组成，展出了康有为从少年时代刻苦求学，青年时代立志报国，中年时代布衣上书，请求变法维新挽救民族危机，变法失败流亡海外以及办强学会、著书立说等波澜壮阔的人生，它再现了一代伟人康有为寻求真理的奋斗轨迹，具有深厚的文化历史底蕴。康有为故居、纪念馆自建成开放以来，被列为佛山市爱国主义教育基地，是广大青少年接受爱国主义教育的第二课堂。每年接待大批前来瞻仰康有为的国内外游人。自1995年至今，康有为故居先后接待海内外游客十二万人次。许多慕名而来的游客都称赞将乡村特色、自然景观和人文景观有机结合在一起的康有为故居是一处难得的名胜，其蕴藏着巨大的开发潜力和开发价值。

2010年，南海区政府投入一百八十万元对康有为故居及康有为纪念馆进行内部维修整理，重新布局展厅，增加展品和实物摆设，新增多媒体演示设施；另还投入资金对故居安装防雷保护设施。这些措施有效保护故居及提升纪念馆展厅环境。近期，南海区有关部门从保护和开发旅游资源的角度出发，重新规划开发故居的方案已经出台，丹灶已向国家提交申请，计划对故居景区进行进一步改造提升。经过进一步的改造、开发和提升，康有为故居必将成为一处彰显政治、经济和文化价值的人文景观。

为深入挖掘康有为思想的丰富内涵，促进康有为思想的研究，自1983年由广东省社科院举办第一届康梁研讨会以来，来自国内外研究康有为的专家、学者每五年举办一届康梁学术研讨会，先后在广州、南海、新会、青岛等地召开，并将研讨的论文结集出书。二十多年来，佛山南海区博物馆从不间断对康有为文物的征集工作，在康有为故居纪念馆举办《康有为生平史迹展览》，并三度对陈列展进行改版，新版展览借助新颖多样的展列手段，通过文物、照片、文字、场景、多媒体形式等全面表现出康有为充满爱国激情和改革精神的一生；南海区博物馆还利用康有为亲属捐赠的康有为文物和征集到的康有为书法、信札、手稿，先后在佛山、广州、青岛、北京人民大会堂等地举办康有为书法作品展览，备受瞩目。

2000年，华南师范大学和南海市（现为佛山市的一个区）政府在狮山科技园共同创办南海校区。在建校舍的时候，原南海市政府提出要在校园内添置一座康有为雕像，作为校园的人文景观，让康有为精神在高校里传承。华南师范大学欣然接受了这个提议，并挑选了一个康有为右手执书卷，双眼凝视远方的雕像设计方案。对这位先人的一种尊敬和纪念，也有让"南海校区"的名称与"康南海"的名号相对应之意。该校区法政系还创立了一个名为"有为法学研究会"的学生社团，直接传承康有为之名，营造校园学术气氛，研究法学理论知识。

今天，康有为的家乡佛山历经千百年的实践，特别是改革开放的实践，蕴含着一种精神力量，形成了"崇文务实、创新有为、兼容开放、通济和谐"为内涵的"佛山精神"。有为精神作为佛山精神之一，是佛山文化的缩影，是激励过去、现在和未来每一个佛山人团结拼搏、奋发图强，实现佛山一次次腾飞的精神动力。

四、改革思想与今日故里之改革

康有为因提倡政治改革、主张君主立宪、发动戊戌变法而载入中国史册，被其弟子梁启超誉为"造时势之英雄"。在梁启超看来，康有为最大的长处就是"大刀阔斧，开辟事业"的改革精神："其所为之事，至今未有一成者，然常开人之所不敢开。每做一事，能为后人生出许多事。"他预言，康有为的改革思想必将被20世纪的中国历史学者视为"社会原动力"而加以称述："先生在今日，诚为举国之所嫉视；若夫他日有著二十世纪新中国史者，吾知其开卷第一页，必称述先生之精神事业，以为社会原动力之始。"①

因为倡导改革而彪炳史册的康有为，在佛山南海诞生、成长、求学、著书立说，并被时人尊称为"南海先生"或者"康南海"。这当然是南海县的殊荣，同时，也不得不承认其与故乡的密切关联。

（一）康有为在佛山南海首开改革之尝试

康有为转向潜心西学之后，不仅在内心立下改革封建制度的宏愿，还在南海乡下小试牛刀，进行了两项改革的尝试。

一是倡设不缠足会。小脚和鞭子、纳妾并列为中国封建社会三大糟粕之一，康有为对此深恶痛绝，斥之为"折骨伤筋，害人生理"，坚持不给长女康同薇裹足。这项举动在当地堪称特立独行，因为"吾乡无有不裹足者，亦以不裹足，则人贱为妾婢，富贵家无娶之者也"。康姓族人"无不骇奇疑笑而为我虑之"，甚至趁康有为北上时，"迫逼裹足，甚至几裹矣"，幸亏康有为夫人张氏"识大义，特不裹"。可见阻力极大。继康同薇之后，康有为次女康同璧及侄女也都不裹足。②

然而，康氏诸女不缠足的做法在当时社会终属异端怪行，并且不缠足女子还将遇到难嫁高门的实际障碍。为求支持，也为不裹足女子在婚姻方

---

① 梁启超：《南海康先生传》，北京：中国广播电视出版社，1997年版，第482页。
② 康有为：《康有为自编年谱》，马洪林、卢正言注编：《康有为集》（年谱卷），珠海：珠海出版社，2006年版，第11～12页。

面的出路着想，康有为打算联合地方上其他不缠足的家庭，而频繁往来欧美、见多识广的南海人给康有为的成功提供了一定的社会基础。康有为邻乡有位员外区谔良，曾游历美洲，他家中女子亦不裹足。康有为便于1883年和他商量创设不裹足会，拟订不裹足会草例："令凡入会者，皆注姓名籍贯、家世、年岁、妻妾子女、已婚未婚，约以凡入会者，皆不裹足，其已裹者听，已裹而复放者，同人贺而表彰之。"康有为称不裹足会设立后"来者甚多"。后来，区谔良担心不裹足会以"会"为名，可能引起清政府追究，"于是渐散去"。①

对于自己在南海家乡首创的不裹足会，康有为颇为自豪。他声称这个不裹足会"实为中国不缠足会之始"。他说，此后乙未年（1895年）他和弟弟康广仁创办粤中不缠足会，就是沿用南海不裹足会的先例及序文；之后他们又把不缠足会推广到上海，合士大夫为大会；到戊戌变法期间，康有为直接向朝廷"奏请禁缠足"。②

这个不裹足会从南海乡间推广到广东、上海，再到京城朝廷的发展过程，令康有为大受鼓舞，对改革求新的信心倍增。他写道："以知天事无难易，专问立志何如。昔之极难者，后或可竟行焉。吾立禁裹足之愿，与废八股之愿，二十年皆不敢必其行者，而今竟行之。"他总结说："故学者必在发大愿，既坚既诚，久之必有如其愿者。"③

二是试图改革南海同人团练局。南海同人团练局本是康有为的伯祖康国熹在红兵起事时创设的地方武装组织，后来演化为士绅管理地方的机构。据康有为记述，康国熹去世后，该局事务涣散，后由大涡乡的罢任知府张乔芬把持。张乔芬包庇乡中盗匪并勾结分肥，把同人局闹得乌烟瘴气，其劣迹甚至引起了光绪皇帝的注意：

> 谕军机大臣等，有人奏："广东近年盗风猖獗，南海报案局自光绪十四年起至十八年止共报盗案一千三百余起……群盗以劣绅为窝主，劣绅又恃奸捕为耳目，如南海县之张乔芬番禺县之韩昌晋，皆劣迹彰著。张乔芬有弥缝窝贼手书石印传观，地方官隐忍坐视，以致盗案愈酿愈多"等语。……着谭钟麟督饬该地方官设法严孥，务获渠

---

① 康有为:《康有为自编年谱》，马洪林、卢正言编注:《康有为集》（年谱卷），珠海：珠海出版社，2006年版，第12页。

② 康有为:《康有为自编年谱》，马洪林、卢正言编注:《康有为集》（年谱卷），珠海：珠海出版社，2006年版，第12页。

③ 康有为:《康有为自编年谱》，马洪林、卢正言编注:《康有为集》（年谱卷），珠海：珠海出版社，2006年版，第12页。

魁，张乔芬等如果有窝盗情事，即着从严惩办，以清盗源。①

1893年，同乡人陈礼吉以"吾等日言仁，何不假同人局而试之"等言说，说服康有为出面对同人局进行改革，发动三十二乡乡绅共三十余人，逼令张乔芬交出局戳（体现公局权力的印章）。

康有为执掌同人局之后，一方面请求官兵肃匪禁赌，另一方面议在同人局管治之地设立一个新学堂，"以中西之学课士"。②康有为在《倡办南海同人局学堂条议》中力劝当地人要适应"外国相迫，时变日新"的形势，改革旧学、接受西学：

> 今年各书院并创立经古西学，题目皆与时维新，务求实益。方今外国相迫，时变日新，今年朝廷已有废八股科举之议，若犹笃守旧法，一旦功令稍变，旧学全废。且自海禁既开，轺车四出，商贾大通，地球东西，赤道南北，吾局人皆有车辙马迹焉。吾乡人于西学颇得先声。考外国乡落皆有藏书楼，其学规皆通外国语言文字，而国家亦有同文、方言之馆。吾局亟宜因此时变，推广此意，设立学堂，讲求中国经史词章，以通古今，兼习外国语言文字，以通中外，……中西学并教。中学课经史词章（其八股，社学已有月课，无须再课），延一学问博雅者为院长，延一深通英文、数学者为西学教习……③

根据上述内容可知，筹议中的同人局学堂既要讲授中国经史词章，也要讲授外国知识语言，却不再教授八股文，这在当时的中国是一次了不起的教育改革倡议。

不过，这一次康有为雄心勃勃的改革受到了严重打击。据康有为记述，陈礼吉接掌后的同人局，一方面，因为"禁赌持正过烈"并关押"某富人"为杀人疑犯而招致"众怨"；另一方面，失去同人局权柄的张乔芬发起反攻，在京城请托言官弹劾康有为，在地方上则买通南海县令追缴同人局局戳。此事最终以康有为出走桂林、陈礼吉吐血而死告终，计划中传授西学的同人局学堂也告流产。南海同人局改革的失败，使康有为初尝了改革的艰辛。他感慨同人局改革与戊戌变法同样失败时写道："十里之地，与万里之地，五万之民与四万万之民，相去万倍，而欲矫而易，救而治之，其谤议同，其险难同，其几死同，而伤我良人同，小有成功而倾覆

---

① 《德宗景皇帝实录》，《清实录》第五十六卷，北京：中华书局1987年影印版，第917页。
② 康有为：《康有为自编年谱》，马洪林、卢正言编注：《康有为集》（年谱卷），珠海：珠海出版社，2006年版，第24页。
③ 康有为：《康有为全集》（第二集），北京：中国人民大学出版社，2007年版，第8页。

同。呜呼，任事之难如此"①!

康有为早年在故乡佛山南海发起的两项改革，一成一败，前者是一场社会改良的尝试，后者则是一场政治改良的尝试。两相比较，可以发现正是康有为在政治上的不够成熟导致了他在政治改良活动中的失败。因为反对缠足这类社会改良并不触及当权者根本利益，出面干涉的不过是各家"族人"而已，康有为靠书生意气就可以取得一定的成功；但是政治改良，即使是故里这么弹丸之地的政治改良，也牵涉到官绅盘根错节的利害关系和朝廷的统治根基。出面干涉的不仅有当地官绅，甚至还有京城言官，仅凭书生意气就寸步难行。康有为固然具有"开人之所不敢开"的精神，但是对改革实践"牵一发而动全身"的复杂性认识不足。后来他在京城推动戊戌变法的失败，其实在南海同人局改革的失败中已现端倪。

（二）康有为改革思想与今天佛山的改革思路

因为改革思想振聋发聩而改革实践乍起乍败，康有为被梁启超评价为"谓之政治家，不如谓之教育家；谓之实行者，不如谓之理想者"②。他的大同学说，也因为找不到大同之路而无法实行。但他敢为天下先的改革精神和追求人类大同的人道理想，作为宝贵的精神财富，在孕育他的故乡佛山南海得到继承和发扬。

康有为的改革精神已经牢牢扎根于当代佛山。2005年，在新的行政区划中隶属于广东省佛山市的南海区，通过政府提倡、专家论证的形式，把"南海精神"高度概括为"海纳百川的包容精神、敢为人先的有为精神、团结奋发的龙狮精神"。认为"南海精神的精髓在于创新"，康有为则是代表南海创新精神的乡贤，"包容、有为和创新"的精神正是康有为思想和精神中所蕴含的。自此，在对"南海精神"进行阐释、弘扬的大量政府文件、新闻报道中，康有为作为改革创新精神的象征被屡屡提及。"作为学者而被追忆。不只是一种历史定位，更意味着进入当代人的精神生活。"③康有为离世大半世纪后，故乡的政府和乡亲仍然以其改革精神作为激励自身前进的楷模，意味着他的改革思想已经进入当代南海人的精神生活。康有为的大同理想，因其空想色彩而被批评为"空中楼阁"，而他的故乡人则在社会主义道路上顺利实践着让全体人民安居乐业的梦想。2001年，中国国家统计局开始进行一年一度的全国经济"百强县"排名，南海连续多年

---

① 康有为：《康有为自编年谱》，马洪林、卢正言编注：《康有为集》（年谱卷），珠海：珠海出版社，2006年版，第24页。
② 夏晓虹编：《追忆康有为》，北京：中国广播电视出版，1997年版，第33页。
③ 陈平原：《学者追忆丛书总序》，1995年版。

跻身前十名之列,并在 2001—2003 年间连续三年位列前三甲。2005 年,"南海社会消费品零售总额达到 209 亿,主要是由南海的 200 多万人口所消费掉的"。而且,"南海藏富于民的特色明显,居民存款一直居全国之首"。① 物质财富的极大丰富,为南海进行"全民共赢"的社会建设提供了良好基础。2006 年 11 月,南海提出了建设"五星级南海"的目标。② "在这一目标体系中,除了经济发展更加强劲外,还包括环境保护更加有力,城市管理更加科学,人民生活更加幸福。这一目标的确立意味着,南海要从经济发展的"有为"向社会建设的"和谐"过渡,最终让"南海变成一个让人民安居乐业的地方"。③ 康有为苦寻无路的大同社会,如今已被共产主义理想超越,并且他的故乡正在以更加科学、可行的道路实践着、接近着这一理想。

俗话说思路决定出路,有了改革创新的思路就会找到明朗的出路。聪明的南海人以史为鉴放眼未来,求变、求实、求发展。2003 年以来,南海政府提出并实现了从无为状态到有为战略的转变,逐渐调整改革目标,最终确立"有为、有效、有信、有限"的为政理念,从上而下、从政府到民企,从恢复生产、发展建设时期,步入了调整突破阶段。打造"高效南海"调整镇级行政区划,创新管理制度与体系,将社会管理重心下移,进行第四次行政审批改革,进一步优化招商引资环境,提出"内提外引"、"双轮驱动"、"东西板块"、"产业升级"战略:在传统产业方面,尤以纺织服装、五金、有色金属加工最为著名,是全国第二大纺织面料生产及销售基地、全国内衣名牌及创新最为集中的地区;新兴产业方面,智能家电、汽车及配件、生物制药、电子信息等产业发展迅速,超过二十家世界五百强企业聚集这里,近者悦,远者来。种种改革与创举,诚然是南海产业方针所推动,但实际上却是南海文化环境使然,是以"有为精神"为重要内涵的"南海精神"使然。

人类社会发展的历史表明,一个国家,一个民族乃至一个地区,只有在物质和精神上都得到提高及富有,才能够显示出强大生命力和凝聚力。在现代社会,精神文化因素在推动经济发展中的作用越来越重要,以信息技术为主要标志的高新科技向现实生产力的转化,精神文化因素越来越广泛地渗透到经济活动之中,使经济的发展获得了新的发展形态。科技、信息和人才等文化因素,正在丰富和扩充原有的自然资源和物质资本,成为决定经济发展潜力和后劲的重要因素。经济发展越来越依赖于科技创新和

---

① 《佛山日报》2006 年 9 月 20 日。
② 《广州日报》2006 年 11 月 3 日。
③ 《南方日报》2007 年 12 月 28 日。

人才素质的提高,经济竞争越来越依赖于文化资源要素的竞争,社会财富越来越向拥有文化优势的国家和地区聚集。

南海人深谙其中的道理。他们提炼出"南海精神"并发扬光大,一方面把它作为前进道路上的精神支柱,另一方面把它作为发展竞争中增强本区综合实力的新思路。"南海精神"是南海人综合素质的浓缩升华,它蕴含醇厚的历史底蕴、灵艳的地方色彩和勇腾的时代特征,它具有崇高的文化价值,是当代中国优秀区域文化的缩影。

在构建和谐社会的今天,在南海现代化事业迈向新的历史机遇的关键时刻,南海人正发扬着这些宝贵的精神,改革求变,摸索走出了一条适合自身特点且行之有效的发展道路,并取得了辉煌成就,探索出一条粗放型向集约型转变,传统经济与知识经济相融、工业化和信息化并进的经济发展新模式,创造了举世瞩目的"南海模式"。①

南海的改革创新离不开康有为改革思想的启迪,"敢为天下先的有为精神"为改革创新提供了浓厚的人文底蕴。从根本上说,改革创新的源泉在于人,主要在于人的智慧运用和奋斗精神,而南海儿女在历史中所积淀传承的精神正是改革创新的养分。

南海无海,却心中有"海",博载万物,不但积极接受外来先进的政治、经济、文化成果,兼收并蓄,而且敢于自我解剖,摒弃那些制约发展的保守思想。南海人把包容、有为、创新精神化为自觉行动,作为一种内在素质和取向去追求,这就是南海发展的精神支柱。而迎领信风,变革创新,这又是南海滚滚的动力源泉。

时间不止步,探索无极限。以"五星级南海"为理想家园,以规划好、环境好、风气好为航标,"有为号"已经在南海拔锚启航长鸣,数风流人物,还看今朝……

五、大同精神与南海精神的塑铸

康有为的大同思想于今仍彰显其精神价值。近代中国,国运颠簸,大同理想,激励着中国的仁人志士摸索民族独立、自由和解放的道路。康有为将大同思想发展到极致,堪称大同思想之集大成者。由于对近代世界资本主义文明发展的考察,他视野开阔,思想解放。因而他能以开放的心灵汲取中国和世界的思想文化的成果,从古今中外的哲人中汲取了中国传统儒学的"仁"、《公羊》的"三世"说、《礼记·礼运》中的大同小康说、佛

---

① 《南海虎威Ⅲ》,《南方日报》2007年5月11日特刊。

教的慈悲平等说、达尔文的进化论、卢梭的天赋人权说、资产阶级的平等博爱自由说和欧洲空想社会主义学说等,加以融会、综合,形成了人类社会由"据乱"到"升平",再到"太平"的"三世"人类历史进化论,并描绘了一个无阶级、无私产、无家族、无邦国、无帝王,人人相亲,人人平等的理想社会蓝图。康有为将其构想汇编成书,名为《大同书》。可见,大同思想蕴含着包容、创新和敢为天下先的精神品质。[①]

康有为的大同思想,主张人与人、人与自然、国家、男女、种族之间的完全的和睦平等,财产公有、生产自动化、劳动成果共享,重教育、关注人性,把"仁"与"人"糅合为一体,指出"人之所以为人者,仁也"。"舍仁不得为人。"把"人"摆在"天理"之上,充分肯定了人的价值,反映了那个时代所能激发的先进思想,体现了康有为忧国忧民的爱国情怀、海纳百川的博大胸怀、敢为天下先的创新精神。它不仅代表了那个由传统转向现代的时代,国人对未来理想社会的憧憬和希望,无疑是中国思想现代化的尝试,在近代政治思想史上影响深远,具有开创性的时代价值,而且还在于,其蕴含着包容、创新和敢为人先的精神品质,体现着海纳百川的博大胸怀、敢为人先的创新精神,其精神价值仍在作用于改革开放的今天,尤其是他的故乡——佛山南海。因此,就这点来看,充分挖掘大同思想的精神价值,以敢为人先的改革勇气和追求人类大同的人道理想,塑铸"海纳百川的包容精神、敢为人先的有为精神、团结奋发的龙狮精神"的南海精神,建树南海的文化品牌,铸造南海的文化形象,促进南海文化产业的成长,进而推动南海文化经济的发展,具有重大的现实意义。

有人说:"精神不是万能的,但没有精神万万不能。"人如此,民族如是,城市亦然。可以说,民族精神是一个民族赖以生存和发展的精神支撑。一个民族,没有振奋的精神和高尚的品格,不可能自立于世界民族之林。同样,一个城市,也需要拥有彰显特色的城市精神。失去了城市精神,城市发展等于失去了存在的灵魂和发展的动力。城市精神是一个城市独具特质的精神品格,是一个城市的精、气、神,它渗透于城市生活的方方面面,对城市的持续发展能产生广泛而深远的影响。国内外的许多城市,如巴黎、纽约、新加坡、伦敦、香港、杭州等,都拥有特色鲜明的城市精神。城市精神,是城市文化的集中体现,为城市的综合发展提供价值资源和文化底蕴,同时也从心理层面为社会的发展和变革提供动力。当今

---

① 参见宾睦新《康有为大同思想与南海精神及区域品牌建设》,王杰、张杰龙主编:《康有为与改革创新学术研讨会论文集》,广州:岭南美术出版社,2012年版,第600~601页。

社会，经济的发展迅猛，区域竞争激烈，区域精神已经成为提升文化底蕴和提高竞争力不可或缺的部分。

  追念先贤，发掘人文，继承其深厚之内涵，致力于国家民族的振兴，历来是佛山南海人提倡和崇尚的优良传统。改革开放以来，南海对于传统文化和名人精神，特别是对于康有为的一系列的思想，更为亲切和熟悉，并且致力承传与弘扬。正值神州大地处处落实科学发展观、构建和谐社会，佛山南海区结合深厚的传统文化底蕴和传承创新的改革精神，正式提出"南海精神"。其内核表现在三个方面：一是海纳百川的包容精神。它传承了岭南文化的精髓，具有广府文化的特质，要求视野开阔、胸怀宽广、兼容并蓄，以南海人开放的心胸和气度，尊重劳动、尊重知识、尊重人才、尊重创造，不断探索和寻找适合自己的道路。南海人有着很强的求知欲，心态和心胸开放，不断吸收接纳一切有用的知识和技术，不断探索和寻找适合自己的道路。二是敢为人先的有为精神。以康有为为代表的有为精神是南海文化的精髓，有为精神的核心就是求变、求实、求发展。当今南海人传承敢为天下先、求真的精神，紧跟时代、勇于创新和有所作为。三是团结奋发的龙狮精神。醒狮和龙舟已成为当今南海人生活中不可或缺的一部分，醒狮争雄和龙舟竞渡已成为当今南海人引以自豪的精神乐园，它是当今南海人团结一致、不屈不挠、勇敢拼搏、知难而进、奋勇争先的精神写照。显见，康有为的大同思想是南海精神的一部分，南海精神升华了康有为的大同思想。

  进入新世纪以来，南海区政府提出"弘扬'南海精神'、构建和谐社会"的口号，并策划实施了一系列围绕此主题的活动。继2005年6月《珠江时报》与南海区委宣传部共同主办了"弘扬南海精神有奖征文大赛"后，8月，时任广东省文化厅厅长曹淳亮作了《岭南文化与南海精神》的报告会；9月，在南海大沥镇举行了主题为"南海精神价值与运用"的研讨会，与会的专家学者充分肯定了南海精神在南海社会、经济建设中的价值，并就如何运用南海精神引领南海各方面的发展各抒己见。

  南海精神富有鲜明的地方特色、时代特征和深厚的历史底蕴，经过南海人民的长期实践和南海区委区政府的精心总结提炼，被推上了广东文化大省建设的舞台，是当代中国优秀区域文化的缩影。南海区委区政府深深地意识到，文化软环境越好，越有利于产业提升和产业结构优化，南海精神应当与南海的产业提升结合在一块。南海精神是增强地区综合实力的强大精神文化动力，应当重视南海精神在南海经济社会发展和现代化建设中的战略意义，拓宽南海精神的运用领域。南海应当争取每年策划一两个有影响力的话动，以宣传南海，弘扬南海精神。2007年，南海区编辑出版了

《南海精神读本》，将南海精神的宣传和贯彻提升到一个新的高度。南海精神的提炼和宣传，可以说是非常成功的。在南海举办的一系列主题活动中，各界专家学者和南海人联系南海实际，从南海精神的起源、历史贡献、现实指导意义等方面展开论述，通过从历史、现实和未来的视野中探讨、宣传和弘扬南海精神。

经济的腾飞，将推动文化的兴盛，为文化的繁荣提供了深厚的物质基础，而文化的勃兴与内蕴的支撑，则会为经济发展提供了强大的智力支持和精神动力，促成经济的良性发展。南海要发展，离不开创新，但创新之中又需要一种容纳精神。"南海精神"的提出反映了南海目前迫切需要的开放、包容、创新、团结奋发的精神。南海精神从实践中来，更要到实践中去，推动南海的政治、经济、文化建设的发展。2003年以来，南海立足于广佛经济圈，主动承接了广州经济辐射，区划调整和各镇街的发展新规划陆续实施，"内提外引"整合资源搭建新平台，"双轮驱动"和"东西板块"发展战略规划、跨越式发展的序幕徐徐拉起。2005年初，南海重新布阵，完成了有史以来规模最大的镇级区划调整，实现社会管理和公共服务重心下移，使南海一跃成为珠江三角洲行政审批效率最高的地区之一，招商引资环境进一步优化，为产业结构调整和东西板块的发展提供更大的空间。2005年，南海区委、区政府在这个关键时期提出大力弘扬"南海精神"，为南海新一轮的腾飞和发展、构建和谐南海提供了精神动力。2007年，南海政府将包含着康有为"大同思想"的南海精神进一步发扬，提出了"五星级南海"的战略，致力于构建一个"共建、共享、共赢"的利益共同体，建立一个公平、公正和正义的和谐社会，让广大群众充分享有发展的成果。以上种种，证明了南海精神为进一步打造高效南海、建设文化强区、构建和谐社会，加快经济社会发展提供精神动力。

在南海精神的推动下，经南海人民的辛勤努力，南海投资环境不断优化。美国通用电器、沃尔玛，日本东芝家电、本田汽车等二十多家世界五百强企业先后来南海投资，燕京啤酒、奇美电子、清华紫光、中国铝业、南方日报等国内外驰名企业也来落户南海，南海的汽配产业、电子信息产业、智能家电等一批新兴产业群迅速崛起。特别是，奇美电子的进入，使南海成为全国乃至全球重要的液晶平板显示器产业基地；十多家世界五百强企业在南海兴办汽配企业，让广东出现了"广州整车、南海汽配"的产业格局。所有这些，都是弘扬南海精神产生的无穷力量，都是南海人在传承、弘扬康有为精神，继承和践行南海精神所带来的巨大变化。"求变、求实、求发展"的精神核心，激励和鼓舞着佛山南海人进一步解放思想、开拓进取，创新求变。

今日的南海,经济和文化和谐互动,比翼双飞,令人瞩目……

六、有为精神与佛山区域文化品牌建设

城市的发展借名人品牌效应,有利于加强对历史文化资源的深度发掘和广泛弘扬,汲取先贤思想智慧,赋予城市更高的文化品味,推动文化产业发展,增强城市的综合竞争力。

如果说历史名人黄飞鸿代表着佛山的武术精神,那么最能代表佛山最先进文化精神的历史名人当属康有为,在佛山众多历史文化名人中,康有为在海内外的影响力也最大。正如上海复旦大学教授钱文忠提到的那样,除去陶瓷文化、武术文化外,康有为才是佛山独一无二的文化品牌。

改革开放以来,佛山人在"有为精神"的激扬下,不懈努力,创造了一大批颇具影响力的著名企业品牌,如蒙娜丽莎、中南铝合金、广东电缆、中联电缆、广亚铝业、坚美铝业、亚洲铝业、志高空调等皆为中国名牌企业,佛山的商业品牌建设小有成就,不断打造商业品牌的神话。

与此同时,佛山人在建设康有为文化品牌上下了很大力气,通过保护和开放康有为故居促进了当地旅游的开发,还举办了有为论坛、康有为文化节、"康有为杯"书法展以及有关康有为思想的研究会、论坛等各类学术活动。

佛山历史人文资源丰厚,孕育了堪称珠江文明灯塔的西樵山文化;岭南武术、龙狮舞、龙舟赛、十番古乐、乐安花灯会、大仙诞、生菜会等民间艺术和风俗至今兴繁;简文会、伦文叙、朱次琦、康有为、邹伯奇、陈启沅、詹天佑、黄飞鸿等历史名人生于这片土地;西樵山、西岸、仙湖、南国桃园、桂城、南海影视城、黄飞鸿狮艺武术馆、观音文化苑等历史古迹和名胜风景扬名全国。可以预见,只要将这些丰富多彩的历史人文资源充分发掘、系统保护、科学开发,对于弘扬佛山精神,继承佛山深厚的文化传统,提高佛山人的文化素质,建树佛山的文化品牌,铸造佛山的文化形象,促进佛山文化产业的建设,进而推动佛山文化经济的发展,不仅具有深刻的学术价值,而且具有重大的现实意义。

文化是一个城市的灵魂,城市的文化个性和品位,已成为发展的引擎。2006年,佛山南海区推出了"文康武鸿"文化品牌。

"文康武鸿",即康有为和黄飞鸿。康有为自晚清起,就在中国乃至世界都享有盛誉;黄飞鸿则通过影视传播等,名闻世界华人界。康有为作为维新派的领袖,发起了"百日维新","有为精神"乃佛山文化的精髓。黄飞鸿是岭南的一代武林宗师,成为了传奇故事,在影视剧中广为传播,代

表着团结奋发的龙狮精神。"文康武鸿",一文一武,亦雅亦俗,彰显了佛山的文化特色,堪称佛山文化的符号。康有为和黄飞鸿无形中成为了佛山的"文化名片"和"形象代言人"。

将康有为作为佛山的文化品牌加以传扬,不仅可以提升佛山精神,而且可以提升佛山的文化内涵和声誉。事实上,这些年佛山在不遗余力地打造康有为这个文化品牌,从而推动佛山各项文化事业发展,不仅从旅游入手,保护和开放本土的历史文化资源,致力于提高文化品牌在省内外的声誉,而且在本地开展了很多与文化品牌建设相关的群众性的娱乐活动,提升了本土对这位乡贤的认识和理解;同时还举办和承办了各类研究会、论坛等学术活动,提高了文化品牌在全国,甚至全球的知名度。

康有为故里已经成为佛山旅游的必经地。2008年9月,佛山南海举办了以"有为南海,飞鸿精彩"为主题的旅游文化活动。借此活动,发挥历史名人效应,加强文化与旅游的融合,创造出更多吸引市民和游客的元素,进一步推广佛山旅游资源,使更多的游客和市民了解佛山名人,了解佛山旅游,打造"文康武鸿"文化品牌。

2004年,为了使佛山的文化品牌在本乡本土得到更好的传扬,佛山人把每年的9月26日定为"康有为文化节",举办地点定在康有为的故里——佛山南海丹灶。"康有为文化节"是佛山特别是南海西翼和丹灶的重点文化品牌。到目前为止,已经连续成功举办了十一届。"康有为文化节"活动内容相当丰富。首届文化节,成立了"康有为书院",文化节以龙舟竞赛、青年知识论坛等体育竞技与文化交流为主导的基本模式,为日后文化节的顺利开展提供了极具参考价值的示范与启发作用。第二届文化节,增加了乒乓球世界冠军与丹灶球迷交流、海内外书法名家书法论坛等项目,进一步提高了文化节的参与度与影响力。第三届文化节,首次设立招商推介会项目,以文化搭台、经贸唱戏的形式,加强文化与经济的融合,增强文化节的实效性。推介会推出涵盖物流、房地产和旅游等大项目,引资达八亿多元。第四届文化节,突出"和谐家庭,有为丹灶"的主题,通过孝文化的弘扬,促进和谐家庭、和谐社会的建设。活动包括五人龙舟赛、以"乐颂亲恩、我爱我家"为主题的千人少儿书画即席挥毫大赛、法制宣传教育专题小品大赛等,还有"和谐家庭、有为丹灶"启动仪式,生态产业新城、旅游休闲基地"丹灶经济发展论坛","有为故里、翰墨情浓"书画名家作品展暨扶贫助困即席挥毫义卖活动,"迎奥运、展有为"家庭趣味运动会,烟花汇演及"和谐家庭、有为丹灶"十佳孝顺子女颁奖晚会等。2008年,第五届文化节以"创新生活、有为丹灶"为主题,十六大项目内容丰富多彩,8月30日至10月24日,跨度两月有余,为历届之最。在传统节目的基础上,增加了"有为南海、敢为梦想"南穗港澳极限运动挑战赛,《智勇大闯关》大型户外亲子竞技活动等时尚、刺激的比赛内容;继续设立招商推介会,加强文化与经济的融和……通过这些渠道发力,佛山自下而上改变民众的"事不关己"和"趋利"心态,向民众普及和弘扬有为精神和佛山精神,使之了解本历史人文资源,从中获得知识和经验,体认其价值,激发使命感,从而主动去保护和珍惜他们身边的"无价之宝";第九届"康有为文化节"以"文化翘楚,幸福巡航"为核心主题,涵括集结号、恋爱号、旅游号、幸福号、教育号和龙舟号六大板块,时间跨度近五个月,是对过去八届活动的总结与升华。丹灶深入挖掘康有为作为近代著名教育家的文化资源,首次将教育作为文化节的核心板块之一,树立康有为教育家的形象,并推动教育与文化的互动发展,通过"先生古道颂师恩诗歌鉴赏夜"、"千人少儿书画即席挥毫大赛"等教育号系列活动,从古至今探究丹灶文风鼎盛的缘由,展现丹灶教育发展成果,将丹灶的特色文化传统发扬光大;通过"传承国学·有为六德研讨会"活动(丹灶镇提出的"有为六德",即忠勇、仁爱、公义、尚礼、诚信和明智),发掘来自社会各界的道德楷模,对人们进行道德感悟,让有为精神演化为一种团结互爱、奋发有为的当代精神;通过"佛山有为翘楚评选"活动,深化"有为翘楚"的理念,传承传统文化精髓,弘扬有为精神,将道德文化提升到一个新的高度,将"有为翘楚评选活动"由丹灶镇推广到全佛山;通过呈现《仙湖之恋》音乐剧、丹灶生态特色游、中华龙舟大赛等活动,让广大市民在各类文化活动中领略岭南特色,品味"有为精神"。此届文化节深入挖掘"有为"文化资源,注重传播效应,着力运用融媒传播手段,突出"有为精神"与文化助力丹灶发展的斐然成果,强调互动参与,展示康有为家乡对历史文化的传承与现代文明的创新成果,广泛吸引民众尤其是家乡民众参与、体验、共享文化大餐。2013年9月,主题为"有为大同·中国梦"的第十届康有为文化节在丹灶宣布正式启动,一场充满岭南民俗特色的中秋庙会拉开了第十届康有为文化节的精彩序幕。康有为文化节通过十年的积沉,将回归康有为本身,体现了岭南文化的本色与群众文化的原本,更是有极大的创新,活动内容和规模都有空前提高。康有为文化节的发展在传承历史优秀文化的基础上,渐渐理清两条脉络:传承有为精神引导社会建设和弘扬有为文化引领城市发展。一方面以"有为"精神为引导,研究挖掘康有为思想价值,将有为精神上升到激励现代人团结互爱、奋发有为、共创和谐幸福生活的新高度,营造崇尚历史文化、继承道德文化和传播时尚文化的浓厚气氛,凝聚合力,促进社会建设的提升。另一方面以有为文化为引领,在城市建设发展中注入文化元素,进一步加大文化载体与文化设施建设。

在文化强国、幸福广东、历史文化名城和"文翰樵山"文化旅游高地建设的引领下,"康有为文化节"跃上了一个新的台阶,成为一个富具生命力和延续性的文化品牌。康有为思想在故里得到传承与发展。十年如歌,经典依旧,通过十年来的精彩呈现,以有为思想、有为文化引领丹灶城市发展,共筑丹灶版的"中国梦"。

历届的"康有为文化节"力求将佛山的自身发展与文化建设结合起来,达到实现传承历史文化,激励当代人奋发有为,共创和谐幸福生活的目的。历经十一年的锤炼和打磨,越来越多的有为文化内涵被挖掘出来,有为精神在传承中被赋予新时代的特色。目前,"康有为文化节"已发展成为涵括文化、教育、体育、旅游、精神文明建设、产业发展、社会建设以及城市建设众多领域的综合性文化节庆活动。丹灶有为文化品牌熠熠生辉,逐渐成为展现佛山文化的重要载体。"康有为文化节"也已从单纯为了丰富群众文化生活、加强镇域的形象推介,过渡到传承、凝聚、展现核心价值体系阶段,并形成了一套道德价值评价体系。它不仅是对康有为优秀思想、教育和书法成就的传承,而且是对有为精神的一种当代诠释。

在这里还要特别一提的是,近十年来,在有为精神的引领下,康有为的故里——丹灶镇勇于创新,奋发图强,已经从一个小镇,发展成为南海高新区的西大门。十年磨一剑,"康有为文化节"已不仅仅是一个文化活动,她正不断充实着丹灶人有为精神的内涵,引领"丹灶梦"走向现实。

佛山不仅从旅游角度和本土承传宣扬入手,还增加对康有为及其相关人物和事件的学术研究的投入,如每五年举办一次康有为国际学术研讨会。从1983年开始,至今已经举行五次国际性的康有为与戊戌维新学术研讨会,并以此铸造了学术研讨品牌。1983年9月,广东省社会科学学会联合会和《历史研究》编辑部联合举办了新中国成立以来规模最大的"戊戌维新运动和康有为、梁启超学术论讨会",出版《论戊戌维新运动及康有为、梁启超》论文集。1988年11月,中国史学会和广东省社会科学院主办了"戊戌变法研究国际学术讨论会",出版《戊戌维新运动研究论文集》。1993年11月,《历史研究》杂志社、《近代史研究》杂志社、广东康梁研究会、广东省历史学会、广东省社会科学院历史所、中山大学历史系、华南师范大学历史系、广州市社会科学院及南海市、新会市联合举办"戊戌后康有为、梁启超与维新派国际学术研讨会",出版《戊戌后康梁维新派研究论集》。1998年9月,戊戌变法一百周年之际,广东省社会科学院、广东省社会科学学会联合会、南海市政府、中山大学近代中国研究中心、华南师范大学、广东康梁研究会等单位联合主办了"康有为与戊戌变法"学术研讨会,出版《康有为与戊戌变法学术研讨会论文集》。2003年7月,南海区政府、广东康梁研究会和广东省社会科学院联合举办了"康有为与近代文化学术"研讨会,出版《康有为与近代文化》一书。2008年9月,康有为诞辰一百五十周年,南海区政府与广东省社会科学院在南海举办"康有为与开拓创新"学术研讨会暨《康有为集》和《康有为手迹》首发式。康有为国际学术研讨会堪称佛山文化品牌的重中之重,乃康有为品牌的精髓。

为了更好承传康有为的书法艺术,丹灶借助康有为"康体"书法在书法界的巨大影响,大力推动书法艺术的发展。2004年,南海康有为书学院在康有为的故里丹灶组建;2005年,佛山南海区政府与广东省书法家协会主办了"康有为杯"全国书法家作品展暨"碑学与康有为书法学术研讨会";2006年,广东书法家协会(南海)书法创作研究基地也在丹灶成立;广东省书法家协会与丹灶联合举办的广东省书法艺术"康有为奖"及"岭南书法论坛",成为广东乃至全国当代书坛具有广泛的社会影响力和学术高度的活动,已成功举办了三届。2012年广东省书法评论家协会在南海丹灶成立,它由书法评论家、书法理论工作者和具有较高学术水平的书法家、篆刻家、书法教育工作者自愿组合而成。作为国内首个书法评论家社会团体,它将协助推动南海康有为书学院的运作并将推动丹灶打造书法创作、展览、研究、评论发展高地。书法活动作为"康有为文化节"的一部分,已经成为特色品牌活动。借助每年康有为文化节搭建的文化平台,丹灶镇普及青少年书法培训,举办全国、全省大型书法创作、研讨、展览活动,积极打造中国书法之乡。

根据建设"文翰樵山"岭南文化高地的目标,丹灶深入挖掘本地历史文化资源,弘扬发展优秀传统文化,致力提炼和打造文化精品项目。作为"文翰樵山"岭南文化高地建设重大项目之一的丹灶康有为书法艺术馆,已于2012年5月正式开工改造,全馆占地五千多平方米、建筑面积近三千平方米,设有展厅、书法创作室和康有为专题展馆等,建成后,它将承载收藏、会展、创作、交易、交流、培训等多种功能,成为南海目前一座较大的综合性文化艺术基地,并成为南海西翼的书法艺术中心。其设计理念体现岭南文化的底色,提取了灰瓦作为岭南文化的传承,结合现代建筑丰富的空间造型设计,具备丰富的文化内涵与文化符号,可以承担起全国性书法艺术展览,将成为一个书法艺术展示的重要窗口。

书法艺术创作和研讨是丹灶文化艺术的一大特色,丹灶希望借助康有为名人效应和丹灶康有为书法品牌的巨大影响,整合书法艺术与生态旅游和休闲养生产业元素,将该书法基地打造成为岭南高品位文化艺术展示的重要窗口，成为南海西翼书法艺术向更专业、更高层次发展的重要平台。

为了进一步弘扬"有为精神"，佛山成立了"有为论坛"，邀请各地各界的专家学者参与、主办讲座和研讨会，主体涉及政治思想、道德水准、历史文化、企业发展、公民责任、医疗美容保健等各个方面。2004年9月16日，佛山团委联合佛山电视台在康有为故里丹灶仙湖举行"佛山青年有为论坛"，以电影直播的形式，邀请广东省社会科学院历史与孙中山研究的专家和康氏后裔等与佛山青年"对话"，论题泛及政治理念、救国改革、生平事功、人生价值、时代呼唤、奋发有为等等，形式互动、气氛活泼，近三百青年共聚一堂，收到了意想不到的效果。"有为论坛"主要探讨康有为思想对青年人的影响，青年人如何借鉴康有为思想的精华，为佛山现代化建设和历史文化名城建设服务等。目前"有为论坛"已经固定为"康有为文化节"的一部分，成为佛山的文化品牌。

康有为文化节、康有为国际学术研讨会、康有为书法学术研讨会（展览）、有为论坛等等活动的持续举办，正是佛山人民文化自觉与文化内涵提升的充分体现。我们深信，"文康武鸿"这个佛山区域文化品牌的建设与弘扬，必将引领"丹灶梦·南海梦·佛山梦"走向现实！

后 记

从构思到成书已整整四个年头了,今天得以写完最后一个句号。期间充分经历了著书立说的沉重与艰辛,由此使我对那些真正用灵魂写作的学人产生无尽的敬意!

拙作之所以选择康有为作为对话的对象,并非因为此前没有同样兼具改革者与思想家风范的"大师",实因康有为自身所独具的魅力使然。在中国近代史上,康有为的确是个大大有名的人物,他的一生充满矛盾,复杂而丰富。在已逝岁月里的诸多圣贤人物中,康有为算是很有特点、影响较大的一位。

我努力以自己笨拙的笔,描绘出康有为多色彩的人生与思想,现在看来很难尽如人意。虽然我尽可能避免以学术研究的笔法,来探讨康有为复杂的人生历程与具有历史穿透力的思想,但这种"避免"还不是很到位。更因时间仓促,错漏在所难免,敬请各位斧正。

愿读者朋友们在阅读中,能够抛开本书写作"滞实"的影响,去认识和理解已在各种历史教科书中熟悉的康有为,体味他生命里悲喜交集的人生滋味,去认识他思想的当代价值,这将是作者最大的欣慰!

人生有机缘。在我不断追寻的人生道路上,我幸遇戚斗勇研究员、宁新昌教授、张喜平教授、郭言声老师、曾光老师,使我得到了许许多多智慧的启迪和无私的帮助……使我不胜铭感!

在此,要感谢一直在我身边默默支持着我的人,感谢他(她)们的努力和付出。特别是我的先生,他以实际的行动,阐释了同舟共济的深刻内涵,没有先生在背后对我的默默支持和帮助,本书的完成是难以想象的。在写作过程中,我还参考、借鉴了许多专家、学者的观点,在此向他们一并表示深深的谢意。

此外,对梁楚明、邝丽华、仇宇三位师姐妹一直对我的鼓励和关心亦一并致谢!

生而有涯而学海无涯,严谨治学将成为我一生的追求!

2015 年 3 月 8 日于佛山

参考文献

[1] 马克思和恩格斯选集：第二卷 [M]. 北京：人民出版社, 1972.

[2] 康有为. 康有为全集（第一、二、三、四集）[M]. 北京：中国人民大学出版社, 2007.

[3] 康有为. 大同书 [M]. 上海：上海古籍出版社, 1956.

[4] 康有为. 万木草堂诗集 [M]. 上海：上海人民出版社, 1996.

[5] 梁启超. 梁启超全集（第一、二册）[M]. 北京：北京出版社, 1999.

[6] 梁启超. 清代学术概论 [M]. 北京：中国人民大学出版社, 2004.

[7] 马洪林, 卢正言. 康有为集：年谱卷 [M]. 珠海：珠海出版社, 2006.

[8] 马洪林, 卢正言. 康有为集：政论卷 [M]. 珠海：珠海出版社, 2006.

[9] 马洪林, 卢正言. 康有为集：序跋卷 [M]. 珠海：珠海出版社, 2006.

[10] 马洪林, 卢正言. 康有为集：诗赋卷 [M]. 珠海：珠海出版社, 2006.

[11] 马洪林, 卢正言. 康有为集：书信卷 [M]. 珠海：珠海出版社, 2006.

[12] 马洪林, 卢正言. 康有为集：文论卷 [M]. 珠海：珠海出版社, 2006.

[13] 马洪林, 卢正言. 康有为集：散文卷 [M]. 珠海：珠海出版社, 2006.

[14] 马洪林, 卢正言. 康有为集：游记卷 [M]. 珠海：珠海出版社, 2006.

[15] 马洪林. 康有为大传 [M]. 沈阳：辽宁人民出版社, 1988.

[16] 马洪林. 康有为评传 [M]. 南京：南京大学出版社, 2007.

[17] 马洪林, 何康乐. 康有为文化千言 [M]. 广州：花城出版

社，2007.

[18] 楼宇烈．康南海自编年谱［M］．北京：中华书局，1992.

[19] 萧公权．康有为思想研究［M］．北京：新星出版社，2005.

[20] 李泽厚．康有为谭嗣同思想研究［M］．上海：上海人民出版社，1958.

[21] 范文澜．中国近代史［M］．北京：人民出版社，1955.

[22] 张建伟．历史报告晚清篇：温故戊戌［M］．北京：作家出版社，1999.

[23] 汤志钧．康有为与戊戌变法［M］．北京：中华书局，1984.

[24] 汤志钧，等．论戊戌维新运动及康有为、梁启超［M］．广州：广东人民出版社，1985.

[25] 汤志钧．康有为政论集［M］．北京：中华书局，1998.

[26] 袁伟时．中国现代思想散论［M］．广州：广东教育出版社，1998.

[27] 宋德华．岭南维新思想述论［M］．北京：中华书局，2002.

[28] 宋德华．近代思想启蒙先锋康有为［M］．广州：广东人民出版社，2005.

[29] 宋德华．岭南人物与近代思潮［M］．广州：中山大学出版社，2007.

[30] 朱寿朋．光绪朝东华录［M］．北京：中华书局，1958.

[31] 上海市文物保管委员会．康有为遗稿列国游记［M］．上海：上海人民出版社，1995.

[32] 李时岳，方志钦．戊戌维新运动研究论文集［C］．香港：汉荣书局，1990.

[33] 广东康梁研究会．戊戌后康梁维新派研究论集［C］．广州：广东人民出版社，1994.

[34] 刘善章，刘忠世．康有为研究论集［C］．青岛：青岛出版社，1998.

[35] 王晓秋．戊戌维新与近代中国的改革［M］．北京：社会科学文献出版社，2000.

[36] 方志钦，王杰．康有为与近代文化［M］．开封：河南大学出版社，2006.

[37] 王杰，张杰龙．康有为与改革创新学术研讨会论文集［M］．广州：岭南美术出版社，2012.

[38] 王杰，宾睦新．弘扬历史文化资源，升华现代文明底蕴［N］.

南方日报,2007-12-05.

[39] 梅兰,曹翔,等."文康武鸿"打响南海旅游文化品牌[N].佛山日报,2008-08-28.

[40] 黄大赛,龙建刚,等.传承南海精神,谋求创新发展[N].南方日报,2005-04-18.

[41] 顾大炜,贝馨梅.南海致力弘扬"南海精神"[N].南方日报,2005-05-19.

[42] 龚晶,戴开盛,等."南海精神价值与运用"研讨会举行[N].南方日报,2005-09-02.

[43] 王海军,等.南海精神要拓宽运用领域[N].珠江时报,2005-09-02.

[44] 维鹿延,贝馨梅.南海有精神 龙狮图奋发[N].珠江时报,2005-05-19.

[45] 南海转型背后的精神动力[N].南方日报,2007-12-28.